MICHAEL LÖWY

MARXISMO E CRÍTICA DA MODERNIDADE

Fabio Mascaro Querido

MICHAEL LÖWY

MARXISMO E CRÍTICA DA MODERNIDADE

Copyright desta edição © Boitempo Editorial, 2016

Coordenação editorial
Ivana Jinkings

Edição
Thaisa Burani

Coordenação de produção
Livia Campos

Preparação e revisão de texto
Sara Grünhagen

Diagramação
Otávio Coelho

Capa
Livia Campos
sobre ideia de Sergio Romagnolo, inspirado no suprematismo russo

Equipe de apoio:
Allan Jones, Ana Yumi Kajiki, Artur Renzo, Bibiana Leme, Eduardo Marques, Elaine Ramos, Giselle Porto, Isabella Marcartti, Ivam Oliveira, Kim Doria, Leonardo Fabri, Marlene Baptista, Maurício Barbosa, Renato Soares, Thaís Barros, Tulio Candiotto

CIP-BRASIL. CATALOGAÇÃO NA PUBLICAÇÃO
SINDICATO NACIONAL DOS EDITORES DE LIVROS, RJ

Q53m

Querido, Fabio Mascaro
    Michael Löwy : marxismo e crítica da modernidade / Fabio Mascaro Querido. - 1. ed. - São Paulo : Boitempo/Fapesp, 2016.

    Inclui bibliografia
    ISBN 978-85-7559-483-4

    1. Löwy, Michael, 1938-. 2. Filosofia marxista. 3. Socialismo. 4. Comunismo. I. Título.

16-30137   CDD: 320.01
                              CDU: 321.01

Este livro contou com o apoio da Fapesp. As opiniões, hipóteses e conclusões ou recomendações expressas neste material são de responsabilidade do autor e não necessariamente refletem a visão da Fundação.

1ª edição: fevereiro de 2016

BOITEMPO EDITORIAL
Jinkings Editores Associados Ltda.
Rua Pereira Leite, 373
05442-000 São Paulo SP
Tel./fax: (11) 3875-7250 / 3872-6869
editor@boitempoeditorial.com.br | www.boitempoeditorial.com.br
www.blogdaboitempo.com.br | www.facebook.com/boitempo
www.twitter.com/editoraboitempo | www.youtube.com/imprensaboitempo

SUMÁRIO

Prefácio – Resistência e utopia em Michel Löwy............................ 7
Isabel Loureiro

Apresentação – Michel Löwy, *trapeiro* anticapitalista.................. 11

Introdução 17

I. Capitalismo contemporâneo, crise ecológica, crise civilizatória: ecossocialismo e renovação do marxismo 25

    1.1. Ecossocialismo e crítica da modernidade em Michael Löwy 28

II. Uma trajetória *indisciplinada*: a formação intelectual de Michael Löwy 49

    2.1. Marxismo ou a dialética da totalidade: o método e o primado da práxis 64

III. Walter Benjamin e a crítica marxista do progresso 73

    3.1. A tradição dos oprimidos na contramão da temporalidade "vazia e homogênea" do progresso 80

    3.2. A história como catástrofe permanente ou a dialética do progresso 95

IV. Em busca de uma leitura anticapitalista de Max Weber......... 101

    4.1. A valorização dialética do *Kulturpessimismus* weberiano 105

4.2. O "marxismo weberiano" ou a radicalização anticapitalista de Weber 109

4.3. Marx, Weber e a crítica do capitalismo: subsunção dialética ou concessão teórica? 114

V. Temporalidade histórica, romantismo e marxismo em Michael Löwy..........................123

5.1. A retomada marxista do anticapitalismo romântico........125

5.2. Espectros do romantismo revolucionário no século XX 140

VI. Marxismo, política e teologia: a revalorização das utopias............................155

6.1. Utopias libertárias e messianismo judaico........158

6.2. Teologia e libertação na América Latina..........164

6.3. As utopias do marxismo de Michael Löwy......174

Considerações finais — no cruzamento dos caminhos: o "marxismo libertário" de Michael Löwy 179

Bibliografia completa de Michael Löwy.........................191

PREFÁCIO

Resistência e utopia em Michael Löwy

Avesso a qualquer tipo de dogmatismo e ortodoxia, Michael Löwy tem um papel fundamental na formação dos marxistas brasileiros há quase meio século. Ao incorporar em suas reflexões elementos provenientes de teorias, tradições e experiências práticas anticapitalistas fora do campo do marxismo, aliando ao seu ímpeto rebelde uma rigorosa pesquisa acadêmica no intuito de proceder a uma crítica radical da civilização capitalista, ele mostra que o marxismo é bem mais do que uma teoria clássica a ser ensinada aos estudantes de ciências humanas. O autor deste livro, que faz parte da jovem geração universitária engajada na crítica ao mundo da mercantilização universal, encontrou na obra do sociólogo franco-brasileiro um repertório de ideias explosivas que, integradas a uma visão de mundo coerente e arejada, contribuem para dar esteio teórico à indignação com as barbaridades do capitalismo, sobretudo o contemporâneo.

Na busca do sentido da obra em análise, Fabio Mascaro Querido leva a cabo – com sucesso – uma tarefa que não é simples, dada a variedade e a complexidade dos temas tratados. Ele mostra que, na interpretação dos autores e correntes intelectuais em que se inspira (Rosa Luxemburgo, Max Weber, os românticos, os surrealistas, o messianismo judaico, o cristianismo de libertação na América Latina, as utopias libertárias), Löwy tem um claro fio condutor herdado de Marx, Lukács, Goldmann e Walter Benjamin, a saber, a compreensão do marxismo como teoria da práxis e como crítica da modernidade capitalista, o que confere à sua obra unidade e coerência teórica. Em estilo claro e didático, mobilizando uma pertinente literatura conexa, além de fazer boas exposições dos debates intelectuais na França, que iluminam o cenário em que Michael Löwy se movia, Fabio observa como as ideias deste vão sendo elaboradas em diálogo e/ou polemizando com as interpretações do marxismo desde o começo do século XX, e também com autores e correntes fora do campo do marxismo, como a ecologia. Ter lidado, já na década de 1980, com um tema que era anátema nos meios marxistas, dá mostras de sua capacidade de captar as novas contradições do capitalismo.

Inspirado em Walter Benjamin, para quem o materialismo histórico volta ao passado a partir do presente, Fabio reconstrói a trajetória intelectual de Michael Löwy a partir de sua militância no ecossocialismo para então remontar às suas origens. A já citada compreensão do marxismo como teoria da práxis – numa clara rejeição do marxismo mecanicista e determinista hegemônico no século XX –, aliada à descoberta da crítica da ideia de progresso feita por Benjamin, conduziu Löwy a uma condenação radical da civilização capitalista, a qual, em tempos recentes, se traduziu politicamente em uma adesão ao ecossocialismo. Dado o esgotamento histórico da civilização capitalista, o ecossocialismo, ao combinar a crítica marxista da acumulação e expansão do capital com a crítica do crescimento quantitativo feita pelos ecologistas, produz uma fecundação recíproca das duas tendências que, no entender de Michael Löwy e de seu comentador, permite uma atualização do marxismo. Se o ecossocialismo é hoje uma das correntes político-intelectuais mais promissoras no campo ecológico, é porque recusa tanto o fetichismo das forças produtivas (mais apropriadamente chamadas de forças potencialmente destrutivas) quanto o "capitalismo verde", apoiado por boa parte dos ecologistas, que se contentam com a correção dos "excessos" do produtivismo capitalista. Essa reflexão de Löwy, indica nosso autor, desembocou num marxismo não produtivista, crítico do ideário progressista herdado do Iluminismo, sem, contudo, cair nas armadilhas do relativismo pós-moderno.

Numa época em que a expectativa da revolução social sumiu do horizonte, Fabio acredita, com razão, que esse ponto de chegada permite reconstruir com maior clareza a trajetória de Löwy, em particular no tocante ao problema da renovação do marxismo como crítica radical da modernidade. A pesquisa sobre a dimensão romântico-revolucionária do marxismo, iniciada nos anos 1980, quando Löwy lançou-se a uma reflexão sobre questões tipicamente românticas – como o problema da dominação da natureza e dos efeitos deletérios da produção industrial moderna –, levou-o a concluir que somente a transformação qualitativa do paradigma produtivo e tecnológico existente permitirá a sobrevivência da humanidade. Aqui está, no entender do nosso autor, um ponto-chave na trajetória de Löwy. Tal qual Marcuse anteriormente, é como se ele – na contramão de Engels – defendesse a volta do socialismo científico ao socialismo utópico. Em suma, tanto Michael Löwy quanto Fabio Mascaro Querido, para quem o "marxismo é o herdeiro moderno das tradições utópicas do passado", acreditam que o restabelecimento da dimensão utópica do marxismo é imprescindível no trabalho de revitalização dessa corrente.

A leitura desta obra indica que a renovação do pensamento anticapitalista pede a descolonização do imaginário e, como consequência, a criação de modelos de uma sociedade alternativa, de visões de um futuro inteiramente outro. Para isso, é preciso explorar as manifestações da esperança onde quer que apareçam, como queria Bloch, mencionado por Fabio. Essa empreitada complexa requer uma aliança entre a crítica implacável do presente e a revalorização da imaginação criativa que, colocada para funcionar, conduz ao impulso utópico, combustível necessário à ação transformadora das relações sociais. Mesmo que por enquanto nada disso apareça claramente à luz do dia, tanto Michael Löwy quanto Fabio Mascaro Querido apostam na possibilidade da emancipação humana. Eis o impulso profundo que dá alento às trajetórias de ambos, tanto a do mestre quanto a do jovem discípulo. E, como todo bom discípulo, Fabio não se esquiva de apontar pontos polêmicos no pensamento do mestre Löwy, oferecendo assim uma ótima introdução à sua obra.

Isabel Loureiro
São Paulo, dezembro de 2015

Aos que resistem ao irresistível.

APRESENTAÇÃO
Michael Löwy, *trapeiro* anticapitalista

> *Um catador de trapos, de madrugada, que com sua vara espeta os trapos e farrapos da linguagem para jogá-los, resmungando, meio emburrado, meio bêbado, na sua carreta, não sem deixar tremular ironicamente, no vento matinal, uma ou outra destas chitas desbotadas, como "humanidade", "interioridade", "aprofundamento". Um trapeiro, de manhã cedo – no raiar da revolução.*[1]

Originalmente concebido como uma dissertação de mestrado em sociologia defendida em 2011[2], este livro constitui um estudo sobre alguns aspectos centrais da obra e da trajetória de Michael Löwy, destacando-se a forma por meio da qual ambas se modelaram diante dos novos desafios teóricos e políticos que emergiram a partir do fim da década de 1970 e do começo da de 1980. Busca-se analisar, simultaneamente, os condicionantes objetivos (*externos*), por assim dizer, e as motivações subjetivas (*internas*) que, em sua tensão constitutiva, permitem visualizar a maneira com que Löwy deparou e se confrontou com as transformações histórico-políticas do capitalismo nas últimas três ou quatro décadas, alçando-se à condição de um dos mais importantes intelectuais marxistas e do pensamento crítico contemporâneos.

A empreitada parece tanto mais importante porque, ao contrário de inúmeros de seus pares – que, após terem se embebido das ilusões revolucionárias, se deleitaram com a renúncia sem culpa das esperanças em torno da possibilidade de uma transformação radical da sociedade –, Michael Löwy caracterizou-se, em sua trajetória intelectual, pela resistência e pela fidelidade à aposta em um outro mundo *necessário*, e, ao mesmo tempo, pela *atualização* (ou *renovação*) dessa perspectiva à

---

[1] Walter Benjamin, "Un Marginal sort de l'ombre. À propos des *Employés* de S. Kracauer", em *Œuvres*, v. 2 (Paris, Gallimard, 2000), p. 188. Aqui em tradução livre.

[2] Dissertação de mestrado apresentada ao Programa de Pós-Graduação em Sociologia da Unesp, *campus* de Araraquara, sob orientação da professora Maria Orlanda Pinassi. A pesquisa foi realizada com financiamento (bolsa regular) da Fapesp.

luz das condições de possibilidade do "tempo-de-agora", como diria sua principal referência na questão, Walter Benjamin. É exatamente essa tenacidade de sua convicção anticapitalista, aliada à disposição em atualizá-la a partir das transformações da época, que garante à trajetória e à obra de Michael Löwy, em especial aquela constituída a partir da virada para os anos de 1980, uma alta potência cognitiva.

Isso porque, através da análise da "evolução" (em suas continuidades e descontinuidades) de suas reflexões, torna-se possível enxergar, sob uma óptica particular, as possibilidades e os dilemas dos intelectuais que, embora sob a pressão das derrotas e do rebaixamento do horizonte histórico, optaram pela resistência ao novo "ar dos tempos". Para as novas gerações, crescidas sob a atmosfera nauseante de um mundo aparentemente sem porta de saída – em que, como disse Fredric Jameson certa vez, parece mais fácil imaginar o fim do mundo do que o fim do capitalismo e sua substituição por um outro sistema social –, Löwy representa uma espécie de *passeur* [barqueiro] entre duas épocas, entre aquela da "atualidade" (se não iminência) da revolução, dos anos 1960 e 1970, e a nossa, marcada pela ascensão da mundialização neoliberal e pelo declínio do marxismo e das esquerdas intelectual e política de forma geral, a partir dos anos 1980. Seu itinerário, sempre "à esquerda do possível", segundo a expressão de Daniel Bensaïd, constitui um testemunho ativo das transformações do contexto histórico-político e de uma visão social de mundo em particular (o marxismo).

Não é mero acaso, portanto, a ênfase dada neste livro à obra e à trajetória de Michael Löwy entre as décadas de 1980, 1990 e 2000. É nesse período – posterior à sua descoberta e incorporação de Walter Benjamin, a partir de 1979 – que ambas atingem a "maturidade", digamos assim, confrontando os novos desafios impostos ao pensamento crítico em um momento de profundas mudanças históricas e políticas, que atingiram em cheio o marxismo e a esquerda política radical, obrigando-os a repensar seu lugar na crítica e na resistência ao capitalismo autodeclarado triunfante. Analisar a trajetória e a obra de Michael Löwy desse ponto de vista não significa, porém, deixar de lado o seu percurso anterior, mas sim apreendê-lo à luz de suas diferenças com a "etapa" posterior, quando sua obra assume um caráter mais problematizador, mais "aberto" e disponível ao diálogo crítico com outras perspectivas teóricas e políticas.

Se em seus trabalhos das décadas de 1960 e 1970, sobre Marx, Rosa Luxemburgo, Lenin, Che Guevara, Lukács ou Goldmann – sem falar em sua tentativa de elaborar uma sociologia marxista do conhecimento –, Löwy destacava-se como um historiador das ideias revolucionárias, reivindicando a superioridade de certo marxismo ("humanista-historicista") diante de seus concorrentes "burgueses", a partir de seus estudos sobre os intelectuais judeus na Europa central, cujos primeiros resultados datam do início da década de 1980, pode-se perceber uma ênfase na busca pelas afinidades possíveis entre concepções diferentes do anticapitalismo, mobilizando-as na direção de uma radicalização da crítica marxista da modernidade. Desde então, direta ou indiretamente impactado pela "crise" da modernidade e do marxismo, particularmente pujante na França (que se transforma, como disse Perry Anderson, na "capital da reação europeia"), Michael Löwy tornou-se uma espécie de sociólogo do anticapitalismo, interessando-se pelas mais diversas manifestações da crítica à modernidade burguesa, muitas delas historicamente rejeitadas pela tradição marxista.

Sejam os intelectuais judeus "marxizantes" ou "anarquizantes" da Europa central do início do século XX, seja o cristianismo de libertação na América Latina, a visão de mundo romântica, o diagnóstico weberiano da modernidade ou a questão ecossocialista, tratava-se, para Löwy, de enxergar elementos profícuos à renovação da crítica marxista-heterodoxa do capitalismo, a fim de reavivá-la diante dos novos desafios que lhe foram impostos. Agora, mais do que defender o legado da tradição marxista "clássica" (Marx, Lenin, Rosa) e/ou "ocidental" (Lukács, Goldmann), Michael Löwy compreende-o como eixo e ponto de partida (não de chegada) de uma crítica mais ampla da modernidade capitalista, crítica essa que, embora ainda fiel à utopia revolucionária, destaca-se principalmente como uma cartografia da(s) resistência(s). Essa "irredutibilidade", como diria seu "cúmplice" Daniel Bensaïd, quer dizer, essa resistência em face do cinismo da época, é central na produção de Löwy das últimas décadas, como um momento do "negativo" fundamental para a revitalização da aposta na possibilidade de uma sociedade para além do capitalismo.

Espécie de *trapeiro* do anticapitalismo, como foi Benjamin, Michael Löwy não hesita em recolher os fragmentos – os "dejetos" aparentemente destinados à obsolescência histórica – das mais diversas revoltas, sem lhes censurar, de imediato, a ausência de clareza político-estratégica. "Um trapeiro, de manhã cedo – no raiar da revolução", como disse Benjamin a propósito de seu amigo Kracauer, Löwy não podia vislumbrar os traços atualizados da utopia senão no que restara das múltiplas e heterogêneas lutas e resistências que, no passado, interromperam, ainda que apenas simbolicamente, a *marcha triunfal dos vencedores*. Mesmo quando outrora relegados à *lata de lixo da história*, esses vestígios ("trapos") de utopia anticapitalista ajudariam, no presente, a redobrar a aposta, sem nenhuma garantia de vitória (de onde a sua tonalidade inevitavelmente *melancólica*), na possibilidade de outra ordem social, em um contexto marcado pelo divórcio definitivo entre esperança revolucionária e progresso capitalista.

Ora, como evidência, esse *elogio da resistência*, em detrimento da reflexão sobre as possibilidades concretas do anticapitalismo, embora simbolicamente edificante, não escapa de uma posição que, no limite, acabaria por chancelar o déficit político--estratégico que paira sobre os movimentos sociais contemporâneos, circunscritos à antinomia (que é própria da época) entre resistência "negativa" e projeção utópica. De onde a frágil articulação, em Michael Löwy, entre a reivindicação do "pessimismo revolucionário" *à* Benjamin – na contramão do otimismo do movimento operário clássico, social-democrata, stalinista ou mesmo trotskista – e a manifestação de um "otimismo antropológico" no que se refere à valorização das utopias e da esperança em um "outro mundo possível"³. É em torno dessa combinação de pessimismo e utopia, de resistência e revolução – sem avançar muito na reflexão sobre as possibilidades concretas de sua articulação na prática social anticapitalista –, que se estabelece a obra de Michael Löwy a partir de 1980.

Não surpreendentemente, tal antinomia revela-se em todas as suas consequências em sua interpretação de Benjamin, intelectual cuja reflexão serve de ponto de referência para a almejada atualização heterodoxa do marxismo. Para Löwy, a ruptura com as ideologias do progresso, assim como com qualquer outra modalidade de teleologia histórica, bases da filosofia benjaminiana, supõe a restituição da crítica marxista a partir de seu gesto básico e inaugural: a recusa ética radical dos fundamentos sobre os quais se fundam a civilização capitalista moderna. É dessa recusa, e somente dela, que podem emergir as utopias concretas de um novo mundo. Entre a desconstrução das hipóstases históricas e a utopia romântica de um futuro cujo único prelúdio é o passado longínquo, Benjamin encarnava, desse modo, os dilemas e as ambivalências vivenciados no presente pelo próprio Löwy, razão pela qual o filósofo berlinense se transformou não apenas em sua *bússola* como também – é possível acrescentar – em seu *duplo*: sombra projetada tanto da ameaça da catástrofe quanto da necessidade de, apesar de tudo, continuar a acreditar na possibilidade de acionar o "freio de emergência", bifurcando o sentido da história.

As esperanças depositadas por Löwy em movimentos sociais latino-americanos, como os neozapatistas no México ou o Movimento dos Trabalhadores Rurais Sem Terra (MST) no Brasil, decorrem precisamente da disposição destes em retomar essa "grande recusa" (*¡ya basta!*), como momento do "negativo" de uma positividade cujos contornos ainda se apresentam de forma turva. A "negatividade", aqui, faz as vezes de demolição do edifício dogmático que sustentava as ilusões de outrora. Oriundos da periferia do sistema, e com uma base social que escapa ao núcleo duro do proletariado industrial, esses movimentos desconfiam de um "progresso" que, quando muito, não foi senão o progresso das elites locais, em aliança com as burguesias imperialistas.

Com essas características, tais movimentos constituem o horizonte prático, por assim dizer, a partir do qual Löwy concebe a relação entre resistência e utopia, por meio da qual poderia emergir uma nova política anticapitalista, finalmente

---

[3] Ver, a propósito, Enzo Traverso, "Le Marxisme libertaire de Michael Löwy", em Vincent Delecroix e Erwan Dianteill (orgs.), *Cartographie de l'utopie. L'Œuvre indisciplinée de Michael Löwy* (Paris, Sandre Actes, 2011), p. 30-1. Para Traverso, esse "otimismo antropológico", forjado na esteira da Revolução Cubana e da vaga de radicalização política por ela engendrada, constitui um "contrapeso" à "jaula de aço" weberiana, à "dialética negativa do marxismo ocidental" e ao "anjo da história" de Benjamin.

desprovida das certezas quanto à história ou ao progresso. Daí, igualmente, a perspectiva profundamente latino-americana da leitura de Benjamin realizada por Michael Löwy. Da teologia da libertação, passando pela revolução sandinista em 1979 até os movimentos sociais "antissistêmicos" contemporâneos, é na América Latina que a articulação benjaminiana entre marxismo e teologia, entre pessimismo revolucionário e utopia (profana e/ou religiosa), atingiu seu "máximo de consciência possível", iluminando aquilo que, em Benjamin, sob o impacto da tragédia europeia do entreguerras, apresentava-se de forma um tanto hermética.

Na mesma perspectiva, em tempos mais recentes, seria em torno da questão ecossocialista que a proposição de Löwy de uma renovação benjaminiana do marxismo se revelaria em todas as suas consequências práticas. A intervenção no debate ecossocialista elevou a um novo patamar, em Löwy, a reivindicação da necessidade de uma articulação entre a crítica radical da modernidade capitalista e a utopia de uma sociedade emancipada. É essa a razão pela qual, enquanto manifestação concreta da obra/trajetória intelectual mais recente de Michael Löwy, a sua interpelação específica da questão ecossocialista tenha se constituído como ponto de partida deste trabalho, estabelecendo uma "porta de entrada" profícua à análise da trajetória de Michael Löwy desde os anos 1960, com ênfase nas suas transformações a partir do fim da década de 1970 e do começo da seguinte. De inspiração benjaminiana, a acomodação expositiva do livro remete, assim, a uma opção "metodológica" deliberada: da obra mais "contemporânea" de Michael Löwy pode-se entender melhor o desenvolvimento de seu percurso intelectual, tanto naquilo que ele efetivamente foi quanto no que poderia ter sido.

Tal abordagem não está isenta, é claro, do perigo do anacronismo, com sua releitura instrumental dos textos do passado em função de critérios forjados unicamente no presente, desconhecendo as condições histórico-sociais específicas em que foram produzidos. Tão problemática quanto, porém, parece ser a atitude diametralmente oposta, de matriz historicista, com sua tendência a reduzir o texto e a trajetória do autor à condição de mera expressão de uma situação histórico-objetiva geral. Como argumentara enfaticamente Walter Benjamin em seus trabalhos das décadas de 1930, a perspectiva historicista, assim colocada, ignora de forma deliberada que é sempre do presente que interpretamos o passado, mesmo quando buscamos colocá-lo em perspectiva histórica. Alguma dose de "anacronismo" é, portanto, inevitável, passado e presente formando uma espécie de "constelação" ou "imagem dialética", conforme escreveu Benjamin, para quem "todo conhecimento histórico pode ser representado pela imagem de uma balança em equilíbrio, que tem sobre um de seus pratos o ocorrido e sobre o outro o conhecimento do presente"[4]. Trata-se de perspectiva tanto mais imperativa porque o "presente" da

---

[4] Walter Benjamin, *Passagens* (Belo Horizonte/São Paulo, Editora UFMG/Imprensa Oficial, 2006), p. 510.

obra "pós-benjaminiana" de Löwy, aquele que se perfila a partir dos anos 1980 (sob o signo da chamada "mundialização capitalista"), é de alguma forma o "nosso" inescapável e inevitável presente, através do qual "julgamos" e "disputamos" o significado do passado.

Esse primado do presente provoca, de forma consciente ou não, um processo de atualização contínuo, o qual não deixa de ser também, ao mesmo tempo, uma forma de *complemento* que é próprio da *crítica*. Redigido hoje, ou amanhã, e não há alguns anos, como efetivamente foi, talvez este livro resultasse diferente, mais crítico e menos indulgente, mais preocupado com as nuances entre texto e contexto e assim por diante. Seja como for, a "atualização" poderá, ao menos, ser feita pelos próprios leitores. Mesmo porque, uma vez mais recorrendo a Benjamin, "a 'compreensão' histórica deve ser entendida, fundamentalmente, como uma vida posterior do que é compreendido e, por isso, aquilo que foi reconhecido na análise da 'vida posterior das obras', de sua 'fortuna crítica', deve ser considerado como o fundamento da história em geral"[5].

Novembro de 2015

---

[5] Ibidem, p. 502.

INTRODUÇÃO

*Transformar o mundo, disse Marx; mudar a vida, disse Rimbaud:
estas duas palavras de ordem para nós são uma só.*[1]

Em *A semana*, conjunto de crônicas escritas entre 1892 e 1900, Machado de Assis afirmou: "Desconfiai de doutrinas que nascem à maneira de minerva, completas e armadas. Confiai nas que crescem com o tempo"[2]. Ora, a advertência machadiana, sempre bem-vinda, pode ser tomada como uma das convicções que regem este livro sobre Michael Löwy, intelectual cuja trajetória caracteriza-se exatamente por um movimento "ascendente"; nesse caminho, ao mesmo tempo que manteve uma mesma perspectiva teórica e política marxista original, sua obra "cresceu com o tempo", potencializando gradativamente as virtualidades que já pareciam estar em germe desde seus primórdios. Na trajetória de Michael Löwy, a incorporação de novas inspirações teóricas não significa o abandono das referências anteriores; ao contrário, a descoberta do novo enriquece a forma de apropriação do antigo, elevando-o a outro patamar, capaz de responder aos desafios sempre renovados do real. Com isso, o acúmulo é não apenas quantitativo como, sobretudo, qualitativo, na medida em que transforma cada nova influência em elemento de atualização das inspirações precedentes.

Desde o princípio de sua trajetória, Michael Löwy destacou-se pela disposição em percorrer as mais variadas linhagens do marxismo e do pensamento anticapitalista, sem falar em sua tentativa de dialogar criticamente com diferentes campos das ciências sociais acadêmicas. Crescendo com o tempo, a obra de Löwy atingiu seu ponto mais alto especialmente após a incorporação substantiva de aspectos centrais do "marxismo romântico" de Walter Benjamin, momento a partir do qual se tornou possível estabelecer uma espécie de síntese de toda a sua bagagem

---

[1] André Breton, discurso ao Congresso dos Escritores de 1935.

[2] Publicado originalmente em *Gazeta de Notícias*, Rio de Janeiro, 23 set. 1894. Disponível em: <www.cronicas.uerj.br/home/cronicas/machado/rio_de_janeiro/ano1894/23set1894.html>.

anterior, redimensionando-a à luz da atual fase da hegemonia capitalista e das transformações das formas de luta das classes oprimidas. Por isso, sua leitura do marxismo foi se ressignificando com o tempo, e seus trabalhos mais longínquos surgem, então, como etapa fundamental de um itinerário que, agora mais do que nunca, parece capaz de reunir as condições para o enfrentamento teórico e político dos desafios decisivos do mundo contemporâneo.

Em um pequeno e interessante ensaio sobre Michael Löwy, Roberto Schwarz sugere a possibilidade de divisão da obra do autor em três "blocos" centrais, os quais diferem entre si em virtude não somente das disposições intrínsecas, ou "internas", de sua produção, mas também pelos próprios desdobramentos e transformações da (pós-)modernidade capitalista, antes e após a *débâcle* definitiva do chamado *socialismo realmente existente*. Segundo o esquema de Schwarz, o primeiro conjunto temático corresponde aos trabalhos teóricos de Löwy redigidos nas décadas de 1960 e 1970, nos quais se estabelece uma compreensão original e inventiva de autores "clássicos" do marxismo, tais como Marx, Trotski, Rosa Luxemburgo, György Lukács e Ernesto "Che" Guevara, entre outros. Pode-se destacar, nesse momento, além da tese sobre a *teoria da revolução* no jovem Marx (defendida sob orientação de Lucien Goldmann em 1964, na Sorbonne, em Paris), a instigante análise da *evolução política de Lukács*, na qual Löwy buscou revelar as potencialidades revolucionárias imanentes às conflagrações e ambiguidades da trajetória do filósofo húngaro, da juventude romântica até a adesão explosiva ao comunismo.

O segundo "bloco" teórico e temático concentra-se na tentativa de Michael Löwy de fundamentar uma espécie de sociologia *marxista* do conhecimento, defendendo a superioridade metodológica do marxismo em função de seus vínculos com a classe social revolucionária do presente histórico: o proletariado, a um só tempo sujeito e objeto do conhecimento, eixo sob o qual poderia emergir uma compreensão ("crítico-prática", retomando as letras de Marx e Engels em *A ideologia alemã*) dos alicerces básicos da totalidade, em suas múltiplas determinações concretas[3]. Resultaram daí seus inúmeros textos dedicados à sociologia do conhecimento, em cujas premissas argumentativas pode-se perceber com nitidez a influência não só do Lukács de *História e consciência de classe* (*HCC*), ou das considerações metodológicas de Lucien Goldmann, mas também, em certa medida, do verdadeiro *fundador* da sociologia do conhecimento Karl Mannheim.

O terceiro momento do percurso intelectual de Michael Löwy, de acordo com Schwarz, além de mais complexo e polêmico, caracteriza-se pela consecução concreta da busca pela redefinição do lugar do marxismo em face das complexidades

---

[3] Em *História e consciência de classe*, Lukács afirmara: "Não é a predominância dos motivos econômicos na explicação da história que distingue decisivamente o marxismo da ciência burguesa: é o ponto de vista da totalidade". Cf. György Lukács, *História e consciência de classe: estudos sobre a dialética marxista* (trad. Rodnei Nascimento, São Paulo, Martins Fontes, 2003), p. 105.

do mundo contemporâneo. Desde então, delineia-se uma ênfase na necessidade de atualização crítica do marxismo a partir de um franco diálogo com as mais diversas expressões da crítica à modernidade capitalista. Nas palavras de Schwarz, "daí sua incursão em grande escala pelos territórios do romantismo anticapitalista, do utopismo e do messianismo judaicos, em cuja crítica do progresso ele encontra um elemento de verdade contemporânea, importante para uma atualização do marxismo"[4]. Löwy dedica-se, então, à reavaliação marxista das inúmeras manifestações – teóricas, políticas e artísticas – de crítica (negativa) da modernidade: dos românticos ao "judaísmo libertário da Europa central", dos surrealistas aos recentes movimentos ecológicos.

Do ponto de vista teórico e político, o momento-chave, quer dizer, o auge deste "bloco temático", repousa na "descoberta" de Walter Benjamin, cuja obra conferiu a Löwy a possibilidade de extrair todas as consequências de aspectos teóricos que, até então, permaneciam latentes, estimulando-o a uma significativa ampliação temática de seus trabalhos. Com a obra de Benjamin, Löwy intensifica a busca por elementos teóricos e políticos necessários à radicalização da crítica marxista da modernidade e do "progresso", mudança que se justifica pela tentativa de enfrentar diretamente o contexto histórico e cultural dos tempos contemporâneos.

Não por acaso, à diferença do primeiro e do segundo blocos – que estavam diretamente envolvidos na disputa ideológica em curso, "e tinham algo de 'fla-flu' doutrinário"[5] –, o terceiro "momento" da trajetória de Löwy vincula-se intimamente aos impasses históricos dos outros dois e, consequentemente, aos desafios do presente. Consolida-se, nesse momento, a convicção – de ordem teórica e política – de que o marxismo "[...] precisa, para enfrentar os problemas atuais, radicalizar sua crítica da modernidade, do paradigma da civilização ocidental, industrial, moderna, burguesa"[6], propondo um novo desfecho para a crise, historicamente necessária, do *discurso filosófico da modernidade*. Eis porque, diz Schwarz, os escritos deste período desenvolvem-se sob um prisma mais problematizador, o que lhes garante "uma indiscutível superioridade literária"[7].

Concretamente, pode-se dizer que a perspectiva da crítica radical da civilização capitalista moderna, que dá o tom desse terceiro bloco, manifesta-se em toda a sua plenitude na forma específica assumida pela adesão contemporânea de

---

[4] Roberto Schwarz, "Aos olhos de um velho amigo", em Ivana Jinkings e João Alexandre Peschanski (orgs.), *As utopias de Michael Löwy: reflexões sobre um marxista insubordinado* (São Paulo, Boitempo, 2007), p. 159.

[5] Idem.

[6] Michael Löwy, "Marxismo: resistência e utopia", em Michael Löwy e Daniel Bensaïd, *Marxismo, modernidade e utopia* (São Paulo, Xamã, 2000), p. 242.

[7] Roberto Schwarz, "Aos olhos de um velho amigo", cit., p. 159.

Michael Löwy ao ecossocialismo. Com esse movimento, a defesa de uma crítica marxista da modernidade é vinculada à reivindicação política de uma alternativa socialista em ruptura com o progresso destrutivo e com o paradigma civilizatório capitalista moderno – tal como, aliás, Benjamin reivindica nas teses "Sobre o conceito de história" e/ou no *Projeto das passagens*. No contexto da obra de Löwy, o ecossocialismo constitui, por isso mesmo, uma mediação concreta através da qual ele articula sua postura em face de questões eminentemente contemporâneas como a crise ecológica ou, melhor dizendo, a crise civilizatória vigente.

Nesse percurso, é como se a análise crítica do capitalismo moderno – cuja densidade teórica foi composta através da leitura de *HCC* – atingisse agora um novo patamar, a partir do qual Löwy reúne condições teóricas para enfrentar de forma mais problematizadora as novas formas de realização do capitalismo contemporâneo, marcado pelo esgotamento histórico do "progresso" e do discurso filosófico da modernidade. Enquanto seus trabalhos das décadas de 1960 e 1970, que consolidam uma leitura humanista e *historicista* do marxismo (compreendido, antes de tudo, como *filosofia da práxis*), constituíam parte das disputas teóricas e políticas de um período em que ainda soavam os ecos revolucionários do 1968 francês e das demais movimentações revolucionárias no centro e na periferia do capitalismo, seus trabalhos mais recentes, que extrapolam os limites do marxismo, vinculam-se diretamente às condições políticas e ideológicas do capitalismo contemporâneo, marcado pela deslegitimação de toda e qualquer "grande narrativa" emancipatória.

Por isso mesmo, é a partir do presente, ou seja, das condições de possibilidade do capitalismo – e das lutas anticapitalistas – do "tempo-de-agora", que se torna possível estabelecer um fio condutor que atravessa o conjunto da obra de Löwy, o qual se expressa em todas as suas consequências após os anos 1980. De seu ponto mais desenvolvido, isto é, quando sua trajetória atinge uma espécie de cume intelectual, torna-se possível visualizar com melhor precisão os diversos momentos de constituição teórica da obra de Michael Löwy. A insistência na necessidade de radicalização da ruptura do marxismo com toda forma de crença no progresso e no paradigma civilizatório capitalista moderno – insistência que assume características concretas com a reivindicação da perspectiva ecossocialista – constitui, no limite, um parâmetro a partir do qual se pode melhor avaliar a obra de Michael Löwy à luz dos desafios de um presente caracterizado pela baixa mundial do marxismo e pelo declínio relativo das outrora absolutas certezas do progresso.

Partindo do presente, o objetivo deste livro é, então, traçar uma relação dialética entre o desenvolvimento *interno* da obra de Michael Löwy e as transformações do cenário histórico ao qual ela se vincula, indo desde sua formação intelectual no Brasil da segunda metade da década de 1950 até sua trajetória na Europa, particularmente na França, onde assistira a emergência fulminante dos (pós-)estruturalistas, cujas teses tornaram-se a ponta de lança filosófica do discurso pós-modernista. A resposta às transformações do cenário histórico contemporâneo constitui o "ponto de chegada" da trajetória de Löwy – que se expressa politicamente nas discussões sobre o ecossocialismo –, momento a partir do qual se ampliam as possibilidades de compreensão de sua obra desde o período de sua formação, ou seja, de seu "ponto de partida". É exatamente por encarar sob uma perspectiva fundamentalmente marxista os desafios teóricos e práticos da atual etapa do capitalismo que Löwy assume um lugar de destaque no marxismo contemporâneo, ao lado de figuras como István Mészáros, Daniel Bensaïd, Alex Callinicos e Fredric Jameson, entre outros.

Na introdução do livro *Le Dieu caché*, em que sistematiza os pressupostos metodológicos do trabalho sociológico, Lucien Goldmann afirmou: "O pensamento é apenas um aspecto parcial de uma realidade menos abstrata: o homem vivo e inteiro. E este, por sua vez, é apenas um elemento do conjunto que é o grupo social". Com efeito, "uma ideia, uma obra só recebe sua verdadeira significação quando é integrada ao conjunto de uma vida e de um comportamento"[8]. Essa advertência metodológica, universalmente válida, parece ainda mais imprescindível em relação ao marxismo, uma vez que, enquanto visão social de mundo específica, ele vincula seu horizonte último (uma comunidade humana autêntica) ao destino prático de uma classe social concreta (o proletariado e as classes subalternas de forma geral). Não por acaso, como alertou Perry Anderson algumas décadas atrás, qualquer estudo sobre o pensamento marxista implica a necessidade, mais do que da análise das possibilidades e dos bloqueios *internos* da própria teoria em si, de uma investigação mais ampla sobre a trajetória da prática popular e da história à qual esta teoria está vinculada. Teoria da história, o marxismo projeta também uma história da teoria, construída a partir da apreensão das características e das transformações concretas do capitalismo.

Ao definir suas conquistas teóricas como expressões cognitivas do "movimento real das coisas", e não de um "estado ideal de coisas", Marx e Engels já haviam sugerido que o destino de suas formulações teóricas se ligava aos desdobramentos da "intrincada trama das lutas de classes nacionais e internacionais que o caracterizam"[9]. Como teoria crítica do capitalismo que busca oferecer uma inteligibilidade reflexiva de seu próprio desenvolvimento (e por isso inclui uma concepção autocrítica), o marxismo reconhece a importância das explicações extrínsecas de suas possibilidades concretas. A análise *interna* da teoria deve ser relacionada, então, com a história concreta sob a qual ela se desenvolve.

---

[8] Lucien Goldmann, "Introdução", em *Dialética e cultura* (Rio de Janeiro, Paz e Terra, 1967), p. 8.

[9] Perry Anderson, *A crise da crise do marxismo: introdução a um debate contemporâneo* (trad. Denise Bottmann, 2. ed., São Paulo, Brasiliense, 1985), p. 16.

No caso em questão, a tentativa de interpretar o marxismo de Michael Löwy através do tema da *crítica da modernidade* (que perpassa todo o seu itinerário, notadamente suas reflexões sobre o ecossocialismo) justifica-se pela hipótese de que é exatamente por meio desse tema básico que ele elabora a sua forma relativamente específica de conceber a revitalização da crítica marxista do capitalismo contemporâneo. A exigência de que o marxismo se constitua, em última análise, como crítica "moderna" da modernidade parece compor parte de uma tentativa mais ampla de renovação do pensamento marxista diante das atuais formas de realização do capitalismo e dos seus impactos sobre as "narrativas" da modernidade, particularmente a partir de meados da década de 1970. Conforme sugeriu certa vez Fredric Jameson,

> Os marxismos (os movimentos políticos, bem como as formas de resistência intelectual e teórica) que emergirem do atual sistema capitalista, da pós-modernidade, da terceira fase do capitalismo informacional e multinacional de Mandel, serão necessariamente diferentes dos que se desenvolveram no período moderno, no segundo estágio, a era do imperialismo. Eles terão um relacionamento radicalmente diferente com a globalização e também, em contraste com o marxismo mais antigo, parecerão ter caráter mais cultural, girando fundamentalmente em torno de fenômenos até então conhecidos como reificação da mercadoria e consumismo.[10]

Para Jameson, a etapa "pós-moderna" do capitalismo revela a emergência de uma lógica cultural um tanto nova, estreitamente vinculada à expansão global da forma-mercadoria e das consequências do processo de reificação. No âmbito mais propriamente simbólico, o capitalismo "pós-moderno" caracteriza-se, entre outras manifestações, por um esgotamento histórico das ideologias da modernização que até então embalavam as "grandes narrativas" conservadoras ou revolucionárias. Segundo Jameson, "o pós-modernismo é o que se tem quando o processo de modernização está completo e a natureza se foi para sempre"[11]. Nesse contexto, a revitalização do marxismo contemporâneo depende de sua capacidade de efetuar uma crítica anticapitalista desse processo de esgotamento da modernização – um esgotamento que comprova, no mais, a falência da crença, comum em especial no marxismo vulgar dos países periféricos, de que a conclusão dos esforços da modernização poderia impulsionar, quase inevitavelmente, a emancipação vislumbrada no futuro.

---

[10] Fredric Jameson, "Cinco teses sobre o marxismo atualmente existente", em Ellen Wood e John Bellamy Foster (orgs.), *Em defesa da história: marxismo e pós-modernismo* (Rio de Janeiro, Jorge Zahar, 1999), p. 193.

[11] Fredric Jameson, *Pós-modernismo: a lógica cultural do capitalismo tardio* (São Paulo, Ática, 2007), p. 13.

Ora, ao reconhecer a necessidade da crítica radical da totalidade dos elementos – materiais e psíquicos – que compõem a civilização capitalista moderna e transformar esse imperativo em eixo fundamental de sua trajetória mais recente, Michael Löwy não deixa de ser, de certo modo, uma expressão deste "marxismo da terceira fase do capitalismo" de que fala Jameson. Muito além de uma crítica da economia política, que tenta forjar uma estratégia alternativa no espectro da modernização capitalista, o marxismo é então concebido como crítica radical das bases da civilização moderna, crítica desferida não só contra as manifestações atuais, mas também contra os alicerces da legitimidade histórica do progresso capitalista ao longo dos séculos. É sob esse fundo teórico e político que Michael Löwy unifica e fornece expressão coerente à valorização de manifestações tão diversas da crítica da modernidade como a perspectiva ecossocialista, a crítica benjaminiana do progresso, o pessimismo sociológico weberiano, o anticapitalismo romântico e as utopias libertárias e religiosas.

O trabalho ora apresentado divide-se em seis capítulos, cuja disposição interna pretende estabelecer a forma mais interessante para a exposição do conteúdo almejado. O primeiro capítulo deste livro apresenta a inserção específica de Michael Löwy nos debates em torno do ecossocialismo. Temática eminentemente contemporânea e vinculada aos desafios do presente, os debates sobre o ecossocialismo permitem definir um parâmetro a partir do qual o itinerário de Löwy aparece em seu ponto mais alto, com a defesa da revitalização do marxismo como crítica radical da modernidade capitalista.

No segundo capítulo, depois de já realizada a apresentação de sua defesa de uma renovação ecossocialista do marxismo, busca-se retomar os principais aspectos da formação intelectual de Löwy, desde seus primórdios no Brasil da segunda metade da década de 1950 até sua inserção no contexto intelectual francês (e europeu) a partir de meados da década de 1960, inserção que perdura até os tempos atuais. Parte-se da hipótese de que a análise das singularidades da formação intelectual de Löwy, ao revelar sua compreensão inventiva do marxismo, permite vislumbrar alguns traços de sua trajetória mais recente, em que dá centralidade à reivindicação por um marxismo crítico em ruptura com a ideia iluminista-burguesa de progresso.

O terceiro capítulo aborda, por sua vez, a leitura de Michael Löwy de um pensador cuja obra forneceu as principais fontes de inspiração para a constituição de um marxismo renovado, capaz de enfrentar os novos desafios do nosso presente histórico: Walter Benjamin. A crítica benjaminiana das ideologias do progresso e da história dos vencedores informa de modo decisivo os argumentos de Löwy em torno da atualização do marxismo à luz da práxis histórica dos novos sujeitos potencialmente anticapitalistas no mundo contemporâneo.

A reivindicação löwyana de uma leitura *anticapitalista* do diagnóstico weberiano da modernidade é o tema do quarto capítulo. Nele, almeja-se problematizar a forma através da qual Löwy propõe a incorporação de alguns tópicos da análise clássica de Max Weber no quadro da crítica marxista-dialética da modernidade burguesa. A fim de conferir substância teórica ao debate, intenta-se recuperar algumas contribuições específicas de autores marxistas em relação à possibilidade de diálogo e incorporação da obra weberiana de um ponto de vista dialético.

O quinto capítulo é dedicado à valorização de Löwy da visão social de mundo romântica, especialmente aquela compreendida por ele como "romantismo revolucionário". Em Löwy, o resgate da dimensão revolucionária do romantismo visa potencializar o caráter antipositivista e não evolucionista do marxismo, reposicionando, simultaneamente, sua faceta utópica. O romantismo atua como mecanismo de ruptura com o culto moderno da temporalidade "vazia e homogênea" do progresso – como diria Walter Benjamin, também ele um "marxista romântico".

A seguir, no sexto e último capítulo, apresentam-se as faces da valorização de Löwy das utopias anticapitalistas, inclusive religiosas, em cujas *consciências antecipatórias* se torna possível, para ele, retomar a dimensão imaginativa do marxismo, resgatando a capacidade de projeção de um "outro mundo possível". Mais especificamente, aborda-se a análise de Michael Löwy das diversas facetas da religiosidade utópica, tais como o messianismo judaico, que se manifestou em diversos intelectuais da Europa central na transição do século XIX para o XX, e o cristianismo de libertação – tão importante na história mais recente da América Latina a partir da segunda metade do século XX.

Enfim, objetiva-se nas considerações finais sintetizar os aspectos principais do "marxismo libertário" de Michael Löwy, que se caracteriza, entre outras coisas, pela retomada do diálogo do marxismo com as mais diversas expressões das utopias anticapitalistas, a partir da oposição comum à racionalidade instrumental da modernidade capitalista. Ademais, pretende-se demonstrar o caráter eminentemente anticapitalista da crítica da modernidade reivindicada por Löwy, o que a diferencia de maneira substancial da rejeição pós-moderna das narrativas filosóficas da modernidade.

Ao final, encontra-se ainda uma bibliografia completa de Michael Löwy.

CAPITALISMO CONTEMPORÂNEO, CRISE ECOLÓGICA, CRISE CIVILIZATÓRIA: ECOSSOCIALISMO E RENOVAÇÃO DO MARXISMO

Desde meados da década de 1970, é possível perceber a emergência vertiginosa de uma crise ecológica sem precedentes, resultado do ímpeto destrutivo do capitalismo que, naquele momento, reorganizava significativamente os seus parâmetros de acumulação e reprodução ampliada de capital. De lá para cá, os sinais de alerta provocados pela destruição do meio ambiente anunciaram-se em escala crescente: do crescimento exponencial da poluição do ar, da água potável e do meio ambiente à acelerada destruição das florestas tropicais e da biodiversidade, do esgotamento e desertificação do solo à drástica redução da biodiversidade pela extinção de milhares de espécies, entre outras catástrofes potenciais, vários são os exemplos do caráter destrutivo do modelo civilizatório capitalista.

Desde então, como vêm destacando vários autores, as ameaças contra as condições de vida alcançaram uma dimensão muito mais trágica do que no começo do século XX[1]. Sob o predomínio de uma *produção destrutiva* cada vez maior e mais irremediável, assiste-se a emergência de uma verdadeira "crise civilizatória", insolúvel, incontrolável e, mais importante, insuperável nos limites do sistema social estabelecido. Mais que mera crise econômica, a qual se seguem medidas mais ou menos eficazes de recuperação, trata-se agora de uma crise global da civilização capitalista, cuja expressão mais dramática é a deterioração incontrolável das condições naturais e sociais de produção[2]. Desse ponto de vista, vive-se, portanto, um processo de múltiplas crises, "econômicas, ecológicas, sociais e políticas, que se determinam e se sobredeterminam"[3].

---

[1] François Chesnais e Claude Serfati, "'Ecologia' e condições físicas de reprodução social: alguns fios condutores marxistas", *Crítica Marxista*, São Paulo, Boitempo, v. 1, n. 16, 2003, p. 68.

[2] Renán Vega Cantor, "Crisis civilizatoria", *Herramienta*, Buenos Aires, n. 42, 2009, p. 48.

[3] Frieder Otto Wolf, "Crise écologique et théorie marxiste. Pour une problématique renouvelée", em Jean-Marie Harribey e Michael Löwy (orgs.), *Capital contre nature* (Paris, PUF, 2003), p. 202.

Por isso, hoje em dia, por trás de palavras como "ecologia" e "meio ambiente" escondem-se nada menos do que questões decisivas para a "continuidade das condições de reprodução social de certas classes, de certos povos e, inclusive, de certos países"[4]. Como bem observa Joel Kovel, responsável pela redação, com Michael Löwy, do primeiro manifesto ecossocialista internacional,

> A crise ecológica é uma abstração de uma série de fatos obstinados: de que os distúrbios "ambientais" estalam por toda parte, de que ela está conectada de maneira peculiar com a condição contemporânea e de que coloca de modo claro uma ameaça maior para a integridade futura da sociedade e da natureza.[5]

A esta verdadeira "mutação histórica do modo de acumulação capitalista"[6] – que envolve uma significativa reorganização de suas formas de produção – corresponde um avanço impressionante da mercantilização da vida social em seu conjunto. Se o capitalismo sempre se caracterizou pela necessidade de expansão econômico-territorial, como destacou Rosa Luxemburgo, essa tendência se manifesta nos tempos atuais através da mercantilização de dimensões da vida humana outrora incomensuráveis, como os recursos naturais e até mesmo o corpo humano. Nas últimas décadas, o "progresso" da civilização capitalista, que sempre revelou um aspecto destrutivo e predatório (como assinalou Marx em sua crítica das formas assumidas pela acumulação *primitiva*), atinge proporções infinitamente mais trágicas, na medida mesma em que submete a quase totalidade das formas de existência à condição de mercadoria. Essa é a medida trágica do "progresso" na atualidade.

Nesse contexto – marcado pela expansão global da forma mercadoria, a ponto de já não parecer possível vislumbrar algum lugar "fora do sistema", como outrora a natureza ou o inconsciente[7] –, novos desafios teóricos e políticos se impõem ao pensamento crítico e, em particular, ao marxismo. Em alguma medida, a "crise"

---

[4] François Chesnais e Claude Serfati, "'Ecologia' e condições físicas de reprodução social", cit., p. 39.

[5] Joel Kovel, *El enemigo de la naturaleza. ¿El fin del capitalismo o el fin del mundo?* (Buenos Aires, Asociación Civil Cultural Tesis 11, 2005), p. 35. Conforme o mesmo autor: "A crise ecológica não se refere a algum prejuízo ecossistêmico dado, como o aquecimento global, a extinção das espécies, a diminuição dos recursos naturais ou a extensão das intoxicações por novos produtos químicos. [...] Se refere ao fato de que este conjunto de coisas ocorrem todas juntas – que estão emergindo em e pertencem ao mesmo momento da história" (ibidem, p. 38). Aqui em tradução livre.

[6] Daniel Bensaïd, "Uma nova época histórica", em Michael Löwy e Daniel Bensaïd, *Marxismo, modernidade e utopia*, cit., p. 41.

[7] Fredric Jameson, *Pós-modernismo*, cit.

do culto moderno ao progresso significa, também, a "crise" de uma certa vertente do marxismo, cuja perspectiva teórica e política tradicional se apoiava na defesa da modernização e do progresso como etapas fundamentais da emancipação projetada para o futuro. Por isso, a superação dessa "crise" deve implicar um esforço de "atualização" da crítica marxista da civilização capitalista, demonstrando a possibilidade efetiva de um marxismo em ruptura com o progresso – como reivindicou Benjamin nas *Passagens* –, dotando-o, assim, de capacidade teórica para renovar sua dimensão crítica e radical.

Nas palavras de Immanuel Wallerstein, que resume muito bem o que está em questão nesta problemática:

> Se há uma ideia associada ao mundo moderno, é a noção de progresso. [...] A ideia de progresso justificou a transição do feudalismo para o capitalismo. Legitimou que a oposição remanescente à mercantilização de tudo fosse destruída e permitiu descartar os aspectos negativos do capitalismo com base na noção de que os benefícios superavam em muito os prejuízos. Logo, não é surpreendente que os liberais acreditassem no progresso. Surpreendente é que seus oponentes ideológicos, os marxistas – antiliberais, representantes das classes trabalhadoras oprimidas –, acreditassem no progresso com, pelo menos, a mesma paixão. [...] Ao mesmo tempo que a ideia de progresso justificava o socialismo, também justificava o capitalismo. Era difícil aclamar o proletariado sem antes prestar homenagens à burguesia. [...] A adesão marxista ao modelo evolucionário do progresso tem sido uma enorme armadilha, da qual os socialistas só começaram a desconfiar recentemente, como um elemento da crise ideológica que é parte da crise estrutural global da economia mundial capitalista.[8]

Ora, é precisamente a partir do enfrentamento aos desafios singulares de um presente caracterizado pelo esgotamento histórico do modelo civilizatório capitalista moderno e dos paradigmas teóricos do progresso que Michael Löwy constitui sua obra mais recente (a partir dos anos de 1980), em especial suas reflexões em torno do ecossocialismo. Até mesmo por envolver o imperativo de renovação e "atualização" da crítica marxista do capitalismo contemporâneo, a problemática do ecossocialismo manifesta em termos concretos, por assim dizer, os principais traços das proposições teóricas de Michael Löwy em defesa de um marxismo afinado com o tempo presente.

Compreendido, acima de tudo, como uma filosofia *da* práxis, e não como um sistema teórico abstrato e *fechado*, o marxismo deve renovar permanentemente sua crítica da ordem estabelecida, à luz das constantes transformações nas formas

---

[8] Immanuel Wallerstein, *Capitalismo histórico e civilização capitalista* (trad. Renato Aguiar, Rio de Janeiro, Contraponto, 2001), p. 83-4.

de realização do capitalismo. Desse ponto de vista, a temática do ecossocialismo, ao mesmo tempo que mobiliza aspectos centrais da obra mais recente de Löwy, permite vincular dialeticamente o constructo teórico do autor à sua reivindicação intelectual e política de um marxismo crítico, renovado e não dogmático, capaz de enfrentar os desafios do mundo contemporâneo.

1.1. Ecossocialismo e crítica da modernidade em Michael Löwy

Mas, afinal, o que é o ecossocialismo? E, mais ainda, qual o lugar preciso ocupado por Michael Löwy nos debates em torno desse tema? Em outras palavras, qual o sentido concreto da problemática do ecossocialismo no conjunto mais amplo da obra de Löwy?

A emergência da perspectiva ecossocialista é praticamente contemporânea ao surgimento vertiginoso da crise ecológica na agenda política e social. Acima de tudo, ela nasceu a partir de debates e obras de diversos intelectuais, nas últimas quatro décadas, que contribuíram para a formação de uma "corrente de pensamento e de ação", como diz Löwy, capaz de demarcar posição em defesa da renovação "ecológica" do marxismo[9]. Destacam-se, entre esses intelectuais, os nomes de Manuel Sacristán, Raymond Williams, Rudolf Bahro e André Gorz, além dos mais contemporâneos James O'Connor (um dos editores fundadores da revista *Capitalism, Nature, Socialism*), Barry Commoner, John Bellamy Foster, John Clark e Joel Kovel nos Estados Unidos, Francisco Fernández Buey, Jorge Riechmann e Joan Martinez Alier na Espanha, Jean-Paul Déléage, Michael Löwy e Jean-Marie Harribey na França, Elmar Altvater e Frieder Otto Wolf na Alemanha.

Retomando o argumento desses diversos autores, Michael Löwy define genericamente o ecossocialismo como uma corrente de pensamento e de ação (e não um movimento político homogêneo e organizado) que engloba "as teorias e os movimentos que aspiram a subordinar o valor de troca ao valor de uso, organizando a produção em função das necessidades sociais e das exigências da proteção do meio ambiente"[10]. Joel Kovel, na mesma perspectiva, anuncia o ecossocialismo "como uma luta pelo valor de uso e, através do valor de uso realizado, pelo valor intrínseco. Isso significa que é uma luta pelo lado qualitativo das coisas"[11]. Predomínio do valor de uso e crítica do fetichismo da mercadoria: eis a articulação necessária à concepção e vivência prática de uma temporalidade qualitativa, bem diferente dos imperativos do tempo que reduz o homem à condição de sua carcaça, como disse Marx certa vez.

---

[9] Michael Löwy, *Ecologia e socialismo* (São Paulo, Cortez, 2005), p. 49.

[10] Idem.

[11] Joel Kovel, *El enemigo de la naturaleza*, cit., p. 204.

É com esta ampla perspectiva que se espera forjar um espaço de convergência entre os movimentos ecológicos e um marxismo renovado, atento à intensificação da lógica destrutiva do capitalismo. Composto basicamente por intelectuais mais ou menos próximos do marxismo, o ecossocialismo é um parâmetro teórico-político a partir do qual se estabelece a possibilidade de um diálogo crítico com as demandas e reflexões dos movimentos ecológicos. De outro ângulo, é também uma estratégia de atualização teórica *interna* ao pensamento crítico, em geral, e ao marxismo, em particular. Se o ecossocialismo reivindica as "aquisições fundamentais do marxismo", ele não hesita em se livrar "das suas escórias produtivistas"[12]. Trata-se, então, de uma releitura do socialismo que faz um acerto de contas radical com a herança do socialismo burocrático do leste europeu – responsável por níveis de devastação ecológica semelhantes aos das sociedades capitalistas ocidentais –, sem abandonar a perspectiva anticapitalista. Em outras palavras, "o ecossocialismo é mais que o socialismo tal qual o conhecemos tradicionalmente. Mas é também, definitivamente, socialista"[13].

Esta releitura atualizada da tradição socialista passa, entre outras coisas, por uma revisão autocrítica de algumas concepções caras ao marxismo "clássico", por assim dizer. Um novo diagnóstico de época, numa era de transformações substantivas do modo de funcionamento do sistema (assim como de seus virtuais oponentes), se não implica a fundação de um novo sistema teórico, supõe a necessidade não só de mais uma *análise concreta da situação concreta*, a partir de uma pretensão de verdade já pressuposta e de antemão legitimada, mas, mais que isso, supõe uma reavaliação crítica do próprio instrumental teórico utilizado para a análise dos fenômenos sociais concretos, a saber, o marxismo.

O ecossocialismo manifesta, nesse sentido, um eixo concreto a partir do qual se torna possível delimitar os principais aspectos da atualização contemporânea do marxismo. Por isso ele é tão importante para a compreensão da obra mais recente de Michael Löwy, nos últimos trinta anos. Na temática do ecossocialismo, concentra-se a maioria dos argumentos do autor em torno da necessidade da radicalização da crítica marxista da civilização capitalista moderna. Mais do que uma crítica da economia política, o marxismo se apresenta, então, para Löwy e para os ecossocialistas, como uma crítica radical às bases da civilização moderna.

A necessidade da radicalização da crítica da civilização moderna confirma-se, por exemplo, na reivindicação ecossocialista de que a superação do capitalismo envolve a subversão do aparato produtivo, industrial e tecnológico vigente, cujas bases estão intimamente vinculadas à conformação histórica das relações sociais capitalistas. O aparelho produtivo e tecnológico capitalista é destrutivo não apenas porque está a serviço do capitalismo, mas também porque suas formas de realização

---

[12] Michael Löwy, *Ecologia e socialismo*, cit., p. 49.

[13] Joel Kovel, *El enemigo de la naturaleza*, cit., p. 205.

obedecem, até mesmo em seus alicerces internos, aos imperativos do sistema, motivo pelo qual ele não é, e nem poderia ser, neutro.

De um ponto de vista ecossocialista, o aparelho produtivo capitalista, "por sua natureza e estrutura [...], está a serviço da acumulação do capital e da expansão ilimitada do mercado"[14]. Aliás, a alegação da neutralidade tecnológica constitui, ela mesma, um dos mais fortes pontos de apoio ideológico do capital. Subordinada às relações e estruturas sociais dominantes, "a tecnologia desenvolvida pelo capital, longe de ser neutra, é realmente, não importa quem opere, uma tecnologia eminentemente capitalista"[15]. Da mesma forma, a ciência e a tecnologia funcionam, no capitalismo, em consonância com as necessidades da reprodução do capital, que impõe à sociedade as condições necessárias de sua existência instável e predatória. Enfim, como afirma István Mészáros, "a ciência e a tecnologia não são jogadores bem treinados e em boa forma que, sentados nos bancos de reservas, ficam à espera do chamado dos treinadores socialistas esclarecidos para virar o jogo"[16].

Na década de 1960, Herbert Marcuse afirmou, sem meias palavras:

> Não somente sua aplicação mas já a técnica ela mesma é dominação (sobre a natureza e sobre os homens) [...] Determinados fins não são impostos apenas "posteriormente" e exteriormente à técnica – mas eles participam da própria constituição do aparelho técnico; a técnica é sempre um *projeto* sócio-histórico; nela encontra-se projetado o que uma sociedade e os interesses nela dominantes pretendem fazer com o homem e com as coisas.[17]

Até por isso, mais do que a emergência de um novo modo de produção, o ecossocialismo propõe uma *ruptura civilizatória*, quer dizer, uma transformação qualitativa do paradigma tecnológico e produtivo existente, cujas prerrogativas permaneceram praticamente intocadas ao longo das experiências dos países da extinta União Soviética. Trata-se da superação não somente do capitalismo, mas também da civilização industrial em sua totalidade[18]. Nas palavras de Löwy, "o ecossocialismo implica uma *radicalização* da ruptura com a *civilização material*

---

[14] Michael Löwy, *Ecologia e socialismo*, cit., p. 55.

[15] Victor Wallis, "'Progresso' ou progresso? Definindo uma tecnologia socialista", *Crítica Marxista*, São Paulo, Boitempo, v. 1, n. 12, 2001, p. 141.

[16] István Mészáros, *Para além do capital: rumo a uma teoria da transição* (trad. Paulo Cesar Castanheira, São Paulo, Boitempo, 2002, Coleção Mundo do Trabalho), p. 265.

[17] Herbert Marcuse, "Industrialização e capitalismo na obra de Max Weber", em *Cultura e sociedade*, v. 2 (trad. Wolfgang Leo Maar, Rio de Janeiro, Paz e Terra, 1998), p. 132; grifos do original.

[18] Renán Vega Cantor, "El *Manifiesto Comunista* y la urgencia de emprender una crítica marxista del progreso", *Herramienta*, Buenos Aires, n. 8, 1998.

capitalista". Nessa perspectiva, "o projeto socialista visa não somente uma nova sociedade e um novo modo de produção, mas também um *novo paradigma de civilização*", que requer uma nova forma de relação entre os seres humanos e destes com a natureza[19]. Ou, como diz Isabel Loureiro, sob inspiração marcusiana, mais do que o fim da propriedade privada dos meios de produção, o socialismo "é a mudança da vida em sua totalidade, a emergência de uma outra civilização, a transformação da sensibilidade humana, em uma palavra, o fim da reificação para a qual a condição prévia é o fim da 'mercantilização' dos homens e da natureza"[20].

Com efeito, o marxismo do século XXI deveria, "contra uma certa vulgata marxista, que concebe a mudança unicamente como supressão das relações sociais capitalistas" (compreendidas como obstáculos ao livre desenvolvimento das forças produtivas), "questionar a própria estrutura do processo de produção"[21]. Para Joel Kovel, na mesma perspectiva,

> É preciso reestruturar totalmente o sistema industrial, tendo como objetivo uma reestruturação radical das necessidades dos homens e uma transformação da relação com os bens de consumo capaz de fazer com que o valor de uso material coloque fim ao regime de troca – enfim, uma transformação social chamada ecossocialismo.[22]

O ecossocialismo questiona diretamente, portanto, o *fetichismo das forças produtivas* (conforme a expressão utilizada por Herbert Marcuse[23]) que caracterizou uma parcela significativa da tradição marxista. Mesmo porque, nos tempos contemporâneos, as forças produtivas do capital revelam-se absolutamente destrutivas do ponto de vista do porvir da humanidade. Por isso, como sustenta Daniel Bensaïd, "a ideia de uma transformação das forças potencialmente produtivas em forças efetivamente destrutivas, num outro registro temporal, é sem dúvida mais

---

[19] Michael Löwy, "Progrès destructif. Marx, Engels et l'écologie", em Jean-Marie Harribey e Michael Löwy (orgs.), *Capital contre nature*, cit., p. 22.

[20] Isabel Loureiro, "Le Marxisme écologique de Herbert Marcuse: il faut changer le sens du progrès", em Jean-Marie Harribey e Michael Löwy (orgs.), *Capital contre nature*, cit., p. 161.

[21] Michael Löwy, *Ecologia e socialismo*, cit., p. 76. Em certa medida, a transformação ecossocialista pode ser concebida como uma "revolução energética", no interior da qual se consubstanciaria "a substituição das energias não renováveis e responsáveis pela poluição e envenenamento do meio ambiente – carvão, petróleo e combustíveis nucleares – por energias 'leves' e renováveis: água, vento, sol" (ibidem, p. 55).

[22] Joël Kovel, "Un Socialisme pour les temps nouveaux", em Jean-Marie Harribey e Michael Löwy (orgs.), *Capital contre nature*, cit., p. 153.

[23] Cf. Isabel Loureiro, "Le Marxisme écologique de Herbert Marcuse", cit., p. 160.

fecunda" do que "o esquema mecanicista da oposição entre o desenvolvimento das forças produtivas e as relações sociais de produção que a entravam"[24].

Essas forças destrutivas não são o resultado do excesso de população ou da tecnologia em si, abstratamente, "tampouco da má vontade do gênero humano"[25]. Antes, "trata-se de algo muito mais concreto" – tal qual anuncia Michael Löwy –, a saber: "das consequências do processo de acumulação do capital, em particular em sua forma atual, da globalização neoliberal sob a hegemonia do império norte-americano"[26]. Este, e não outro, seria o "elemento essencial, motor desse processo e dessa lógica destrutiva que corresponde à necessidade de expansão ilimitada – aquilo que Hegel chamou 'má infinitude' –, um processo infinito de acumulação de mercadorias", de capital e de lucro[27].

É exatamente devido à compreensão da crise ecológica como expressão intrínseca da lógica capitalista que os ecossocialistas reafirmam a origem social da destruição do ecossistema. Crise ecológica e crise social têm uma origem comum, qual seja, o capitalismo moderno. Conforme consta do primeiro manifesto ecossocialista internacional, redigido por Löwy e Joel Kovel:

> Na nossa visão, as crises ecológicas e o colapso social estão profundamente relacionados e deveriam ser vistos como manifestações diferentes das mesmas forças estruturais. As primeiras derivam, de uma maneira geral, da industrialização massiva, que ultrapassou a capacidade da Terra de absorver e conter a instabilidade ecológica. O segundo deriva da forma de imperialismo conhecida como globalização, com seus efeitos desintegradores sobre as sociedades que se colocam em seu caminho. Ainda, essas forças subjacentes são essencialmente diferentes aspectos do mesmo movimento, devendo ser identificadas como a dinâmica central que move o todo: a expansão do sistema capitalista mundial.[28]

Desde o fim dos chamados "anos dourados" do capital, em meados da década de 1970, a conjunção entre a crise econômica mundial e a progressão acentuada da crise ecológica revelou a face mais perversa das novas formas de reprodução ampliada do capitalismo. "Horror econômico" e crise ambiental constituem momentos específicos de um mesmo processo estrutural, que remonta às tentativas

---

[24] Daniel Bensaïd, *Marx, o intempestivo: grandezas e misérias de uma aventura crítica* (Rio de Janeiro, Civilização Brasileira, 1999), p. 485.

[25] Michael Löwy, "A natureza e o meio ambiente: os limites do planeta", em Marildo Menegat, Elaine Behring e Virgínia Fontes (orgs.), *Dilemas da humanidade: diálogos entre civilizações* (Rio de Janeiro, Contraponto, 2008), p. 79.

[26] Idem.

[27] Idem.

[28] Em Michael Löwy, *Ecologia e socialismo*, cit., p. 85.

do capital de ultrapassar suas próprias barreiras. Mas "a verdadeira barreira do capital é ele mesmo"; em sua tendência à universalização, o capital depara-se com os limites inerentes à sua própria natureza, de tal forma que, em última instância, a universalidade buscada torna-se uma "universalização truncada, que não cessa de se negar, chocando-se contra as barreiras do capital tornado em si mesmo seu próprio limite"[29]. É o próprio capital que, em sua tendência e aspiração à criação de um mercado mundial produz os seus próprios limites.

Não por acaso, como diz François Chesnais, "a conjunção entre a crise econômica mundial e a progressão da crise climática e sobretudo sua gravidade não é totalmente fortuita. As raízes dessas duas crises são as mesmas, a saber, a natureza do capital e da produção capitalista"[30]. A simultaneidade das catástrofes ecológicas e sociais é uma expressão da condensação destrutiva do processo de expansão mundial do capital. Para Paul Sweezy, uma parcela considerável da crise ecológica (assim como da própria "crise social") "tem sua origem no funcionamento da economia mundial", quer dizer, na forma como esta "se desenvolveu nos últimos três ou quatro séculos"[31]. Em última instância, portanto, o que hoje se tornou conhecido como "crise ambiental" seria o "resultado acumulado"[32] da expansão e reprodução ampliada do capitalismo, desde suas origens até os dias atuais. A diferença é que "muito do que costumava ser meramente considerado um inevitável viés negativo do progresso é agora visto como parte de uma alarmante ameaça à continuação da vida na Terra"[33].

Com efeito, se a proliferação da "crise ecológica" e dos desastres sociais constitui um produto historicamente necessário das formas de acumulação e reprodução global do capital, abre-se a possibilidade de uma fecundação recíproca entre a crítica marxista do capitalismo e a crítica ecológica do "produtivismo":

> Se afirmamos que a simultaneidade dos desastres sociais e ecológicos não é fortuita, quer dizer que eles são o produto do desenvolvimento econômico impulsionado pela acumulação do capital em escala planetária, e, pior ainda, que eles são seu produto necessário; coloca-se então a questão do encontro entre a crítica marxista do capitalismo e a crítica do produtivismo, cara aos ecologistas.[34]

---

[29] Daniel Bensaïd, *Marx, o intempestivo*, cit., p. 442.

[30] François Chesnais, "Les Origines communes de la crise économique et de la crise écologique", *Carré Rouge*, n. 39, 2008, p. 15. Disponível em: <http://www.carre-rouge.org/spip.php?article211>.

[31] Paul Sweezy, "Capitalismo e meio ambiente", *Margem Esquerda*, São Paulo, Boitempo, n. 12, 2008, p. 119-20.

[32] Ibidem, p. 118.

[33] Ibidem, p. 119.

[34] Jean-Marie Harribey, "Rapports sociaux et écologie: hiérarchie ou dialectique?", Congrès Marx International IV, Paris, Université Paris X-Nanterre, 29 set.-2 out. 2004. Disponível em: <http://actuelmarx.u-paris10.fr/m4harriecolo.htm>. Aqui em tradução livre.

Mesmo porque, ao contrário do que acreditam correntes representativas do ecologismo social, a ecologia não é um "paradigma total", que ultrapassa os antigos paradigmas centrados na luta pela transformação das relações sociais de produção – como se estas relações, e os antagonismos de classe que elas engendram, fossem coisa do já distante século XIX. Na realidade, a recomposição da capacidade crítica dos movimentos ecológicos depende, em grande medida, de sua articulação com uma perspectiva social e política radical, capaz de colocar em questão os fundamentos das relações sociais capitalistas em suas múltiplas dimensões, fundamentos estes responsáveis pela constituição de uma relação destrutiva do homem em relação à natureza. Crítica ecológica e crítica social coincidem, assim, na denúncia do caráter destrutivo do capitalismo moderno. Daí que, nas palavras de Jean-Marie Harribey, professor da universidade de Bordeaux IV, "nossa única chance de avançar em direção a uma sociedade mais justa e mais ecológica é conceber uma articulação inédita entre estes dois polos, que são o social e o ecológico, para, portanto, preparar a fusão"[35].

Na práxis social realmente existente, todavia, não são poucos os obstáculos enfrentados pelas tentativas de se estabelecer uma aliança entre os movimentos ecológicos e o socialismo. Muito embora partilhem alguns pontos comuns[36], o fato é que a articulação e, quando muito, a convergência entre "vermelhos" e "verdes" depende ainda de um difícil trabalho de construção. Se muitos marxistas veem nos movimentos ecológicos tão somente uma expressão da política pós-moderna, que teria mais a confundir do que ajudar, a maioria dos ecologistas, por sua vez, desconfia profundamente do ímpeto produtivista que, para eles, é imanente à abordagem marxista da história como desenvolvimento das forças produtivas do homem.

A concretização de tal aliança exige, acima de tudo, que os movimentos ecológicos compreendam a dimensão anticapitalista de sua luta, e, ao mesmo tempo, que o pensamento social revolucionário (no caso, o marxismo) seja capaz de reconhecer a extensão e a profundidade ecológica do enfrentamento ao capitalismo. Tal diálogo e, quiçá, aliança poderia provocar uma oxigenação mútua entre os

---

[35] Idem. Pois, como assinala Pierre Rousset, "é o reencontro inevitável entre a ecologia e o social que, no fundo, permite interpretar o alcance das grandes polaridades, das clivagens estruturantes, dos conflitos de interesses que se afirmam em torno das polêmicas engendradas por esta crise (ecológica)". Cf. Pierre Rousset, "Crise écologique, internationalisme et anticapitalisme à l'heure de la mondialisation", em Jean-Marie Harribey e Michael Löwy (orgs.), *Capital contre nature*, cit., p. 205.

[36] "O socialismo e a ecologia – ou pelo menos algumas das suas correntes – têm objetivos comuns, que implicam questionar a autonomização da economia, do reino da quantificação, da produção como um objetivo em si mesmo, da ditadura do dinheiro, da redução do universo social ao cálculo das margens da rentabilidade e às necessidades da acumulação do capital. Ambos pedem valores qualitativos: o valor de uso, a satisfação das necessidades, a igualdade social para uns, a preservação da natureza, o equilíbrio ecológico para outros. Ambos concebem a economia como 'inserida' no meio ambiente: social para uns, natural para outros." Cf. Michael Löwy, *Ecologia e socialismo*, cit., p. 42.

movimentos ecológicos e os movimentos sociais anticapitalistas, contribuindo para a renovação concreta da perspectiva revolucionária. Não por acaso, para Michael Löwy, "a convergência dos dois e a formação de um pensamento socialista ecológico é um dos grandes desafios para a renovação do marxismo e do movimento revolucionário no século XXI"[37].

De um lado, a ecologia pode estimular a constituição de uma nova concepção do tempo, em ruptura com a temporalidade "vazia e homogênea" do progresso capitalista, vista a partir dos ritmos das necessidades sociais e naturais. Torna-se possível, assim, o desenvolvimento de uma concepção de planejamento contraposta ao imediatismo destrutivo da lógica mercantil[38]. De outro, a insistência do marxismo na necessidade de uma crítica das raízes fundamentais do sistema capitalista pode contribuir para que os ecologistas reconheçam os condicionamentos sistêmicos e estruturais que envolvem a produção e reprodução do que ficou conhecido como "crise ecológica". Mas a tarefa, como reconhece Michael Löwy, não é das mais fáceis, pois implica que:

> A ecologia renuncie às tentações do naturalismo anti-humanista e abandone sua pretensão de substituir ou absorver a crítica da economia política. Mas ela implica também que o marxismo se desvencilhe do produtivismo, substituindo o esquema mecanicista da oposição entre o desenvolvimento das forças produtivas e das relações de produção que o entrava pela ideia, bem mais fecunda, de "uma transformação das forças potencialmente produtivas em forças efetivamente destrutivas".[39]

Por isso mesmo, a construção de uma perspectiva ecossocialista ainda encontra pela frente inúmeros obstáculos, muitos dos quais oriundos não só dos movimentos ecológicos tradicionais (refratários à crítica social e política do capitalismo), mas também do próprio marxismo, ainda pouco capaz de se desvencilhar de uma vez por todas dos percalços economicistas e deterministas forjados em seu nome. "Hoje, ainda, o marxismo está longe de ter preenchido o seu atraso nessa área"[40]. Entretanto, apesar de tudo, pode-se ver a emergência, nas últimas décadas, de reflexões teóricas e políticas que, em sua diversidade, apresentam em comum uma tentativa de estabelecer um vínculo substantivo entre as preocupações ecológicas

---

[37] Michael Löwy, "Luta anticapitalista e renovação do marxismo: entrevista com Michael Löwy" (1998), em Michael Löwy e Daniel Bensaïd, *Marxismo, modernidade e utopia*, cit., p. 248.

[38] Pierre Rousset, *O ecológico e o social: combates, problemas, marxismos* (Porto Alegre, Fórum Mundial da Educação). Disponível em: <http://www.cefetsp.br/edu/eso/ecologicosocial.html>.

[39] Michael Löwy, "Marx: a aventura continua", em Michael Löwy e Daniel Bensaïd, *Marxismo, modernidade e utopia*, cit., p. 267.

[40] Michael Löwy, *Ecologia e socialismo*, cit., p. 44.

e a luta anticapitalista, o que, por si só, já impõe a necessidade de renovação do marxismo. Aqui se encontra um dos eixos do desafio e, mais ainda, da aposta de Michael Löwy na reconstrução do pensamento social radical.

Para Jean-Marie Harribey, a conjunção de três acontecimentos históricos, nas últimas décadas, reabriu as possibilidades de uma aproximação entre a perspectiva ecológica e a perspectiva anticapitalista. São eles: 1) o colapso dos modelos "socialistas" do leste europeu; 2) o processo de liberalização e desregulamentação do capitalismo contemporâneo, sob a condução dos mercados financeiros globais; e, talvez o mais importante, 3) a convergência das mobilizações populares e sociais contra a mundialização capitalista, as quais questionam tanto a dimensão social quanto ecológica da crise do capital. Em conjunto, tais acontecimentos possibilitam a constituição de um novo fluxo de lutas sociais anticapitalistas, em ruptura com as antigas filiações do pensamento socialista às ideologias iluministas do progresso[41].

Mais do que uma empreitada meramente teórico-intelectual, são as próprias lutas sociais contemporâneas – ajuntadas sob o epíteto de movimentos *altermundialistas* – que, na prática, incorporam a dimensão ecológica como algo fundamental da luta contra as atuais formas de realização do capitalismo. Nos países da periferia do sistema, em especial, pode-se perceber a emergência – aparentemente "espontânea" – de uma *ecologia dos pobres*, que estabelece vínculos duradouros entre a defesa da natureza e a luta contra a exploração e a opressão[42], como se viu na trajetória de Chico Mendes ou na recente "guerra da água", que ocorreu em Cochabamba, na Bolívia, em 2000[43]. A "ecologia política dos pobres se opõe ao industrialismo

---

[41] Jean-Marie Harribey, *Rapports sociaux et écologie*, cit.

[42] Renán Vega Cantor, *El caos planetario: ensayos marxistas sobre la miseria de la mundialización capitalista* (Buenos Aires, Herramienta, 1999), p. 78.

[43] Entre janeiro e abril de 2000, ocorreram inúmeros protestos populares contra a privatização da água em Cochabamba, a terceira maior cidade da Bolívia. A "guerra da água", como ficou conhecida, mobilizou setores expressivos das camadas populares e indígenas contra a privatização – impulsionada pelo Banco Mundial – de um recurso natural (como a água) que sempre fora controlado, até então, basicamente, pelas próprias organizações das comunidades. Como observa Raúl Zibechi: "La célebre 'guerra del agua' sólo puede explicarse como resultado de una decisión comunitaria, de cientos de miles de personas, de defender un recurso que no fue ni creado ni gestionado por el Estado sino por las propias comunidades urbanas y rurales". No limite, tratava-se exatamente de mais um capítulo da luta indígena e popular contra o "progresso" (neoliberal) na América Latina, o que certamente não surpreenderia a Benjamin. Raúl Zibechi, "Cochabamba. De la guerra a la gestión del água", *Herramienta*, Buenos Aires, n. 41, 2009. Disponível em: <http://www.herramienta.com.ar/revista-herramienta-n-41/cochabamba-de-la-guerra-la-gestion-del-agua>.

e ao desenvolvimentismo que foram característicos do capitalismo histórico, mas se opõe igualmente à utilização mercantil do ecologismo"[44].

Enfim, como diz Michael Löwy:

> Hoje, no início do século XXI, a ecologia social se tornou um dos ingredientes mais importantes do vasto movimento contra a globalização capitalista neoliberal que está em processo de desenvolvimento, tanto no Norte quanto no Sul do planeta. A presença maciça dos ecologistas foi uma das características chocantes da grande manifestação de Seattle contra a Organização Mundial do Comércio em 1999. E no Fórum Social Mundial de Porto Alegre em 2001, um dos atos simbólicos fortes do evento foi a operação, levada a cabo pelos militantes do Movimento dos Sem-Terra (MST) brasileiros e pela Confederação Camponesa francesa de José Bové, de arrancar uma plantação de milho transgênico da multinacional Monsanto.[45]

O movimento altermundialista – que nasceu, na realidade, com o grito de *¡ya basta!* lançado pelos zapatistas em 1994[46] – significa, nesse sentido, uma tentativa de atualização da perspectiva antissistêmica, à luz das transformações do capitalismo contemporâneo. O ecossocialismo é parte desse cenário ainda incerto, um tanto nebuloso e carregado de novas potencialidades. Mas, ao mesmo tempo, na medida em que reafirmam a centralidade da luta contra o capitalismo, os ecossocialistas reconhecem nos trabalhadores e nas classes subalternas uma "força essencial" nas lutas sociais e ecológicas do presente e na revitalização teórica e política de uma perspectiva anticapitalista. "Ainda que critiquem a ideologia das correntes dominantes do movimento operário", os ecossocialistas "sabem que os trabalhadores e as suas organizações são uma *força essencial* para qualquer transformação radical do sistema, e para o estabelecimento de uma nova sociedade, socialista e ecológica"[47].

Ora, desse ponto de vista, a força do altermundialismo "não reside em sua capacidade de substituir as lutas de classes tradicionais", mas na de refundá-las sob novo contexto[48]. O fetichismo da mercadoria, que está na base da transformação das relações humanas em coisas, estimula igualmente a transformação da natureza em coisa, em matéria-prima conforme a lógica mercantil. "O fetichismo da mercadoria não se contenta em mudar as relações humanas em coisas: ele degrada igualmente

---

[44] Francisco Fernández Buey, "En paix avec la nature : éthique, politique et ecologie", em Jean-Marie Harribey e Michael Löwy (orgs.), *Capital contre nature*, cit., p. 176.

[45] Michael Löwy, *Ecologia e socialismo*, cit., p. 65.

[46] Idem, "Negatividade e utopia do movimento altermundialista", *Lutas Sociais*, São Paulo, PUC, n. 19-20, 2008, p. 34.

[47] Michael Löwy, *Ecologia e socialismo*, cit., p. 47-8.

[48] Jean-Marie Harribey, *Rapports sociaux et écologie*, cit.

o natural à condição de bestial."⁴⁹ Assim, como demonstram os ecossocialistas e algumas correntes do movimento altermundialista, "uma ecologia que ignora ou negligencia o marxismo e sua crítica do fetichismo da mercadoria está condenada a não ser mais do que uma correção dos 'excessos' do produtivismo capitalismo"⁵⁰.

Entretanto, para responder às demandas do debate ecológico, o marxismo precisa realizar um acerto de contas definitivo com alguns dos preceitos historicamente formulados em seu nome. A partir dos desafios do "tempo-de-agora", como diria Benjamin, deve-se "atualizar" o projeto anticapitalista em ruptura com o progresso, atualização na qual "é imprescindível o componente ecossocial, que requer uma nova forma de entender e assumir as relações não só entre os seres humanos mas entre estes e a natureza"⁵¹. Caso contrário, o marxismo manter-se-á prisioneiro das críticas ecologistas ao suposto "gênio produtivista"⁵² de Marx, sem que se consiga explicitar o reverso de sua concepção dialética: a crítica feroz do caráter violento e destrutivo do processo de expansão do progresso capitalista⁵³.

Para parcela considerável dos movimentos ecológicos, Marx foi um dos mais tenazes defensores do desenvolvimento das forças produtivas como um fim em si mesmo, cuja evolução determinaria as etapas do progresso da história. Alain Lipietz, por exemplo, para quem o paradigma *vermelho* deve ser substituído pelo *verde*, acredita que:

> Marx vê a história como uma "artificialização" progressiva do mundo, liberando a humanidade dos constrangimentos externos impostos por seu inadequado domínio da natureza. Isso o leva – e os marxistas que seguem o seu rastro – a uma tendência em subestimar o aspecto irredutível desses constrangimentos externos (os ecológicos, para ser mais exato). Nesse aspecto, Marx compartilha inteiramente da ideologia bíblico-cartesiana da conquista da natureza.⁵⁴

---

⁴⁹ Daniel Bensaïd, *Marx, o intempestivo*, cit., p. 435.
⁵⁰ Michael Löwy, *Ecologia e socialismo*, cit., p. 38.
⁵¹ Renán Vega Cantor, "El *Manifiesto Comunista* y la urgencia de emprender una crítica marxista del progreso", cit., p. 33.
⁵² Daniel Bensaïd, *Marx, o intempestivo*, cit., p. 433.
⁵³ Basta ver o capítulo sobre a acumulação primitiva em Karl Marx, *O capital: crítica da economia política*, Livro I: *O processo de produção do capital* (São Paulo, Boitempo, 2013), cap. 24.
⁵⁴ Alain Lipietz, "A ecologia política e o futuro do marxismo", *Ambiente & Sociedade*, v. 5, n. 2, ago.-dez. 2002; v. 6, n. 1, jan.-jul. 2003, p. 14. Na opinião de Lipietz, o "paradigma verde" tem "uma grande vantagem sobre o vermelho: ele aparece após um século de ensaios e de equívocos". Ver Alain Lipietz, "Ecologie politique et mouvement ouvrier : similitude et différences", *Politis*, n. 1, 1992, p. 60-1, ou ainda, do mesmo autor, *Vert espérance: l'avenir de l'écologie politique* (Paris, La Découverte, 1993).

Mesmo para Ted Benton, cuja crítica ecológica é inequivocamente anticapitalista, Marx, a despeito de sua "crítica moral sistemática e de sua análise da natureza transitória do capitalismo, [...] conserva uma visão otimista de seu papel histórico, na medida em que constitui as condições necessárias à emancipação futura do homem"[55], razão pela qual eles jamais teriam admitido a possibilidade de existência de "limites naturais", identificando os defensores dessa perspectiva com o conservantismo reacionário (como se vê, particularmente, na crítica a Malthus)[56]. Marx teria, portanto, subestimado a autonomia relativa das condições naturalmente dadas e não manipuláveis, resistindo à inclusão da contabilidade energética em sua teoria do valor-trabalho[57]. Ele não teria percebido, assim, suficientemente, que "a natureza material dos meios de produção de trabalho e das matérias-primas coloca limites à sua utilização/transformabilidade pelas intenções do homem"[58].

Como consequência, do ponto de vista dos ecologistas, Marx vê na ciência e na tecnologia, assim como no desenvolvimento das forças produtivas em seu conjunto, uma capacidade ilimitada, "desconsiderando aquilo que atualmente se denomina 'resultados imprevistos' do uso tecnológico e também os potenciais limites físicos ao desenvolvimento econômico", conforme comenta Guillermo Foladori[59]. Para Benton, Marx e Engels partilhavam da "tendência de ver a ciência moderna como potencialmente favorável à emancipação do homem – eles a transformavam, inclusive, na condição necessária dessa emancipação"[60]. Assim, tudo se passaria como se este modelo científico-tecnológico fosse neutro, atuando como potencializador da atividade trans-histórica do homem na direção da dominação da natureza.

Muito embora reafirme que "os conceitos econômicos marxianos constituem um ponto de partida indispensável" para toda investigação ecológica, Ted Benton não surpreende quando afirma que, "no materialismo histórico marxista [...], há muitas coisas que são incompatíveis com uma perspectiva ecológica"[61]. Alain Lipietz aponta para a mesma direção, mas com um tom bem mais incisivo: "a estrutura geral, a plataforma intelectual do paradigma marxista, junto com as soluções-chave que

---

[55] Ted Benton, "Marxisme et limites naturelles: critique et reconstruction écologiques", em Jean-Marie Harribey e Michael Löwy (orgs.), *Capital contre nature*, cit., p. 40.

[56] Idem.

[57] Cf. Daniel Bensaïd, *Marx, o intempestivo*, cit., p. 459-70.

[58] Ted Benton, "Marxisme et limites naturelles", cit., p. 37.

[59] Guillermo Foladori, "A questão ambiental em Marx", *Crítica Marxista*, São Paulo, Xamã, v. 1, n. 4, 1997, p. 142.

[60] Ted Benton, "Marxisme et limites naturelles", cit., p. 24.

[61] Ibidem, p. 28.

sugere, devem ser abandonadas; virtualmente, toda área do pensamento marxista deve ser reexaminada de forma completa a fim de que possa realmente ser usada"[62].

Entre os marxistas, em particular aqueles direta ou indiretamente envolvidos no debate ecossocialista, a resposta às críticas dos ecologistas assumiu perspectivas variadas. Embora todos reconheçam a absoluta atualidade da crítica marxista do capitalismo em face da crise ecológica, pode-se notar diferentes posturas quanto às reais contribuições de Marx para a constituição de uma perspectiva a um só tempo socialista e ecológica. Para John Bellamy Foster, por exemplo, é possível ver uma significativa dimensão ecológica no próprio cerne do materialismo histórico construído por Marx: "O pensamento social de Marx [...] está inextricavelmente atrelado a uma visão de mundo ecológica"[63]. Inspirado pela obra de Epicuro (como demonstra sua tese de doutoramento), o materialismo de Marx, ao assinalar a transitoriedade de toda vida e existência, inclusive da natureza, já compõe traços decisivos para uma crítica ecológica rigorosa, de base científica. Por isso, como afirmou o geógrafo italiano Massimo Quaini, citado por Foster, "Marx denunciou a espoliação da natureza antes do nascimento da moderna consciência ecológica burguesa"[64].

François Chesnais e Claude Serfati, em perspectiva semelhante, também sustentam a necessidade de um "retorno a Marx", capaz de elucidar os primeiros passos para uma crítica ecológica anticapitalista. Mas, para eles, mais do que para Foster, "retornar a Marx *não quer dizer* tentar sustentar que ele, bem como Engels, com ele e após ele, não tenha escrito coisas contraditórias ou defendido posições cuja conciliação nem sempre é evidente"[65]. Eles reconhecem, então, a necessidade de uma "atualização" seletiva da obra do filósofo alemão:

> Hoje, ser fiel a Marx é relê-lo para procurar *com ele* (e não apenas em seu trabalho) todos os traços predatórios e parasitários, assim como todas as tendências à transformação das forças inicialmente ou potencialmente produtivas em forças destrutivas, que estavam inscritos nos fundamentos do capitalismo desde o início, mas cujo tempo de gestação e de maturação foi muito longo.[66]

Nesse contexto, recupera-se Marx "no quadro de uma crítica renovada do capitalismo que *vincularia*, de forma indissociável, a *exploração dos dominados* pelos

---

[62] Alain Lipietz, "A ecologia política e o futuro do marxismo", cit., p. 13.

[63] John Bellamy Foster, *A ecologia de Marx: materialismo e natureza* (trad. Maria Teresa Machado, Rio de Janeiro, Civilização Brasileira, 2005), p. 23.

[64] Idem.

[65] François Chesnais e Claude Serfati, "Ecologia e condições físicas de reprodução social", cit., p. 47; grifos do original.

[66] Ibidem, p. 50; grifos do original.

possuidores de riqueza e a *destruição da natureza e da biosfera*"[67]. Mesmo porque, já nos manuscritos de 1844, Marx concebe o homem como "parte da natureza"[68], de tal forma que o comunismo, "enquanto naturalismo consumado = humanismo, e enquanto humanismo consumado = naturalismo", constitui a "*verdadeira* dissolução do antagonismo do homem com a natureza e com o homem"[69].

No entanto, tanto John Bellamy Foster quanto François Chesnais são resistentes à necessidade da conceituação ecossocialista. Para o primeiro, as "tentativas dos 'ecossocialistas' de enxertar a Teoria Verde em Marx, ou Marx na Teoria Verde [...] jamais poderiam gerar a síntese ora necessária"[70]. François Chesnais, por sua vez, acredita que, se a ideia de socialismo entrou em descrédito histórico em virtude do caráter destrutivo das experiências "socialistas" do leste europeu, o conteúdo da palavra socialismo continua válido, devendo ser "repensado a partir dos aportes de Marx sobre os 'produtores associados' e suas relações com a natureza"[71]. Dessa perspectiva, não haveria necessidade teórica e tampouco política para a adoção da ideia de ecossocialismo.

Do ponto de vista teórico, a posição de Michael Löwy coincide com as expostas anteriormente. Mas sua postura é, digamos assim, mais nuançada, quer dizer, mais disposta a admitir certas tensões e até contradições na concepção do progresso em Marx, o que implica a possibilidade – e a necessidade – de constituição de uma perspectiva legitimamente *ecossocialista*, capaz de atualizar a crítica marxista a partir dos desafios do presente. Em suas palavras: "os temas ecológicos não ocupam um lugar central no dispositivo teórico marxiano", e, até por isso, "os escritos de Marx e Engels sobre a relação entre as sociedades humanas e a natureza estão longe de serem unívocos, e podem ser objeto de interpretações diferentes"[72]. Ora, o desdobramento desse reconhecimento é inequívoco: mais do que tentar

---

[67] Ibidem, p. 40; grifos meus.

[68] Karl Marx, *Manuscritos econômico-filosóficos* (trad. Jesus Ranieri, São Paulo, Boitempo, 2004, Coleção Marx-Engels), p. 84.

[69] Ibidem, p. 105. Nas palavras de Alain Bihr: "a utopia comunista deve romper com a concepção antropocêntrica da existência humana, baseando seu sentido não na separação entre o homem e a natureza, mas no pertencimento do homem à natureza, da qual é guardião e testemunha. Só assim o comunismo poderá significar a reconciliação do homem com a natureza, a naturalização do homem ao mesmo tempo que a humanização da natureza, para retomar as célebres fórmulas do jovem Marx". Alain Bihr, *Da grande noite à alternativa: o movimento operário europeu em crise* (trad. Wanda Nogueira Caldeira Brant, 2. ed., São Paulo, Boitempo, 1998, Coleção Mundo do Trabalho), p. 141.

[70] John Bellamy Foster, *A ecologia de Marx*, cit., p. 23.

[71] François Chesnais, "Les Origines communes de la crise économique et de la crise écologique", cit., p. 20.

[72] Michael Löwy, "Progrès destructif. Marx, Engels et l'écologie", em Jean-Marie Harribey e Michael Löwy (orgs.), *Capital contre nature*, cit., p. 11.

"provar" a existência de um Marx "anjo da guarda ecologista"[73], a constituição de uma "ecologia de inspiração marxista" deveria instalar-se nas próprias tensões e contradições existentes em sua obra, de forma a melhor transplantá-la criticamente para o presente, em um momento em que a crítica do capitalismo constitui um "fundamento indispensável de uma perspectiva ecológica radical"[74].

Pois, como diz Daniel Bensaïd, "com toda a certeza, seria anacrônico exonerar Marx das ilusões prometeicas de seu tempo"; mas "seria igualmente abusivo fazer dele um pregador descuidoso da industrialização a qualquer preço e do progresso em sentido único"[75]. Para Michael Löwy, da mesma forma, como ponto de partida indispensável, Marx não apresenta em seus trabalhos a solução teórica para todos os novos desafios que emergiram com o atual estágio do capitalismo. Demasiadamente atado a uma perspectiva neoiluminista, nem sempre ele pôde perceber as potencialidades destrutivas inscritas na imensa capacidade do capitalismo de desenvolver as forças produtivas, de fazer com que o sólido se desmanche no ar, de acordo com a célebre fórmula do *Manifesto Comunista* – cujo culto da modernidade foi ressaltado de maneira "positiva" por Marshall Berman[76].

Neste quadro, para estar à altura do presente, a crítica marxista do capitalismo necessita ser depurada de seus aspectos mais decididamente legitimadores do progresso capitalista moderno. A despeito dos seus limites, Marx não é, e nunca foi, um partidário inconteste do "discurso filosófico da modernidade", com sua crença exacerbada no progresso linear: "Em ruptura como o otimismo tecnológico do seu tempo, Marx repele a ideia de um progresso homogêneo andando com passos regulares no sentido da história"[77]. É essa dimensão que, no presente, deve ser ressaltada, a fim de reverter a crença comum, estimulada por uma variedade sem igual de partidários de Marx, de que o marxismo é a forma mais radicalizada de esperança no movimento da história em direção ao último estágio do progresso: o comunismo – crença que, hoje em dia, é vista como mera falácia. Michael Löwy

---

[73] Daniel Bensaïd, *Marx, o intempestivo*, cit., p. 433. Também: "Que façam dele o responsável pelo produtivismo burocrático e suas catástrofes ou se pretenda torná-lo um partidário inconteste dos verdes, sempre encontrarão em Marx trechos suscetíveis de alimentar um ou outro discurso" (idem).

[74] Michael Löwy, *Ecologia e socialismo*, cit., p. 20. Como disse Bensaïd, "seria derrisório esboçar à força de citações um Marx produtivista contra um Marx ecologista antes da hora. É melhor instalar-se em suas contradições e lavá-las a sério". Cf. Daniel Bensaïd, *Marx, o intempestivo*, cit., p. 453-4. Evidentemente, tal *pelea* de citações não é o objetivo aqui.

[75] Ibidem, p. 433.

[76] Marshall Berman, *Tudo que é sólido desmancha no ar* (trad. Carlos Felipe Moisés e Ana Maria L. Ioriatti, São Paulo, Companhia das Letras, 2007).

[77] Daniel Bensaïd, *Marx, o intempestivo*, cit., p. 448.

vê neste debate a oportunidade histórica para a necessária renovação teórica do marxismo. Reflexo da derrota, o momento também é profícuo para a atualização crítica do pensar. Como bem observou Daniel Bensaïd, "quando se remove a crosta das ortodoxias, a hora é propícia para o despertar de virtualidades há muito desprezadas ou ignoradas"[78].

Da existência da "crise ecológica" – ou melhor, da crise do modelo civilizatório vigente – desdobra-se, portanto, um parâmetro a partir do qual se recolhem aportes para a renovação crítica do marxismo. "A questão ecológica é, na minha visão, o grande desafio para uma renovação do pensamento marxista no século XXI."[79] Sem responder concretamente a esse desafio, o marxismo não poderá ser mais do que uma leitura importante para todo estudante de ciências humanas. Nos debates em torno do ecossocialismo estão reunidas, então, as bases das reivindicações de Michael Löwy em defesa da necessidade de renovação (ou "atualização", se quiserem) do marxismo.

Não por acaso, a análise da ideia de renovação ecossocialista do marxismo, tal como é teoricamente sustentada por Michael Löwy, se torna um momento privilegiado para a compreensão do que, para o autor, constitui o "atual ainda ativo" da obra de Marx, assim como os aspectos da *démarche* marxiana que, segundo ele, precisam de uma revisão substancial. Ao mesmo tempo, é precisamente no âmbito dessa leitura "seletiva" da obra de Marx – realizada a partir das condições do presente – que se pode perceber alguns elementos importantes que demarcam a originalidade crítica de Michael Löwy no campo da intelectualidade crítica contemporânea.

Para Michael Löwy, fundamentalmente, como método de pensamento e de luta, quer dizer, como *filosofia da práxis*, o marxismo não só mantém sua atualidade, "mas é o único que pode nos servir de bússola neste confuso e inquietante início do século XXI"[80]. Para falar com Sartre, o marxismo ainda é, para Löwy, "o horizonte intelectual insuperável de nossa época"[81]. Ademais, em decorrência disso, o proletariado, em sentido amplo, permanece como uma das matrizes fundamentais dos sujeitos revolucionários[82]. Nas palavras de Löwy,

---

[78] Ibidem, p. 15.

[79] Michael Löwy, *Ecologia e socialismo*, cit., p. 38.

[80] Cf. Ivana Jinkings e Emir Sader, "Entrevista com Michael Löwy", *Margem Esquerda*, São Paulo, Boitempo, n. 4, 2004, p. 16.

[81] Jean-Paul Sartre, "Questions de méthode", em *Critique de la raison dialectique. Théorie des ensembles pratiques* (Paris, Gallimard, 1960), p. 44.

[82] "É um fato que o mundo do trabalho conheceu transformações profundas, principalmente no curso das últimas décadas: declínio do proletariado industrial e desenvolvimento do setor de serviços, desemprego estrutural, formação (notadamente nos países do Terceiro Mundo) de uma massa de

Se a crítica do capital guarda todo o seu valor, é antes de tudo porque a realidade do capitalismo, como sistema mundial, apesar das mudanças inegáveis e profundas que ele conheceu depois de um século e meio, continua a ser aquela de um sistema baseado na exclusão da maioria da humanidade, a exploração do trabalho pelo capital, a alienação, a dominação, a hierarquia, a concentração de poderes e de privilégios, a quantificação da vida, a reificação das relações sociais, o exercício institucional da violência, a militarização, a guerra.[83]

A teoria da práxis – explicitada pela primeira vez nas *Teses sobre Feuerbach* e mais tarde desenvolvida por Lukács em *História e consciência de classe* –, ao superar dialeticamente a oposição entre o materialismo mecânico e o idealismo, continua como referência indispensável para solidificar a ideia de que a emancipação dos oprimidos só pode ser uma autoemancipação, na qual a práxis revolucionária sinaliza a coincidência entre a mudança das circunstâncias objetivas e a transformação da consciência dos homens. Como diz Marx, na terceira tese sobre Feuerbach, "a coincidência entre a alteração das circunstâncias e a atividade humana só pode ser apreendida e racionalmente entendida como *prática revolucionária*"[84]. Nessa mirada,

> a revolução, como práxis autolibertadora, é simultaneamente a mudança radical das estruturas econômicas, sociais e políticas, e a tomada de consciência, pelas vítimas do sistema, de seus verdadeiros interesses, a descoberta das ideias, aspirações e valores novos, radicais, libertários.[85]

Essa compreensão do marxismo, consolidada em seus primeiros trabalhos teórico-acadêmicos sobre o jovem Marx, Lukács, Goldmann, Rosa Luxemburgo e Che Guevara, ainda nas décadas de 1960 e 1970, continua a ser sustentada por Michael Löwy até os dias atuais. Como teoria da práxis, sempre atenta aos

---

excluídos à margem do processo de produção – o 'pobretariado'. [...] Mas o proletariado, no sentido amplo, isto é, aqueles que vivem da venda da sua força de trabalho – ou que tentam vender (os desempregados) – permanecem o principal componente da população trabalhadora e o conflito de classe entre o trabalho e o capital continua a ser a principal contradição social das formações capitalistas – assim como o eixo em torno do qual podem se articular os outros movimentos com vocação emancipatória." Michael Löwy, "Por um marxismo crítico", em Michael Löwy e Daniel Bensaïd, *Marxismo, modernidade e utopia*, cit., p. 61-2.

[83] Ibidem, p. 61.

[84] Karl Marx, "Karl Marx sobre Feuerbach" (1845), em Karl Marx e Friedrich Engels, *A ideologia alemã* (trad. Luciano Cavini Martorano, São Paulo, Boitempo, 2007, Coleção Marx-Engels), p. 538; grifo do original.

[85] Michael Löwy, "Por um marxismo crítico", p. 60.

desdobramentos da experiência concreta da luta de classes, o marxismo resiste à *débâcle* de suas versões "oficiais" e vulgarizadoras, mantendo-se como alicerce fundamental da luta anticapitalista em tempos contemporâneos. Em poucas palavras, para Löwy, enquanto perdurar a dominação capitalista das relações sociais, o marxismo mantém sua atualidade como reverso e negação desse fetichismo mercantil universal, permanecendo um ponto de apoio indispensável para o horizonte de lutas e enfrentamentos das classes subalternas.

Mas a manutenção dessa atualidade depende da capacidade do marxismo de reabrir – na contramão das leituras *fechadas e dogmáticas* – o debate sobre alguns aspectos polêmicos de sua arquitetura teórica que, hoje em dia, parecem particularmente contestáveis. Na opinião de Löwy, "os aspectos mais discutíveis da herança marxista se situam na análise das relações da *produção* com a *vida social* e *cultural* e com o *ambiente natural*"[86]. No primeiro caso, o intelectual franco-brasileiro reconhece a existência, em Marx, de "uma certa tendência a subestimar as formas não econômicas e não classistas de opressão: nacional, étnica ou sexual"[87]. Diante disso, Löwy afirma a necessidade de uma leitura radicalmente antieconomicista do marxismo, condição *sine qua non* para o diálogo recíproco com "novos" movimentos sociais como o feminismo, os movimentos camponeses e indígenas, o movimento negro etc. Além do mais, o autor propõe a consideração rigorosa da autonomia relativa dos fatos culturais, como a religião ou a ética, que são irredutíveis às relações de produção. Esse marxismo humanista e não mecanicista, que pensa a sustentação concreta da autonomia relativa da dimensão cultural e ideológica, encontra-se na base de vários estudos de Löwy, inclusive em sua defesa crítica – nos seus textos sobre a sociologia do conhecimento, na década de 1970 – da tese mannheiniana da relativa independência das camadas intelectuais.

O segundo "aspecto discutível" da herança marxista, a saber, a análise das relações de produção com o ambiente natural, está mais estreitamente vinculado com a forma concreta em torno da qual se deve mobilizar a renovação do marxismo, como pudemos ver. Aqui, precisamente, Löwy revela os principais pontos de sua proposta de um marxismo atualizado, que adquirem concretude em sua inserção no debate ecossocialista. O tema do ecossocialismo sintetiza, por assim dizer, aspectos decisivos da trajetória intelectual e acadêmica mais recente de Michael Löwy, em particular as múltiplas dimensões da ideia de crítica da modernidade, eixo sob o qual ele organiza seus argumentos pela revitalização crítica do marxismo revolucionário. É o que se vê, por exemplo, em seus trabalhos sobre o romantismo, sobre o diagnóstico weberiano da modernidade ou em sua valorização de utopias religiosas como a teologia da libertação e o messianismo judaico, em cujas recusas

---

[86] Ibidem, p. 62.

[87] Idem.

do padrão civilizatório capitalista o autor vê dimensões profícuas à revitalização da crítica marxista do capitalismo contemporâneo.

"Ponto de chegada" da trajetória de Löwy a partir do qual se ampliam as possibilidades de compreensão de seu itinerário desde o período de sua formação, o ecossocialismo constitui aqui, exatamente por isso, o "ponto de chegada" teórico por meio do qual se pretende percorrer alguns dos principais momentos da trajetória do autor, em especial no que se refere à sua proposição de uma renovação do marxismo como crítica radical da modernidade.

Pode-se destacar, nesta empreitada, a inspiração decisiva de Walter Benjamin. O filósofo alemão constitui, sem dúvida, a principal referência para as proposições de Löwy em torno da renovação ecossocialista do marxismo. Em alguma medida, como será visto mais adiante, Benjamin "antecipou", por assim dizer, temas que hoje estão no centro dos debates ecossocialistas, tais como: a crítica do progresso e da temporalidade abstrata; a reinterpretação histórica do capitalismo a partir da resistência de distintas forças ao progresso; a crítica do aparelho produtivo (do trabalho abstrato) e tecnológico hegemônico; e, por fim, a concepção da revolução social como momento de ruptura ("freio de emergência") do *continuum* da catástrofe.

Mais ainda, Benjamin estimulou uma significativa ampliação temática nas pesquisas teórico-acadêmicas de Löwy. Segundo suas próprias palavras: "É a partir de Benjamin que descubro o judaísmo e a religião"[88]. O ensaísta alemão tornou-se a fonte de inspiração essencial das tentativas de Löwy de reler *a contrapelo* diversas manifestações das utopias anticapitalistas, como a visão de mundo romântica, o messianismo judaico e a teologia da libertação. Através de sugestões recolhidas da obra de Benjamin, Michael Löwy buscou ver as potencialidades críticas e, *quiçá*, revolucionárias dessas múltiplas expressões da recusa crítica da modernidade capitalista. Pois, no limite, esse diálogo crítico com outras tradições anticapitalistas é um dos imperativos fundamentais para a revitalização do marxismo:

> É necessário que os marxistas aprendam a "revisitar" as outras correntes socialistas e emancipadoras – e inclusive aquelas que Marx e Engels "refutaram" longamente – cujas intuições, ausentes ou pouco desenvolvidas no "socialismo científico", revelaram-se frequentemente fecundas: os socialismos e feminismos "utópicos" do século XIX (owenistas, saint-simonistas ou fourieristas), os socialismos libertários (anarquistas ou anarcosindicalistas), os socialismos religiosos, e em particular o que eu chamaria os *socialismos românticos*, os mais críticos face às ilusões do progresso: William Morris, Charles Péguy, Georges Sorel, Bernard Lazare, Gustav Landauer.[89]

---

[88] Em Ângela de Castro Gomes e Daniel Aarão Reis, "Um intelectual marxista: entrevista com Michael Löwy", *Tempo*, Rio de Janeiro, v. 1, n. 2, 1996, p. 182.

[89] Michael Löwy, "Por um marxismo crítico", cit., p. 66.

Enfim, como se verá mais detalhadamente, de Benjamin Michael Löwy tira o preceito, de fundo metodológico e ético-político, de que a releitura do passado, dos autores e visões de mundo do passado, deve ser orientada a partir das necessidades e das possibilidades da crítica no presente. Como diria o próprio Benjamin, "é o presente que polariza o acontecimento em história anterior e história posterior"[90]. Por isso toda leitura é necessariamente *seletiva*, na medida em que está condicionada pelos horizontes de possibilidade do presente. Partindo dessa perspectiva, Löwy reinterpreta tradições esquecidas, menosprezadas pelo marxismo, buscando elementos cuja incorporação dialética possibilita uma oxigenação teórica profícua à renovação necessária. Além do mais, é do presente que o intelectual franco-brasileiro efetua sua leitura e interpretação dos próprios autores marxistas. Assim, por exemplo, Löwy é capaz de redescobrir em Rosa Luxemburgo aspectos que, levados às últimas consequências, aportam contribuições ao debate ecossocialista nos países da periferia do sistema[91]. Ou ainda, de ver na obra de Max Weber elementos para a radicalização da crítica global da civilização capitalista moderna.

Por isso, é também a partir do presente, mais precisamente do debate contemporâneo sobre o ecossocialismo, que propomos investigar as principais "etapas" da consolidação teórica do marxismo de Michael Löwy. O presente é, pois, o horizonte sob o qual se torna possível compreender as singularidades do marxismo de Löwy desde seus primórdios, quando ainda era estudante de graduação em ciências sociais e militante luxemburguista em São Paulo, no fim da década de 1950.

---

[90] Walter Benjamin, "Teoria do conhecimento, teoria do progresso", em *Passagens*, cit., p. 513.

[91] Michael Löwy se refere à crítica de Rosa Luxemburgo à destruição das comunidades tradicionais pela expansão do capitalismo como um dos aspectos que comprovam a atualidade, sobretudo latino-americana, da revolucionária polonesa. Na medida em que ainda hoje, nos países da periferia do sistema, continuam a ocorrer lutas de resistência – social e ecológica – contra o avanço do "progresso" capitalista, Rosa reaparece como figura importante, talvez decisiva, para os movimentos sociais e ecológico-radicais contemporâneos. Ver, por exemplo, Michael Löwy, "A atualidade latino-americana de Rosa Luxemburgo", em Isabel Loureiro (org.), *Socialismo ou barbárie: Rosa Luxemburgo no Brasil – entrevistas* (São Paulo, Fundação Rosa Luxemburgo, 2008), p. 33-46. A esse respeito, ver também: "Le Communisme primitif dans les écrits économiques de Rosa Luxemburg", em Claudie Weill e Gilbert Badia (orgs.), *Rosa Luxemburg aujourd'hui* (Paris, PUV, 1986).

UMA TRAJETÓRIA *INDISCIPLINADA*: A FORMAÇÃO INTELECTUAL DE MICHAEL LÖWY

Filho de imigrantes vienenses, Michael Löwy nasceu em São Paulo em 1938, onde cresceu e se formou em ciências sociais no fim da década de 1950. Sob orientação de Lucien Goldmann, defendeu em 1964 sua tese de doutorado sobre a teoria da revolução no jovem Marx, na Sorbonne, em Paris. Após temporadas em Israel e na Inglaterra, países onde lecionou, Löwy instalou-se em definitivo na capital francesa, cidade na qual reside até os dias que correm. Nesse percurso, ratificou sua inserção intelectual e acadêmica na França, firmando-se como pesquisador do Centre National de la Recherche Scientifique (CNRS), prestigiada instituição de Paris. Sua trajetória, portanto, é bem mais europeia – mais especificamente, francesa – do que brasileira, o que pode ser comprovado, aliás, por sua localização decisiva no cenário da sociologia crítica e do marxismo contemporâneos, "atribuição" que dificilmente seria ocupada por um intelectual instalado em um país periférico como o Brasil.

Todavia, essa exitosa inserção nos círculos da intelectualidade crítica europeia também é resultado, em grande medida, de uma *formação intelectual* singular, cujas raízes remontam ao Brasil da década de 1950, onde deu seus primeiros e já ambiciosos saltos teóricos e políticos. Por razões diversas, Löwy é expressão insólita de uma geração também singular no Brasil mais recente, uma geração que se formou sob a vigência da Constituição de 1946, visceralmente interrompida em 1964. Como muitos de sua geração, Michael Löwy é testemunha das transformações na composição social das camadas intelectuais, com a emergência de novos setores sociais, como os descendentes de imigrantes, cuja inserção acadêmica acompanhava a relativa abertura do sistema educativo[1]. Essa geração vivenciou as possibilidades

---

[1] Essa emergência de novos grupos sociais contrastava com a predominância, até a década de 1940, entre os intelectuais e/ou militantes de esquerda (em particular os "comunistas"), de uma origem social vinculada às famílias aristocratas decadentes e as camadas médias tradicionais. Em *Intelectuais à brasileira*, Sérgio Miceli afirma que a maioria dos intelectuais de 1920 a 1945 "pertencia à família

que se revelavam no âmbito das ambivalências do processo de modernização em curso, naquele que seria, talvez, o segundo grande ciclo do modernismo brasileiro, com todas as suas potencialidades utópicas e anticapitalistas.

Diferente das camadas intelectuais diretamente afetadas pela Primeira Guerra Mundial e pela Revolução Russa, como é o caso da geração de György Lukács – analisada com perspicácia por Michael Löwy na década de 1970 –, as mediações ético-culturais e político-morais da aproximação dos intelectuais brasileiros das utopias anticapitalistas, na década de 1960, são bem outras; como observa Marcelo Ridenti: "as gerações universitárias educadas na vigência da Constituição de 1946 não tinham enfrentado qualquer traumatismo claro na época de sua formação – até o advento do golpe de 1964"[2]. Havia, ao contrário, naquele período, um clima democrático e de esperança (também estimulado pela Revolução Cubana, em 1959), "apesar da Guerra Fria e das desigualdades sociais seculares da sociedade brasileira, com os quais se esperava romper por intermédio do desenvolvimento, fosse ele desencadeado por um capitalismo de massas ou – no limite – realizado numa sociedade socialista"[3]. Assim, como diz Ridenti, "mais do que qualquer traumatismo, foram circunstâncias positivas que levaram parte significativa da geração intelectual formada nos anos 1950 no Brasil a aderir a visões de mundo marxistas"[4].

Mas, no conjunto dessa experiência comum, a trajetória de Löwy assumiu traços particulares, tendência que será mantida em seu itinerário posterior. Para além de sua excelente formação acadêmica em ciências sociais na USP de então, formação ainda favorecida por uma breve porém significativa passagem pelo chamado "Grupo d'*O capital*" (no qual se reuniam uma plêiade de proeminentes representantes da esquerda intelectual paulista)[5], Michael Löwy tornou-se

---

de 'parentes pobres' da oligarquia ou, então, a famílias de longa data especializadas no desempenho dos encargos políticos e culturais de maior prestígio". Ver Sérgio Miceli, *Intelectuais à brasileira* (São Paulo, Companhia das Letras, 2001), p. 81.

[2] Marcelo Ridenti, *Brasilidade revolucionária: um século de cultura e política* (São Paulo, Editora Unesp, 2010), p. 116.

[3] Idem.

[4] Ibidem, p. 170. É nesse período que se constroem as bases da hegemonia cultural da esquerda, que floresceu, segundo Roberto Schwarz, até 1969. Para o crítico brasileiro, essa hegemonia, mesmo após a emergência do golpe de 1964, constituía "uma espécie de floração tardia [...] de dois decênios de democratização". Cf. Roberto Schwarz, "Cultura e política, 1964-1969: alguns esquemas", em *O pai de família e outros estudos* (2. ed., São Paulo, Paz e Terra, 1992), p. 89.

[5] Participavam das reuniões do grupo figuras como José Arthur Giannotti, Fernando Henrique Cardoso, Octávio Ianni, Paul Singer, Fernando Novais e Roberto Schwarz, além, é claro, do próprio Löwy, entre outros. Na opinião de Paulo Arantes, "com o passar dos anos, acabou surgindo daquele embrião meio improvisado não os quadros de uma revolução que não houve, mas o que ainda existe de menos dogmático, mais inventivo e original no ensaio marxista de interpretação da experiência

militante socialista desde muito cedo, integrando, com os irmãos Eder e Emir Sader, Paul Singer, Hermínio Sacchetta e Maurício Tragtenberg, a pequena organização Liga Socialista Independente (LSI), da qual sairiam, mais tarde, em 1960, as bases para a formação da Política Operária – Organização Revolucionária Marxista (Polop). Dessa época datam os dois pseudônimos político-militantes utilizados por Löwy: Carlos Rossi, que ele carregaria em sua temporada europeia, e Antônio I. Martinez (que ele acabaria abandonando), por influência de Edgard Leuenroth, célebre anarquista de São Paulo, que havia lhe contado a história de um operário anarquista assassinado pela polícia durante a greve de 1917 chamado Antônio I. Martinez. O pseudônimo era uma forma de o jovem militante homenagear a memória de um operário "anônimo" que participara de uma das mais importantes greves da capital paulista.

Em conjunto, esses dois fatores (a aproximação relativa com o marxismo acadêmico paulista e a militância em organizações "luxemburguistas" como a LSI e a Polop) contribuíram para a elaboração de um marxismo crítico em relação às correntes hegemônicas da esquerda brasileira e latino-americana, que apostavam – a partir de uma leitura economicista do marxismo – na necessidade de cumprimento das "etapas" da revolução, a fim de desenvolver ao máximo as forças produtivas capitalistas, tornando "necessária", só então, a transformação socialista das relações sociais de produção vigentes. De um lado, a relação com o incipiente marxismo acadêmico que se desenvolvia no ambiente intelectual paulista – cujo seminário sobre *O capital* era "apenas" a sua expressão mais célebre – permitiu a Löwy o desenvolvimento de uma concepção inventiva, original e, portanto, antidogmática do marxismo, concepção forjada em contato com alguns dos mais proeminentes representantes da filosofia e das ciências sociais paulistas. De outro lado, sua militância prematura (desde os dezesseis anos, ou seja, antes mesmo do ingresso na graduação acadêmica) em pequenas organizações da esquerda política concedeu-lhe – sob perigo do sectarismo – a possibilidade de estabelecer uma profícua relação entre a interpretação teórico-analítica e as transformações histórico-concretas da realidade estabelecida, além de também colocá-lo em contato intelectual e político direto com personagens que seriam fundamentais em sua formação, como Paul Singer, a quem Löwy não cansa de render tributos, atribuindo-lhe a responsabilidade pela apresentação da obra de Rosa Luxemburgo, que seria por toda a vida uma de suas influências marcantes[6].

---

brasileira". Cf. Paulo Arantes, "Origens do marxismo filosófico no Brasil: José Arthur Giannotti nos anos 60", em João Quartim de Moraes (org.), *História do marxismo no Brasil: os influxos teóricos*, v. 2 (Campinas, Editora da Unicamp, 1995), p. 126.

[6] A respeito, Michael Löwy chega a dizer que, naquela época: "eu me considerava um discípulo de Paul Singer. Foi ele quem me iniciou na obra de Rosa Luxemburgo [...]. Tenho a impressão de que, em conversas e discussões com Paul Singer, aprendi tanto quanto na universidade". Cf. Ângela de Castro Gomes e Daniel Aarão Reis, "Um intelectual marxista", cit., p. 169.

Os interesses fundamentais de Löwy estavam, assim, naquela época, mais do que nas aulas no Centro Universitário Maria Antônia, da USP: estavam, por exemplo, nos revolucionários que, das montanhas de Sierra Maestra, deram início à Revolução Cubana, triunfante em 1959, a qual, em especial após a radicalização socialista de 1961, tornara-se reservatório das esperanças revolucionárias das novas gerações de jovens militantes mundo afora, e no Brasil e na América Latina em particular. Löwy foi muito impactado pela Revolução Cubana, a tal ponto que esse acontecimento acabaria por definir em boa medida a sua concepção ético-voluntarista do socialismo, inspirada na dimensão humanista e antiburocrática da figura de Che Guevara – o nome de sua única filha, Tamara, seria inspirado em Tamara Bunke, argentina (filha de um alemão e de uma polonesa) que se juntou à guerrilha de Che na Bolívia, sendo assassinada em agosto de 1967, dois meses antes do próprio Ernesto Guevara.

Do ponto de vista intelectual, é já neste período que Löwy trava seu primeiro contato com dois personagens fundamentais na composição de sua obra, especialmente em seus primeiros trabalhos, nas décadas de 1960 e 1970: 1) György Lukács, em particular sua obra de juventude (sobretudo *História e consciência de classe*), que marcara presença nas reuniões do Grupo d'*O capital*; e 2) Lucien Goldmann, "lukacsiano" com o qual Löwy realizou sua tese de doutorado sobre o jovem Marx, em Paris, entre os anos de 1961 e 1964. A formação intelectual de Michael Löwy, em sua juventude brasileira, lhe concedeu, então, a possibilidade de um encontro com os seus primeiros alicerces teórico-metodológicos, fato que, sem dúvida, foi importante para o começo de sua inserção no cenário intelectual francês daquele momento. Se, mais tarde, a França será o lugar em que Löwy vai operar o cruzamento e a simbiose entre estes diversos autores e/ou tradições intelectuais, é no Brasil que ele se depara pela primeira vez com alguns dos alicerces teóricos vigentes em seu pensamento até a atualidade.

Em sua tese de doutorado, por exemplo, defendida em março de 1964, é possível perceber uma análise da trajetória de juventude de Marx claramente inspirada em Lukács e em Goldmann, autores que, conhecidos ainda em sua formação juvenil no Brasil, seriam as bases metodológicas da maioria de suas pesquisas acadêmicas e trabalhos teóricos. Inscrevendo-se no contexto do despertar, desde os anos 1950, da obra do jovem Marx, o estudo de Löwy foi pioneiro em vários sentidos. Antes mesmo da irrupção althusseriana, em 1965, com a publicação de *Pour Marx* (embora os ensaios aí reunidos tivessem sido redigidos entre 1961 e 1965), Löwy analisara a evolução e, sobretudo, a inflexão (acima de tudo política, e não tanto epistemológica, como defenderia o filósofo de origem argelina) pela qual passou a trajetória do jovem intelectual alemão por volta de 1845, momento de redação das *Teses sobre Feuerbach* e, ao lado de Engels, de *A ideologia alemã*, superando o comunismo filosófico-especulativo que predominava em seus textos até 1844, inclusive nos *Manuscritos*.

Para Löwy, tal inflexão provinha não apenas de uma evolução meramente teórico-filosófica, decorrente das leituras e descobertas filosóficas de Marx na época, mas sim da forma através da qual sua reflexão teórica se modificava à luz dos contatos do autor com o nascente movimento operário do período. A partir de uma leitura específica do marxismo – que não separa dicotomicamente teoria e "ideologia", "juízos de fato" e "juízos de valor" –, Löwy examina o itinerário de Marx não apenas do ponto de vista de seu desenvolvimento teórico, mas também de sua relação com os conflitos sociais e políticos concretos de sua época, diante dos quais o jovem filósofo era impelido a se manifestar. Mesmo porque, "a atividade militante de Marx não é uma anedota biográfica, mas o complemento necessário da obra, já que tanto uma quanto a outra tem a mesma finalidade: não somente interpretar o mundo, mas o *transformar* e interpretá-lo *para* o transformar"[7].

Partindo da noção marxista-goldmaniana de que as ideias estão sempre vinculadas a um grupo e/ou classe social e, portanto, a um ponto de vista social e político específico, Michael Löwy propõe-se a "compreender" e "explicar", em *A teoria da revolução no jovem Marx*, como isso ocorre na própria trajetória do jovem Marx, e como esse movimento geral desemboca na elaboração de uma nova concepção de mundo, ao mesmo tempo "científica" e "revolucionária". É a descoberta do caráter politicamente independente do proletariado que, segundo Löwy, permite a Marx avançar em sua definição do comunismo como o movimento revolucionário real que, baseado na práxis do proletariado, transforma as condições materiais e objetivas de existência e, assim, transforma-se a si mesmo, subjetivamente.

Em um momento em que a situação política na Europa estava relativamente calma, em função do pacto constituído em torno do modo de regulação estabelecido no pós-guerra, o jovem cientista social – sob impulso das esperanças geradas pela Revolução Cubana em 1959 – via na categoria da práxis a possibilidade de conciliação entre uma certa leitura do "marxismo ocidental" e/ou da "nova esquerda", preocupada com temas ("superestruturais") como a reificação e/ou a alienação, e o compromisso político com a esquerda revolucionária e sua predileção pelos marxistas "clássicos". Evidenciando isso, como nem poderia ser diferente, o vínculo estabelecido entre a reflexão teórica do jovem Marx e a posição social potencialmente revolucionária do proletariado (concretizada por meio da categoria da práxis) tornava a tese de Löwy bastante singular no interior da universidade francesa, e mesmo em relação ao próprio Goldmann, que não por acaso manifestou sua discordância exatamente sobre esse ponto: a apreensão da

---

[7] Michael Löwy, *A teoria da revolução no jovem Marx* (trad. Anderson Gonçalves, Petrópolis, Vozes, 2002), p. 40; grifos do original.

teoria de Marx como a expressão do ponto de vista (ou "consciência possível") do proletariado revolucionário. Conforme deixou claro durante a defesa da tese, em março de 1964, Goldmann era cético em relação aos termos reais desse vínculo; de seu ponto de vista, a teoria de Marx era muito mais expressão da ala esquerda da (pequena) burguesia, já que, rigorosamente falando, não existiria ainda classe operária na época do jovem Marx.

Como escreveu o sociólogo romeno, contrapondo-se explicitamente à tese de Löwy: "que Marx confere ao proletariado um papel revolucionário fundamental, é evidente; mas que esse pensamento seja, no momento em que emergiu na França, na Inglaterra, o pensamento do proletariado [...], eu não estou seguro"[8]. Diante das posições do mestre, de cujas consequências políticas ele não partilhava, Löwy se definira desde essa época como uma espécie de "neogoldmaniano de esquerda". Metodologicamente inspirada na sociologia marxista de Goldmann, a tese de Löwy carrega uma perspectiva política inegável, de tonalidade luxemburguista, revelando a importância de seu período de militância no Brasil. Mais do que Lenin, cuja concepção do partido de vanguarda não estava isenta da possibilidade de derivas autoritárias, era Rosa Luxemburgo quem, na óptica de Löwy, se constituía a herdeira legítima da teoria marxiana da práxis: a emancipação dos trabalhadores só pode ser uma autoemancipação porque é na luta e na experiência política que eles, de fato, apreendem as condições de sua própria vida e, assim, combatem pela transformação das estruturas sociais objetivas ao mesmo tempo que modificam sua própria visão de mundo. Politicamente, Rosa Luxemburgo era seu recurso contra a aparente ausência de alternativas revolucionárias no horizonte europeu. Essa leitura luxemburguista do marxismo respaldava-se nos ensaios de *HCC* dedicados à revolucionária polonesa, nos quais Lukács vê em Rosa, por sua concepção da práxis, assim como por sua utilização da categoria da totalidade, a principal continuadora da "ciência revolucionária" de Marx.

Michael Löwy atuava, assim, nesse seu principal trabalho de fôlego, o qual lhe valeria o título de doutor aos 25 anos, em duas frentes centrais: na primeira, acadêmico-científica, por assim dizer, ele almejava defender a legitimidade epistemológica do marxismo, demonstrando, para isso, a possibilidade de uma análise marxista – com seus critérios específicos de objetividade – da gênese do próprio marxismo. Nessa frente, ele lograva intervir em questões então centrais, vinculadas ao debate epistemológico, tanto para os "marxistas ocidentais" quanto para alguns sociólogos, como a questão da objetividade ou, o que seria apenas uma forma diferente de colocar o mesmo problema, da relação entre ciência e prática social. Na segunda frente, ético-política, digamos assim, Löwy buscava, apoiando-se nessa legitimidade

---

[8] Lucien Goldmann, "Révolution et bureaucratie", em *Épistémologie et philosophie politique: pour une théorie de la liberté* (Paris, Denoël, 1978), p. 188-9.

científico-epistemológica, reafirmar, na perspectiva dos marxistas "clássicos" do passado, a *possibilidade objetiva* da revolução socialista, o que o levaria não raro a apostar de maneira simplista e um tanto sectária, malgrado declarações em contrário, na "práxis revolucionária" como tendência inelutável que levará o proletariado na direção do marxismo e de sua *consciência possível*: a consciência comunista.

Esse curto-circuito deliberado entre ciência e política, teoria e prática, estimulou muitas vezes uma argumentação circular, tautológica, que perpassa a tese: a teoria de Marx é científica porque, ao apreender a totalidade, expressa o ponto de vista do proletariado, sendo, portanto, revolucionária; e ela é autenticamente revolucionária porque, colocando-se do ponto de vista do proletariado, e, assim, logrando apreender a totalidade, é verdadeiramente científica. "Em suma, a ciência de Marx é crítica e revolucionária porque se situa na perspectiva de classe do proletariado, porque é a forma coerente da consciência revolucionária da classe proletária."[9] A práxis seria a categoria que explicaria essa dupla função dá "ciência revolucionária" de Marx: análise *realista* da objetividade existente e afirmação da possibilidade de uma subversão revolucionária, realizada pelo proletariado e sua consciência de classe tendencialmente comunista. A categoria da práxis sendo assim um esforço para a superação do dualismo e da oposição abstratas entre pensamento e ação, fatos e valores, teoria e prática. A filiação lukacsiana-luxemburguista é aqui inequívoca, acentuando a importância que tivera o Brasil em sua formação político-intelectual.

Conforme o testemunho de Roberto Schwarz, que integrou a mesma turma de graduação de Löwy,

> Lukács se tornaria uma presença importante no Brasil por volta de 1960 [...]. Naquele período houve uma espécie de ressurreição do marxismo, um marxismo não dogmático, ligado a uma rápida expansão industrial, que abriu caminho para uma luta viva e multifacetada contra o subdesenvolvimento, o imperialismo e, em última análise, contra o próprio capitalismo. Neste quadro, o grande Lukács do início dos anos 1920 chegou como um estímulo oportuno, junto com o Sartre da *Crítica da razão dialética*. Esses livros foram lidos mais ou menos juntos, num espírito ao mesmo tempo subversivo em relação ao capitalismo e de oposição ao comunismo oficial, e foram decisivos na elaboração de uma corrente marxista independente. Era um processo que acontecia principalmente na Universidade de São Paulo e foi muito produtivo. Algumas das melhores obras recentes de história e sociologia no Brasil datam daquela época e têm alguma inspiração lukacsiana.[10]

---

[9] Michael Löwy, *A teoria da revolução no jovem Marx*, cit., p. 40.

[10] Eva L. Corredor, "Entrevista com Roberto Schwarz", *Literatura e Sociedade*, São Paulo, Departamento de Teoria Literária e Literatura Comparada da USP, n. 6, 2001-2002, p. 15.

No caso específico de Michael Löwy, o conhecimento da obra de Lukács, no fim da década de 1950 – em um momento em que a recepção do autor húngaro no país mal tinha dado seus primeiros passos –, realizou-se, mais especificamente, por intermédio de Goldmann. No prefácio à nova edição brasileira de seu livro *A evolução política de Lukács*, de 1997, o próprio Michael Löwy sustenta:

> Pessoalmente, comecei a me interessar por Lukács ao ler, em 1956, o livrinho de Lucien Goldmann *Sciences humaines et philosophie*, publicado em 1952, que se refere ao método marxista representado por Lukács para desmistificar e deslegitimar as correntes positivistas ou funcionalistas da sociologia.[11]

Löwy atribui ao seu então colega de turma Gabriel Bolaffi a responsabilidade pela indicação do livro de Goldmann, cuja obra imprimiu "uma orientação permanente a minhas elucubrações"[12]. Ao ler pela primeira vez aquele livro, Löwy afirma ter ficado "deslumbrado", sobretudo "porque era marxismo num estilo bastante diferente do que eu tinha visto até então. Havia uma crítica forte à sociologia burguesa, mas ao mesmo tempo um marxismo bem *desdogmatizado*, aberto. Para mim, foi uma iluminação"[13]. Inspirado pela leitura lukacsiana de Lucien Goldmann, Löwy toma contato efetivo com *HCC* em 1960, quando é traduzido para o francês, momento em que, segundo ele, "mergulhei fundo neste livro, lendo e relendo cada capítulo até começar, pouco a pouco, a entender – será? – alguma coisa"[14].

Em 1962, Michael Löwy publicou na *Revista Brasiliense* um artigo em que, após debater as contribuições políticas de Lenin, Rosa Luxemburgo e, de modo pioneiro, Gramsci, projeta em *HCC* a realização de uma "síntese teórica", ou seja, de uma superação dialética das dicotomias entre espontaneísmo e sectarismo, entre voluntarismo e fatalismo objetivista, dilemas que percorreram em maior ou menor grau as ideias dos autores marxistas "clássicos". Para Lukács, segundo a análise de Löwy,

> A colocação dialética do problema organizatório, que superaria a alternativa jacobinismo partidário *versus* "autonomismo" da massa, seria concretizada pela interação

---

[11] Michael Löwy, *A evolução política de Lukács: 1909-1929* (trad. Heloísa Helena A. Mello e Agostinho Ferreira Martins, São Paulo, Cortez, 1998), p. 13.

[12] Ivana Jinkings e Emir Sader, "Entrevista com Michael Löwy", cit., p. 11.

[13] Cf. Ângela de Castro Gomes e Daniel Aarão Reis, "Um intelectual marxista", cit., p. 170; grifos do original.

[14] Ivana Jinkings e Emir Sader, "Entrevista com Michael Löwy", cit., p. 13.

viva entre o partido e as massas inorganizadas, interação essa regulada em uma estrutura pelo processo de evolução da consciência de classe.[15]

O processo de assimilação teórica da obra de Lukács consolidou-se na década de 1970, quando, já instalado em Paris, Michael Löwy consagrou à evolução política e filosófica de juventude do filósofo húngaro sua segunda tese de doutoramento, apresentada na Sorbonne em 1975, sob a direção de Louis-Vincent Thomas. Nesse texto, depois publicado em livro em vários países, Löwy expôs detalhadamente a passagem do jovem Lukács do romantismo anticapitalista para o marxismo, culminando na "grandiosa síntese, de inspiração dialético-revolucionária", arquitetada em *HCC*. Também nesse caso, o interesse específico pela trajetória do jovem Lukács confirma a influência de Goldmann, ainda que a tese tenha sido realizada depois da morte do autor, ocorrida em 1969. "Como discípulo de Lucien Goldmann", afirma Löwy, "sempre considerei – e ainda considero – os escritos de Lukács até 1924 como os mais interessantes e significativos, do ponto de vista da história do marxismo no século XX"[16].

Ao reconstruir o trajeto político e filosófico de juventude do pensador húngaro, uma vez mais o método empregado para a análise é explicitamente lukacsiano: "Nosso método, no estudo do fenômeno Lukács, é o materialismo histórico e, em particular, uma interpretação deste, largamente inspirada por *História e consciência de classe*"; por isso mesmo, mais do que somente um estudo marxista de um pensador marxista – como ele já havia feito em sua tese sobre o jovem Marx –, trata-se "também de uma análise lukacsiana de Lukács"[17]. Com efeito, além de uma instigante sociologia dialética das condições que possibilitam a passagem dos intelectuais para o campo da revolução – que escapa tanto do enfoque "estrutural"

---

[15] Michael Löwy, "Consciência de classe e partido revolucionário", *Revista Brasiliense*, São Paulo, n. 41, 1962, p. 159-60. Nas palavras de Celso Frederico, em um texto dedicado justamente à presença de Lukács na política cultural do PCB e na universidade, "um dos primeiros intelectuais brasileiros a encampar as ideias de *HCC* foi Michael Löwy. Em 1962, ele publicou o ensaio 'Consciência de classe e partido revolucionário', na revista *Brasiliense* (número 41), em que traça um painel das posições teóricas sobre a relação entre partido político e espontaneidade operária. O texto concentra-se na exposição das ideias de Lenin, Rosa, Gramsci (este último pela primeira vez é apresentado ao público brasileiro) e o Lukács de *HCC*, ocupando uma posição de honra (a última parte tem como subtítulo 'A síntese teórica de Lukács')". Segundo testemunha Coutinho, "esse artigo foi muito importante para os jovens brasileiros que, como eu, buscavam no marxismo uma fonte de inspiração teórica e política". Ver Carlos Nelson Coutinho, "O marxismo no Brasil", em Ivana Jinkings e João Alexandre Peschanski (orgs.), *As utopias de Michael Löwy*, cit., p. 129.

[16] Michael Löwy, *A evolução política de Lukács*, cit., p. 14.

[17] Ibidem, p. 19.

abstrato quanto de uma focalização "concreta", meramente conjuntural[18] –, o livro constitui uma instigante defesa lukacsiana do percurso teórico e político do jovem Lukács, trajeto que desemboca em *HCC*, quando o pensamento do filósofo húngaro "atinge seu ápice"[19], superando pelo recurso à dialética revolucionária as antinomias e os dualismos que ainda habitavam sua visão trágica de mundo, que vigorou até meados da década de 1910.

Para Löwy, a dimensão radical e explosiva de *HCC* explica-se em grande medida pela capacidade de Lukács de recolher e "superar" dialeticamente alguns temas clássicos da tradição anticapitalista romântica (como a quantificação da vida social sob o capitalismo), redirecionando-os sob uma perspectiva marxista. Para ele, em texto do mesmo período, originalmente publicado na revista *Recherche Sociale*, em 1969,

> Uma das razões da riqueza excepcional da teoria lukacsiana da reificação é precisamente sua *Aufhebung* da herança romântica anticapitalista, sua capacidade de incorporar e reelaborar criticamente certas intuições da sociologia alemã no começo do século [XX] no contexto de uma análise rigorosamente marxista.[20]

Não por acaso, embora ainda afirmasse na época que "o socialismo de Marx nada tem a ver, social e ideologicamente, com o romantismo anticapitalista"[21], o intelectual franco-brasileiro já se questionava sobre a necessidade de "um reexame das relações entre o marxismo e o romantismo e [de] uma reavaliação da tradição romântica"[22] – tarefa na qual, como veremos, o próprio Löwy se engajou anos mais tarde, a partir de meados da década de 1980[23].

---

[18] Cf. Wolfgang Leo Maar, "A dialética da inserção social dos intelectuais", em Ivana Jinkings e João Alexandre Peschanski (orgs.), *As utopias de Michael Löwy*, cit., p. 58. Em uma resenha da edição inglesa dessa tese (que foi publicada sob o título *G. Lukács: do romantismo ao bolchevismo*), Raymond Williams afirma que "o livro de Michael Löwy é um estudo de extraordinário interesse sobre o desenvolvimento intelectual e político de Lukács. Seu grande mérito reside em analisar as ideias em suas formações sociais e intelectuais: um procedimento necessário na análise marxista, que raramente é seguido em detalhe". Cf. Raymond Williams, "O que é anticapitalismo?", em Ivana Jinkings e João Alexandre Peschanski (orgs.), *As utopias de Michael Löwy*, cit., p. 53.

[19] Michael Löwy, *A evolução política de Lukács*, cit., p. 207.

[20] Michael Löwy, "A sociedade reificada e a possibilidade objetiva de seu conhecimento na obra de Lukács", em *Romantismo e messianismo: ensaios sobre Lukács e Walter Benjamin* (São Paulo, Perspectiva/Edusp, 1990), p. 73.

[21] Michael Löwy, *A evolução política de Lukács*, cit., p. 35-6.

[22] Ibidem, p. 217.

[23] No prefácio à nova edição brasileira, de 1998, Löwy se refere às resenhas de Paul Breines, Jeffrey Hert e Raymond Williams, que colocaram em dúvida a desvinculação do marxismo com a tradição romântica. Segundo o autor brasileiro, "eles tinham razão! Em meus trabalhos posteriores

A problemática da reificação, em Lukács, alimentou-se de dupla fonte: de um lado, seu ponto de partida é *O capital*, de Marx, em especial o capítulo sobre o fetichismo da mercadoria, do Livro I, e as passagens sobre a coisificação, do Livro III; por outro, o filósofo húngaro apropria-se de algumas análises da sociologia alemã sobre a sociedade capitalista industrial, principalmente as de Ferdinand Tönnies (*Comunidade e sociedade*), Max Weber (*Economia e sociedade*) e Georg Simmel (*A filosofia do dinheiro*). É por isso que, em sua crítica à mecanização e à quantificação da vida social no capitalismo, Lukács utiliza como contraponto e critério de comparação as comunidades (*Gemeinschaft*) tradicionais, embora sem a carga nostálgica que nutria a sociologia neorromântica alemã[24].

Em *HCC*, Michael Löwy vê aspectos decisivos que compõem a especificidade de seu marxismo desde os primórdios de sua vida intelectual até os dias atuais. Entre esses aspectos, destaca-se sua tentativa de incorporar a teoria lukacsiana da reificação como matriz de uma crítica mais radical da modernidade em sua totalidade. De acordo com Lukács, no capitalismo moderno, com a generalização da estrutura da mercadoria, a relação mercantil torna-se o protótipo de todas as formas de objetividade e de subjetividade, transformando-se no problema central da sociedade em todas as suas manifestações vitais. A mercadoria penetra no conjunto da vida social, razão pela qual se torna a *categoria universal* do ser social, em suas múltiplas dimensões. Pela primeira vez na história, todas as esferas da vida social são submetidas a um processo econômico unitário. Nesse contexto, o processo de reificação adquire uma importância decisiva, "tanto para o desenvolvimento objetivo da sociedade quanto para a atitude dos homens a seu respeito, para a submissão de sua consciência às formas nas quais essa reificação se exprime"[25]. A reificação torna-se, então, como bem observou Lucien Goldmann, uma "realidade psíquica profunda" que incide sobre todas as esferas da realidade social, transformando o ritmo da produção e da circulação de mercadorias e de capital na temporalidade – "vazia e homogênea", como diria Walter Benjamin – que governa a vida social em seu conjunto[26].

Na análise lukacsiana da modernidade capitalista, Löwy encontra o fio condutor para a renovação da crítica antieconomicista do capitalismo, por meio do retorno às fontes da dialética e da revitalização da importância das consequências subjeti-

---

sobre o tema, tratei de corrigir esse erro, tentando traçar a genealogia romântica do marxismo e entender seu surgimento, da qual o jovem Lukács, e ainda mais Ernst Bloch, são representantes eminentes" (ibidem, p. 16).

[24] Michael Löwy, "A sociedade reificada e a possibilidade objetiva de seu conhecimento na obra de Lukács", cit., p. 73-4.

[25] György Lukács, *História e consciência de classe*, cit., p. 198.

[26] Lucien Goldmann, "A reificação", em *Dialética e cultura*, cit., p. 123.

vas deste processo, tanto no que diz respeito às implicações negativas da reificação quanto em relação à possibilidade de construção de uma subjetividade alternativa, associada à práxis anticapitalista. Michael Löwy vê na teoria lukacsiana da reificação uma crítica radical da razão tecnológica e produtiva do capitalismo moderno, crítica que se expressou de forma concreta, entre outros exemplos, na rejeição categórica de Lukács (que coincidia, no essencial, com a crítica de Gramsci) do *Manual popular de sociologia marxista*, publicado por Bukharin em 1922, na extinta União Soviética.

Lukács rechaçou a tentativa de Bukharin de construir, na dependência do positivismo, um conceito "positivo", autônomo e neutro da técnica como fundamento do desenvolvimento das forças produtivas. Na contramão dessa fetichização da estrutura técnica, que faz abstração dos desdobramentos concretos da luta de classes, Lukács reafirma a dimensão histórica e social das forças produtivas capitalistas, vinculando-as à reificação que atravessa a totalidade social. Para o filósofo húngaro, a técnica – ou a "razão técnica" de que fala Marcuse – é um momento fundamental da dominação do modo de produção capitalista, imanente às estruturas de exploração e de opressão do sistema. O positivismo latente de Bukharin, que se manifesta em sua adesão à racionalidade formal, impossibilitou-o de compreender o caráter reificado do desenvolvimento *dessas* forças produtivas e, por conseguinte, de atestar a necessidade de uma transformação qualitativa da totalidade do modo de produção capitalista[27].

É impressionante como Lukács, sem conhecer naquele momento os principais textos do jovem Marx, chega a conclusões semelhantes às dos *Manuscritos econômico-filosóficos* (publicado somente em 1932, na URSS), particularmente na análise da alienação entre homem e natureza. Tanto no jovem Marx quanto em Lukács (de *HCC*) pode-se ver, ainda que implicitamente, uma crítica ao caráter potencialmente destrutivo e desumano do "progresso das forças produtivas" no capitalismo, crítica que reafirma a necessidade de uma transformação qualitativa do paradigma produtivo e civilizatório capitalista moderno[28]. Eis então porque, para Löwy, "a análise de Lukács da sociedade moderna, no conjunto de suas manifestações, através da categoria da *reificação*, foi uma das fontes mais estimulantes e mais férteis da teoria social crítica no século XX"[29].

Mas a adesão de Michael Löwy às teses lukacsianas de *HCC* não é integral, ou ortodoxa. Do ponto de vista epistemológico, com o auxílio de Lucien Goldmann,

---

[27] Michael Löwy, "Gramsci e Lukács: em direção a um marxismo antipositivista", em *Romantismo e messianismo*, cit., p. 97-110.

[28] Wolfgang Leo Maar, "A reificação como fenômeno social", em Ricardo Antunes e Walquiria D. L. Rêgo (orgs.), *Lukács, um Galileu no século XX* (São Paulo, Boitempo, 1996), p. 50-1.

[29] Michael Löwy, "A sociedade reificada e a possibilidade objetiva de seu conhecimento na obra de Lukács", cit., p. 69.

Löwy rejeita, por exemplo, a identificação total entre sujeito e objeto promovida por Lukács, identificação cuja consequência básica é a ideia de que a burguesia e o proletariado são as únicas classes capazes de apresentar uma visão social de conjunto, com vocação potencialmente universal[30]. Nas palavras do autor de *HCC*,

> A burguesia e o proletariado são as únicas classes puras da sociedade, isto é, são as únicas classes cuja existência e evolução baseiam-se exclusivamente no desenvolvimento do processo moderno de produção. Além disso, somente suas condições de existência *permitem imaginar* um plano para a organização de toda a sociedade.[31]

Especialmente em seus trabalhos sobre a sociologia do conhecimento, como *As aventuras de Karl Marx contra o Barão de Münchhausen*, Löwy critica "este modelo cognitivo que privilegia a burguesia com relação às classes pré-capitalistas", em particular porque ele "não permite dar conta das intuições profundas sobre a natureza do capitalismo que o próprio Lukács reconhecia e saudava em um Sismondi ou em Carlyle"[32]. Muito embora tenha sustentado a importância de Carlyle e/ou Sismondi na descrição do "quanto o capitalismo violenta e destrói tudo o que é humano"[33], Lukács jamais tentou compreender as raízes sociais dessas manifestações neorromânticas, tratando-as, sem mais, como expressões da autocrítica e da autodestruição da sociedade burguesa.

Essa lacuna caracterizaria, igualmente, a leitura lukacsiana dos sociólogos alemães da virada do século XIX para o século XX, como Tönnies, Simmel e Weber, entre outros, autores que influenciaram significativamente a análise crítica da modernidade realizada pelo filósofo húngaro. Ainda que veja na obra desses autores elementos para a crítica da reificação moderna, Lukács "não coloca a questão do ponto de vista de classe dos sociólogos alemães nos quais se inspira", e tampouco tenta congregá-los sob a perspectiva de uma visão social de mundo (neorromântica) em comum[34]. Para

---

[30] Diante desse tipo de "reducionismo", Lucien Goldmann defende a "identidade *parcial* entre o sujeito e o objeto do conhecimento". Conquanto as classes sejam a *infraestrutura* das visões sociais de mundo, estas comportam outras mediações – de nacionalidade, geração, cultura etc. –, cujo conhecimento não se deixa reduzir ao *autoconhecimento* da classe, no caso, do proletariado. Ver Lucien Goldmann, *Ciências humanas e filosofia: o que é a sociologia* (9. ed., trad. Lupe Cotrim Garaude e José Arthur Giannotti, São Paulo, Difel, 1984), p. 27.

[31] György Lukács, *História e consciência de classe*, cit., p. 156; grifo do original.

[32] Michael Löwy, *As aventuras de Karl Marx contra o Barão de Münchhausen: marxismo e positivismo na sociologia do conhecimento* (5. ed., São Paulo, Cortez, 1994), p. 119.

[33] György Lukács, *História e consciência de classe*, cit., p. 417 (ver também p. 83, 119, 378).

[34] Michael Löwy, "A sociedade reificada e a possibilidade objetiva de seu conhecimento na obra de Lukács", cit., p. 78.

Michael Löwy, "a incapacidade ou a recusa de analisar as bases sócio-históricas da ciência social alemã na virada do século é uma das limitações mais evidentes da sociologia do conhecimento esboçada por Lukács em *História e consciência de classe*"[35]. Em grande medida, essa recusa decorre precisamente da perspectiva "dicotômica" do autor húngaro, que – segundo Löwy – "tende a considerar a burguesia e o proletariado como as únicas classes capazes de desenvolver um ponto de vista globalizante (totalizador) sobre a realidade social", perspectiva no âmbito da qual a obra de um autor como Max Weber, cujas análises concretas influenciaram decisivamente a teoria da reificação de *HCC*, só pode ser definida como "inclassificável"[36].

Michael Löwy encontra em Goldmann, portanto, subsídios teóricos para a superação dos limites e dos dilemas da "sociologia do conhecimento" implícita em *HCC*. Através da incorporação das contribuições de Lucien Goldmann – que buscou um diálogo da filosofia com as ciências sociais –, Löwy pôde reformular sob o mesmo padrão metodológico algumas das generalizações abstratas de Lukács em *HCC*. Em suas análises, Goldmann restabelece os vínculos dialéticos (as "homologias estruturais", que não significam uma identidade imediata) entre a obra e o autor e/ou entre o significado e o contexto histórico. Ele ressalta, assim, na contramão do "sociologismo" vulgar, a complexidade dialética que envolve as relações entre classe social, visão de mundo e contexto histórico-cultural, evitando a redução da atividade espiritual ao contexto histórico "externo". A visão de mundo é, para Goldmann, tão somente uma estrutura mental que dá expressão articulada aos interesses, pensamentos e aspirações dos indivíduos inseridos em um determinado grupo social; a análise efetiva invalida qualquer mecanismo reducionista que identifica sem mediações um autor ou corrente de pensamento à visão de mundo de *sua* classe. Com essa postura, o autor recompõe a concretude da autonomia relativa das atividades científicas e das camadas intelectuais.

Goldmann dá mostras dessa atitude metodológica, por exemplo, em sua análise da "visão trágica de mundo" em *Le Dieu caché*, obra em que o sociólogo romeno relaciona dialeticamente o pensamento de Pascal e o teatro de Racine a uma *estrutura significativa* mais ampla: a visão de mundo da corrente jansenista (movimento religioso "herético", caracterizado pela recusa não histórica e não mística do mundo), cuja base social de classe é a *nobreza de toga* na França do século XVII. Assim procedendo, Goldmann pôde mostrar – sem qualquer reducionismo – como o conflito irredutível entre a *aposta* em valores transindividuais absolutos em Pascal e Racine e a impossibilidade *trágica* de sua realização prática vincula-se à condição de classe (que não era burguesa, tampouco proletária) da nobreza de toga, que estava

---

[35] Ibidem, p. 79.

[36] Idem.

já naquele momento condenada a uma contradição insolúvel entre seus desejos e aspirações e sua condição real, que a impedia de efetivá-los[37].

Lucien Goldmann escapa, então, dos dilemas que decorrem do privilégio epistemológico conferido por Lukács às visões de mundo da burguesia e do proletariado. Na perspectiva lukacsiana, seguida em seus aspectos centrais por Goldmann, "o pensamento social de uma classe reacionária é mais limitado e estreito do que a de uma classe ascendente". Mas, como dizem Löwy e Sami Nair: "há exceções importantes à regra, por exemplo: a crítica de Pascal ao racionalismo cartesiano"[38]. Partindo "de uma posição de classe mais conservadora, Pascal pôde ver e criticar certas limitações da visão de mundo racionalista da burguesia em expansão", fornecendo, inclusive, elementos decisivos para a compreensão dialética das antinomias do pensamento burguês[39]. Para Goldmann, segundo Michael Löwy e Sami Nair,

> A aposta de Pascal é um momento fundamental, uma guinada na história do pensamento moderno: a passagem dos individualistas-racionalistas e dogmáticos – ou empiristas e céticos – para o pensamento trágico enquanto etapa intermediária no caminho que leva ao *pensamento dialético*.[40]

Conforme o próprio Goldmann:

> O problema central do pensamento trágico, problema que somente o pensamento dialético poderá resolver no plano científico e ao mesmo tempo moral, é o de saber se, nesse espaço racional que, definitivamente e sem possibilidade de voltar atrás, substituiu o universo aristotélico e tomista, ainda há um meio, uma esperança qualquer de reintegrar os valores morais supraindividuais.[41]

---

[37] Michael Löwy e Sami Nair, *Lucien Goldmann ou a dialética da totalidade* (trad. Wanda Nogueira Caldeira Brant, São Paulo, Boitempo, 2009, Coleção Marxismo e Literatura). O conceito de visão trágica de mundo é inspirado em *A alma e as formas*, de 1910, obra de juventude de György Lukács. No último ensaio da obra, *A metafísica da tragédia*, Lukács afirma, logo no início do texto: "O drama é uma representação; uma representação do homem e do destino, cujo espectador é Deus. É somente espectador, e porque sua palavra e seu gesto não se mesclam nunca com as palavras ou os gestos dos que representam. Somente seus olhos descansam neles". Para o jovem Lukács, a tragédia humana se desenvolve aos olhos de Deus, cujo caráter de mero espectador faz dele, como diria Goldmann, um "deus oculto".

[38] Michael Löwy e Sami Nair, *Lucien Goldmann ou a dialética da totalidade*, cit., p. 36.

[39] Ibidem, p. 68.

[40] Ibidem, p. 63; grifo do original.

[41] Lucien Goldmann, *Le Dieu caché* (Paris, Gallimard, 1956), p. 44-5.

Ao restituir algumas das *homologias* entre a aposta transcendente de Pascal na existência de Deus e a aspiração dialética e revolucionária na possibilidade da emancipação humana, Lucien Goldmann almejava ver antes de tudo "a afinidade oculta, o túnel subterrâneo que religa, por sob a montanha das Luzes, a visão trágica (religiosa) do mundo e o socialismo moderno"[42]. Desse ponto de vista, além de reconhecê-la como antídoto eficiente contra as ilusões do racionalismo burguês, a visão trágica de mundo poderia ser tomada como um dos pontos de partida possíveis para uma crítica marxista das ideologias do progresso, empreitada não contemplada por Goldmann, mas levada adiante, com novos desdobramentos, pelo próprio Löwy, como se pode ver em sua ampla incursão pela obra de Walter Benjamin, pelo messianismo libertário e pelo anticapitalismo romântico em geral – temas que serão tratados mais adiante[43]. Goldmann forneceu a Löwy, entre outras coisas, a comprovação de que correntes intelectuais não identificadas com o ponto de vista do proletariado podem contribuir teoricamente para a compreensão crítica do capitalismo.

2.1. Marxismo ou a dialética da totalidade: o método e o primado da práxis

Em seus aspectos decisivos, ou seja, em seu "núcleo duro", a obra de Michael Löwy construiu-se, desde seus primórdios, sob uma perspectiva teórico-metodológica e política rigorosamente marxista. Inspirando-se, de um lado, nas perspectivas metodológicas de *HCC*, de Lukács, e de outro, na releitura de Lucien Goldmann da obra lukacsiana, os estudos e ensaios de Michael Löwy filiam-se diretamente à tradição humanista e historicista do marxismo, cuja ênfase no papel da práxis humana na composição da vida social serviu como uma espécie de parâmetro através do qual o autor pôde recolher seletivamente o que de mais fértil existia nas correntes dialéticas e antipositivistas do pensamento marxista: de Rosa Luxemburgo a Benjamin, passando por Lukács, Trotski e Bloch até André Breton, Goldmann e Thompson, entre outros.

Nas palavras de Löwy, "a primeira e talvez maior contribuição de Marx à cultura moderna é seu novo método de pensamento e de ação", método que, conforme indicou Antonio Gramsci, pode ser definido como *filosofia da práxis*. Mais do que uma nova

---

[42] Michael Löwy, "Lucien Goldmann ou a aposta comunitária", em Michael Löwy e Sami Nair, *Lucien Goldmann ou a dialética da totalidade*, cit., p. 177. Artigo publicado originalmente na revista *Estudos Avançados*, trad. Jean Briant, São Paulo, v. 9, n. 23, 1995.

[43] Em uma pequena resenha do livro de Michael Löwy e Sami Nair sobre Lucien Goldmann, destacamos a influência da concepção goldmaniana da visão trágica de mundo, entendida como um prelúdio do pensamento dialético, na valorização de Michael Löwy da crítica romântica à civilização capitalista moderna. Cf. Fabio Mascaro Querido, "Em defesa da totalidade: o humanismo marxista de Lucien Goldmann", *Margem Esquerda*, São Paulo, Boitempo, n. 13, 2009.

"ciência da história", Marx inaugura – para Löwy – uma "nova concepção de mundo, que permanece referência necessária para todo pensamento e ação emancipadores"[44]. Ele introduz uma nova forma – qualitativamente diferente – de pensar o mundo, forma cuja reflexão teórica está vinculada em termos dialéticos à práxis humana na história, e que, portanto, concebe-se como teoria *da* prática histórica dos homens.

É exatamente por isso que, para Michael Löwy, o marxismo não é, e nem poderia ser, um edifício monumental, um sistema teórico-formal fechado, que estabelece de antemão as etapas do progresso histórico. Para ele, o marxismo deve ser, sobretudo, um método teórico cuja ligação dialética com a práxis (como filosofia *da* – e não *para a* – práxis) o revela como *teoria aberta*, que se renova conforme as transformações concretas da realidade social e da práxis histórica potencialmente emancipadora. Nesse sentido específico, Löwy vincula-se, mais uma vez, à interpretação lukacsiana do marxismo, radicalizando sua dimensão heterodoxa.

Em *HCC*, o filósofo húngaro escreveu:

> O marxismo ortodoxo não significa um reconhecimento sem crítica dos resultados da investigação de Marx, não significa uma "fé" numa ou noutra tese, nem a exegese de um livro "sagrado". Em matéria de marxismo, a ortodoxia se refere antes e exclusivamente ao *método*.[45]

Assim, se o marxismo se refere acima de tudo a um horizonte metodológico último – cujos vínculos com o projeto de transformação revolucionária caminham lado a lado da centralidade conferida à categoria da totalidade –, as suas divergências com o pensamento não marxista se situam nem tanto no nível do *conteúdo* específico da análise social, mas, sobretudo, na *forma* e, nesse sentido, no *método* utilizado para reunir e analisar esse conteúdo. Em comentário às teses epistemológicas de *HCC*, Fredric Jameson afirma que para Lukács, "o falso não é tanto o conteúdo da filosofia burguesa clássica mas a sua forma"[46]. A consciência de classe interfere menos no plano da percepção dos detalhes particulares do real e mais no nível da forma geral

---

[44] Michael Löwy, "Por um marxismo crítico", cit., p. 59.

[45] György Lukács, *História e consciência de classe*, cit., p. 64. É importante lembrar que, na ocasião, Lukács polemizava diretamente com o autoproclamado "marxismo ortodoxo" de Kautsky e da Segunda Internacional. Isso explica a reivindicação lukacsiana de um *verdadeiro* "marxismo ortodoxo", em oposição ao determinismo evolucionista dos representantes oficiais dessa tradição. Porém, não é demais afirmar que, naquele contexto, a proclamação lukacsiana da ortodoxia como método, na contramão das leituras contemplativas e dogmáticas de Marx, significava, por sua radicalidade crítica, uma posição marcadamente *heterodoxa*.

[46] Fredric Jameson, "Em defesa de Lukács", em *Marxismo e forma: teorias dialéticas da literatura no século XX* (São Paulo, Hucitec, 1985), p. 144.

segundo a qual tais detalhes são organizados e interpretados[47]. É na forma dialética, assentada na categoria da totalidade, que se encontra a *pedra de toque* da distinção qualitativa do marxismo em relação às outras correntes de pensamento. "Tal como na crítica de Marx às teorias econômicas burguesas, no Lukács de *História e consciência de classe* os limites da filosofia burguesa estão assinalados pela sua incapacidade, ou não disposição, de se haver com a categoria da *totalidade*"[48]. Isso não significa que todo o pensamento não marxista esteja fadado ao erro, ao equívoco, em decorrência de sua incompreensão da totalidade; significa, antes, e apenas, que ele é incapaz, por uma questão eminentemente social, de relacionar as suas pesquisas e análises de conteúdos específicos da realidade social em uma dialética da totalidade.

Dessa leitura, sugere-se a possibilidade de que a perspectiva dialética, vinculada a uma posição social concreta, pode subsumir contribuições teóricas externas ao marxismo, integrando-as à compreensão dialética da totalidade. Esta é, nos parece, uma característica básica do marxismo de Michael Löwy: a filiação à ideia de que o marxismo é o horizonte intelectual insuperável de nossa época não exclui – ao contrário, pressupõe – a defesa das potencialidades críticas e radicais da incorporação de contribuições da ciência social não marxista (acadêmica ou não). Essa postura se revela, por exemplo, em uma das "conclusões" de sua sociologia do conhecimento:

> A ciência situada na perspectiva mais vasta e mais totalizante [...] pode e deve ser capaz de integrar em seu "quadro" da paisagem as verdades parciais produzidas pela ciência dos níveis inferiores e mais limitados. Esta incorporação ou absorção de elementos de verdade em um conjunto estruturado e "engajado" não tem nada a ver com o ecletismo e não significa absolutamente que as oposições irredutíveis entre visões de mundo antagônicas desapareceram.[49]

Dessa maneira, como disse Fredric Jameson, em palavras próximas à perspectiva de Löwy:

> No espírito de uma tradição dialética mais autêntica, o marxismo é concebido como aquele "horizonte intransponível" que subsume as operações críticas aparentemente antagônicas ou incomensuráveis, atribuindo-lhes uma indubitável validade setorial para si mesmo, assim cancelando-as e preservando-as simultaneamente.[50]

---

[47] Ibidem, p. 145.
[48] Idem; grifo do original.
[49] Michael Löwy, *As aventuras de Karl Marx contra o Barão de Münchhausen*, cit., p. 217.
[50] Fredric Jameson, *O inconsciente político: a narrativa como ato socialmente simbólico* (trad. Valter Lellis Siqueira, São Paulo, Ática, 1992), p. 10.

De fato, tal postura exprime-se igualmente na afirmação de Michael Löwy – que se repete em vários dos seus textos – de que:

> A renovação crítica do marxismo [...] exige seu enriquecimento pelas formas mais avançadas e mais produtivas do pensamento não marxista – de Max Weber a Karl Mannheim, de Georg Simmel a Marcel Mauss, de Sigmund Freud a Jean Piaget, de Hannah Arendt a Jürgen Habermas (para dar apenas alguns exemplos) –, assim como levar em conta resultados limitados, mas muitas vezes úteis a diversos ramos da ciência social universitária. Aqui é preciso inspirar-se no exemplo do próprio Marx que soube utilizar amplamente os trabalhos da filosofia e da ciência de sua época – não somente Hegel e Feuerbach, Ricardo e Saint-Simon, mas também economistas heterodoxos (como Quesnay, Ferguson, Sismondi, J. Stuart, Hodgskin), antropólogos fascinados pelo passado comunitário (como Maurer Morgan), críticos românticos do capitalismo (como Carlyle e Cobbett) e socialistas heréticos (como Flora Tristan ou Pierre Leroux) –, sem que isso em nada diminua a unidade e a coerência teórica de sua obra.[51]

A pretensão "de reservar ao marxismo o monopólio da ciência, rejeitando as outras correntes de pensamento para o purgatório da pura ideologia, não tem nada a ver com a concepção que Marx tinha da articulação conflituosa de sua teoria com a produção científica contemporânea"[52]. A relação do marxismo com outras visões de mundo não está baseada em uma "distinção entre 'verdade' e 'erro' (ou 'ciência' e 'ideologia'), mas entre horizontes científicos mais ou menos vastos, entre limites mais estreitos ou mais amplos da paisagem cognitiva percebida"[53]. Para Löwy, como observou Enzo Traverso, é como se a dialética se assemelhasse a uma espécie de esponja capaz de tudo absorver[54].

É com essa perspectiva teórica que, já muito bem instalado na França, Michael Löwy enfrentou as inflexões intelectuais do continente europeu a partir da década de 1970, em especial a ascensão do (pós-)estruturalismo e o consequente recuo do marxismo francês, outrora tão bem representado nas figuras de Sartre, Goldmann e Lefebvre. Em Paris, ao mesmo tempo que consolida seus laços acadêmicos, intelectuais e políticos[55] – estabelecendo uma frutífera interlocução com variadas correntes de pensamento –, Michael Löwy se depara com o declínio dos alicerces

---

[51] Michael Löwy, *A teoria da revolução no jovem Marx*, cit., p. 20.
[52] Idem, "Por um marxismo crítico", cit., p. 67.
[53] Idem, *As aventuras de Karl Marx contra o Barão de Münchhausen*, cit., p. 211.
[54] Enzo Traverso, "Le Marxisme libertaire de Michael Löwy", cit., p. 37.
[55] Na década de 1970, Michael Löwy chegou a ser assistente de Nicos Poulantzas.

do "marxismo ocidental", que havia se estabelecido principalmente na Europa latina, em países como França e Itália[56].

Inversamente proporcional ao declínio da influência do marxismo existencialista (e humanista) de Sartre, o avanço do estruturalismo francês, com sua busca pelas estruturas inconscientes e invariantes que determinam os fenômenos sociais e psíquicos, condicionou a atmosfera intelectual e acadêmica daquele período. Concomitantemente a um processo de massificação do ensino universitário das ciências sociais, o estruturalismo tornou-se hegemônico em diversas disciplinas da área de humanidades, em especial na linguística (Michel Pêcheux), na antropologia (Lévi-Strauss) e na psicanálise (Lacan), sem falar no estruturalismo marxista do filósofo Louis Althusser.

Ora, é neste tumultuado e relativamente adverso cenário intelectual que se desenvolve a trajetória de Michael Löwy na França, primeiro entre os anos de 1961 e 1964, e depois, em definitivo, a partir do final da década de 1960. Cenário adverso porque, desde os princípios de sua formação, Löwy inclinara-se de maneira decidida a uma leitura radicalmente humanista do marxismo, apoiada não só em Lukács, mas também em Gramsci, Rosa Luxemburgo, Che Guevara e Lucien Goldmann. No âmbito do marxismo, essa leitura foi parcialmente suplantada pelo estruturalismo althusseriano, que reduzia o homem e sua práxis – tão valorizados pelo marxismo dialético – a meros apêndices das relações de produção. Não por acaso, como diz o próprio Löwy, não lhe restava outra coisa, naquele momento, senão comprar "a briga dos lukacsianos contra Althusser"[57].

As divergências com o estruturalismo althusseriano tornaram-se particularmente explícitas na década de 1970, nos trabalhos de Löwy dedicados à tentativa de formular uma "sociologia crítico-marxista do conhecimento"[58]. Nesses textos, entre os quais se destaca o bem conhecido *As aventuras de Karl Marx contra o Barão de Münchhausen*[59], Löwy demonstra em seus múltiplos desdobramentos a sua leitura

---

[56] Para Perry Anderson, o declínio do marxismo ocidental a partir da década de 1970, que se concentrava sobretudo na Europa latina, coincide com o avanço do marxismo – com uma feição fortemente historiográfica – no mundo anglo-saxão. Ver *A crise da crise do marxismo*, cit., p. 11-36.

[57] Em Ângela de Castro Gomes e Daniel Aarão Reis, "Um intelectual marxista", cit., p. 175. Ver também Michael Löwy, "O humanismo historicista de Marx, ou reler *O capital*", em *Método dialético e teoria política* (4. ed., Rio de Janeiro, Paz e Terra, 1989), p. 62-80.

[58] Michael Löwy chegou a conhecer Louis Althusser, por intermédio de Régis Debray, num café em Paris, segundo conversa pessoal com o autor.

[59] Aliás, foi justamente com um projeto sobre a sociologia do conhecimento que Michael Löwy foi aceito para integrar o Centre National de Recherches Scientífiques (CNRS), em Paris, instituição ao qual ele se mantém vinculado até hoje. Na sequência da aprovação no concurso do CNRS, veio *As aventuras de Karl Marx contra o Barão de Münchhausen*, publicado originalmente na França com o título original de *Paysages de la verité: introduction à une sociologie critique de la connaissance* (Paris, Anthropos, 1985).

humanista do marxismo. Ademais, incorpora também algumas contribuições de Karl Mannheim (em especial, de *Ideologia e utopia*, de 1929), a fim de elaborar a possibilidade de uma interpretação historicista do marxismo, no sentido definido por Gramsci. Desde então, começa a se tornar evidente uma característica fundamental do itinerário de Michael Löwy: o intenso e frutífero diálogo, de um ponto de vista dialético, com correntes teóricas exteriores ao marxismo, retomando uma característica também presente no marxismo acadêmico paulista e no marxismo ocidental, de forma geral.

É nesse período, a partir do fim da década de 1960, que, num âmbito mais propriamente político, Löwy ingressa nas fileiras da Ligue Communiste Révolutionnaire (LCR), seção francesa da Quarta Internacional[60]. A relação de Löwy com a obra de Trotski não era recente, tampouco uma novidade: as ideias do revolucionário russo já faziam parte de sua formação desde sua militância em organizações da esquerda socialista que se opunham à política da "revolução por etapas" defendida pelo Partido Comunista Brasileiro (PCB), em cuja base estava uma visão da história como sucessão de etapas rigidamente pré-determinadas. Löwy vê em Trotski, já naquele momento, elementos para uma concepção dialética – e não linear – da história, na contramão das tentativas patrocinadas pelo marxismo "oficial" de determinar as condições objetivas da revolução a partir do nível nacional de desenvolvimento das forças produtivas. Se o capitalismo é uma só totalidade dialética, não se pode "medir" a intensidade revolucionária pelo grau de desenvolvimento das forças produtivas de um país isolado. Sob as tormentas da etapa imperialista do capitalismo, a política revolucionária não coincide mecanicamente com o grau de evolução das forças de produção.

Demonstrando a inexistência de burguesias com vocação revolucionária, desde pelo menos os massacres pós-revolução de 1848 ("o pecado original da burguesia", como dizia Sartre[61]), e, em especial, após a emergência do imperialismo, Trotski reivindicava a atualidade (e não iminência!) da revolução socialista inclusive nos países periféricos, nos quais o desenvolvimento das forças produtivas capitalistas ainda não havia chegado ao seu "limite". Ora, por trás dessa querela política que Trotski decifrou como poucos, antes mesmo do próprio Lenin, Michael Löwy vislumbra a existência de uma contribuição metodológica de imenso valor: a teoria do desenvolvimento desigual e combinado, alicerce implícito da teoria da revolução permanente. Para ele,

---

[60] Criada em 1969 com o nome Ligue Communiste Révolutionnaire, a LCR dissolveu-se em 2009 para encampar a proposta de um Nouveau Parti Anticapitaliste (NPA). Löwy acompanhou, portanto, boa parte dessa trajetória.

[61] Cf. Dolf Oehler, *O velho mundo desce aos infernos: autoanálise da modernidade após o trauma de junho de 1848 em Paris* (São Paulo, Companhia das Letras, 1999), p. 23.

A teoria do desenvolvimento desigual e combinado é interessante não apenas por sua contribuição à reflexão sobre o imperialismo, mas também como uma das tentativas mais significativas de romper com o evolucionismo, a ideologia do progresso linear e o eurocentrismo.[62]

Como se vê, Löwy reconhece em Trotski um legítimo representante do marxismo dialético, não somente por sua militância revolucionária permanente, mas também por suas contribuições teóricas e metodológicas, que escapam ao economicismo da Segunda e Terceira Internacionais. Antes de Lukács em *HCC*, Trotski já teria desautorizado o marxismo economicista através da centralidade conferida à categoria da totalidade. "O que distingue, do ponto de vista metodológico, o marxismo de Trotski daquele dominante na Segunda Internacional é, antes de tudo, a categoria da *totalidade* – segundo Lukács, o princípio revolucionário por excelência no domínio do conhecimento".[63]

A categoria antieconomicista da totalidade constitui, então, na obra teórica de Trotski, o pressuposto de uma reflexão dialética, não linear e aberta da história, capaz de penetrar na dinâmica concreta das formações sociais analisadas, relacionando-as aos desdobramentos cada vez mais universais do capitalismo imperialista[64].

Todavia, o "trotskismo" de Michael Löwy, como não poderia deixar de ser, é seletivo, acima de tudo porque ele sempre se articulou com o luxemburguismo politicamente preponderante desde seus tempos de juventude. Em uma recente correspondência com John Holloway, de 2002, Löwy assim se apresenta: "Sou, e tenho sido durante os últimos trinta anos, um membro – 'militante' – da Quarta Internacional", mas "não me defino como 'trotskista' porque, apesar de minha admiração por Lev Davidovitch Bronstein (Trotski), extraio minha inspiração política sobretudo de Rosa Luxemburgo"[65].

Ao defender algumas das críticas de Rosa aos bolcheviques, Löwy rejeita, ao mesmo tempo, o ultrabolchevismo e o "excessivo otimismo" que demarcaram o percurso de significativa parcela do movimento trotskista mundial. Diz Löwy:

---

[62] Michael Löwy, "A teoria do desenvolvimento desigual e combinado", em Michael Löwy e Daniel Bensaïd, *Marxismo, modernidade e utopia*, cit., p. 160.

[63] Ibidem, p. 161.

[64] Diz Trotski: "o desenvolvimento da Rússia é, antes de tudo, notável pelo seu atraso. Mas atraso histórico não implica uma simples repetição do curso dos países adiantados, um ou dois séculos depois. Antes, resulta de uma formação social 'combinada' inteiramente diversa, na qual as mais altas realizações da técnica e da estrutura capitalistas, em relações sociais de barbarismo feudal e pré-feudal, transformando-as e dominando-as, para a constituição de uma única relação de classes". Cf. Leon Trotski, "As três concepções da revolução russa", em *Stálin: o militante anônimo*, v. 1 (São Paulo, Ched, 1980), p. 18.

[65] Michael Löwy e John Holloway, "La cuestión del poder puesta en debate", *Herramienta*, Buenos Aires, n. 23, 2003.

Acho que Rosa Luxemburgo teve razão em sua fraternal crítica de 1918 às práticas autoritárias e pouco democráticas dos dirigentes bolcheviques, a começar por Lenin e Trotski, mas mesmo assim acho que Trotski deu uma grande contribuição ao marxismo no século XX, que merece ser resgatada: a teoria da revolução permanente nos países capitalistas periféricos, a crítica da burocracia stalinista e o método do programa de transição são propostas que guardam uma surpreendente atualidade, apesar de – ou graças a – tudo o que aconteceu no mundo desde 1989. [...] Sem esquecer aquele belo manifesto de 1938 sobre a arte revolucionária, redigido com André Breton, que proclamava a necessidade de "um regime anarquista de liberdade ilimitada" no terreno da criação artística.[66]

Desse modo, Löwy recupera um Trotski que, além de apresentar similaridades com o Lukács de *HCC*, manifesta também algumas afinidades com Walter Benjamin, figura que aprofunda em novos termos a crítica da visão linear e "progressista" da história. Mas, enquanto Trotski se preocupa com as conclusões estratégicas dessa ruptura com o mecanicismo "etapista", ou seja, com a proclamação da necessidade da *revolução permanente* em todo o mundo capitalista, Benjamin rejeita em bloco o alicerce filosófico do culto moderno do progresso, reivindicando a necessidade de que a luta revolucionária implique, entre outros imperativos, a constituição de uma "nova escrita da história" e de uma "nova escuta do tempo"[67]. Mais que Trotski, portanto, Benjamin confere ampla densidade teórica à busca pela constituição de um marxismo em ruptura com o paradigma civilizatório capitalista moderno, tarefa fundamental nos tempos atuais.

Benjamin resistiu melhor que ninguém ao fetichismo do progresso e do desenvolvimento das forças produtivas que caracterizou diversas correntes do marxismo. O destino trágico de uma existência permeada pela melancolia (o *spleen* de Baudelaire) parece ter lhe permitido escutar o que parecia inaudível para os marxistas ditos oficiais, "cheios de pressa em traduzir as palavras insólitas de Marx numa linguagem familiar, que é forçosamente a da ideologia dominante"[68]. Walter Benjamin apresenta, por isso, um bom ponto de partida para a revitalização teórica do marxismo, num contexto que exige, precisamente, a ruptura com a crença no progresso e a apologia do padrão civilizatório capitalista. É esse o fio condutor da apropriação que Michael Löwy faz da obra do filósofo alemão, posicionando-o no enfrentamento dos desafios do presente e, assim, "atualizando-o" à luz das transformações do mundo contemporâneo.

---

[66] Em Ivana Jinkings e Emir Sader, "Entrevista com Michael Löwy", cit., p. 17.
[67] Daniel Bensaïd, *Marx, o intempestivo*, cit., p. 45.
[68] Ibidem, p. 15.

WALTER BENJAMIN E A CRÍTICA MARXISTA DO PROGRESSO

Walter Benjamin oferece a Michael Löwy, como já foi destacado, forte estímulo teórico para enfrentar os desafios de renovação do marxismo. Löwy vê em Benjamin um personagem essencial de uma empreitada muito mais ampla, que remete à necessidade do pensamento marxista de intensificar a sua crítica do capitalismo moderno, questionando inclusive o "discurso filosófico" que pretende sustentar a "racionalidade" do "progresso" histórico até então. Por isso, embora dialogue com o conjunto da obra de Benjamin (até mesmo com os ensaios de juventude, anteriores à adesão do autor ao marxismo), o texto decisivo nessa apropriação do repertório benjaminiano são as teses "Sobre o conceito de história", redigidas pouco antes do suicídio do autor, em 1940. Esse texto, que segundo Löwy "sintetiza" a crítica radical ("marxista-romântica") de Benjamin às "ideologias do progresso", constitui o suporte sobre o qual o autor franco-brasileiro pôde avançar qualitativamente em sua recusa de todo pensamento "identificado afetivamente" – como diria Benjamin – com a racionalidade burguesa-moderna.

O próprio Löwy sustenta que a "descoberta" de Walter Benjamin lhe possibilitou dar "um passo além do marxismo *goldmaniano-lukacsiano*"[1]. Em referência às teses "Sobre o conceito de história", os tributos são ainda maiores. Em livro inteiramente dedicado à "análise talmúdica – palavra por palavra, frase por frase" – das teses benjaminianas[2], ele assevera que seu "itinerário intelectual" pode ser dividido "em antes e depois da descoberta das teses *Über den Begriff der Geschichte* de Benjamin". Ainda conforme Löwy:

> Acima de tudo, a leitura das "teses" (em 1979) afetou minhas certezas, transformou minhas hipóteses, inverteu (alguns de) meus dogmas; em resumo, ela me obrigou

---

[1] Ângela de Castro Gomes e Daniel Aarão Reis, "Um intelectual marxista", cit., p. 177; grifos meus.
[2] Michael Löwy, *Walter Benjamin: aviso de incêndio – uma leitura das teses "Sobre o conceito de história"* (trad. Wanda Nogueira Caldeira Brant, São Paulo, Boitempo, 2005, Coleção Marxismo e Literatura).

a refletir *de outra maneira* sobre uma série de questões fundamentais: o progresso, a religião, a história, a utopia, a política. Nada saiu imune desse encontro capital.[3]

Não deve surpreender que Löwy atribua às teses formuladas por Benjamin uma importância decisiva na história do pensamento revolucionário. Para ele, elas representam o "documento mais significativo" do pensamento revolucionário desde as *Teses sobre Feuerbach*, de Marx[4].

Mas, muito além das autorreferências do autor em relação à importância de Benjamin em seu desenvolvimento teórico e político (certamente importantes, na medida em que revelam a forma através da qual o próprio Löwy concebe a sua trajetória), o fato é que a obra do filósofo alemão, em especial suas teses "Sobre o conceito de história", abriu novas perspectivas e horizontes temáticos para ele, permitindo-lhe que avançasse na tentativa de redefinir os parâmetros da crítica marxista contemporânea da modernidade realmente existente. E, para comprovar isso, mais interessante do que recorrer às ratificações do próprio Löwy sobre o impacto causado por Benjamin em seu itinerário[5] é tentar situar concretamente a importância de Benjamin em sua obra, possibilitando demonstrar os nexos entre seu marxismo lukacsiano-goldmaniano original e sua defesa cada vez mais radical da crítica marxista da modernidade capitalista contemporânea.

Nesse trajeto – em que a crítica da reificação de Lukács se articula com a recusa romântico-revolucionária de Benjamin das ideologias "contemplativas e reificadas" do progresso –, compreendem-se em suas múltiplas dimensões as especificidades da leitura marxista de Michael Löwy, especificidades que, evidentemente, entrelaçam-se às particularidades do capitalismo e das lutas sociais contemporâneas. Com Benjamin, Löwy pôde levar às últimas consequências a crítica lukacsiana da vida social moderna, ao mesmo tempo que lhe conferiu um caráter mais abrangente, capaz de intensificar a ruptura do marxismo com o "discurso filosófico da modernidade" e do progresso, ruptura que, em sua perspectiva, é uma condição *sine qua non* para a revitalização do marxismo contemporâneo.

---

[3] Ibidem, p. 39; grifos do original.

[4] As teses "Sobre o conceito de história" foram redigidas por Walter Benjamin em 1940, meses antes de seu suicídio, na fronteira da França com a Espanha. Estimulado diretamente pelo pacto germânico-soviético, pela eclosão da Segunda Guerra e pela ocupação nazista da Europa, o documento é portador, no entanto, como destaca Michael Löwy, de "um significado que supera, de longe, a constelação trágica que o fez nascer", colocando questões relativas a toda à modernidade. Cf. Michael Löwy, *Walter Benjamin: aviso de incêndio*, cit., p. 35.

[5] Como bem adverte Lucien Goldmann: "a intenção de um escritor e a significação *subjetiva* que para ele tenha sua obra nem sempre coincidem com a significação *objetiva*, frequentemente pouco consciente para seu próprio criador". Cf. Lucien Goldmann, "Introdução", em *Dialética e cultura*, cit., p. 8.

Por essas razões, Löwy concentra sua leitura na "filosofia da história" de Benjamin que, a rigor, constitui uma crítica radical à concepção abstrata da filosofia da história. Como toda leitura *ativa*, e, necessariamente *seletiva*, também a interpretação de Löwy da obra benjaminiana é marcada por preocupações e perspectivas singulares, que revelam ao mesmo tempo o *lugar* ocupado por Benjamin em seu itinerário. Mais do que um crítico literário ou um sociólogo da cultura, como querem muitos, Walter Benjamin é, antes de tudo, conforme a interpretação de Löwy, um filósofo, "que visa nada menos do que uma nova compreensão da história humana. Os escritos sobre arte e literatura podem ser compreendidos somente em relação a essa visão de conjunto que os ilumina a partir de dentro"[6]. É para essa "filosofia da história" radicalmente original que Löwy direciona a sua atenção e é nela que recolhe a principal fonte de inspiração para a defesa de uma crítica marxista do "progresso" capitalista moderno.

Dessa "nova compreensão da história humana", Löwy extrai também os principais argumentos teóricos de sua valorização das potencialidades críticas do romantismo. A ruptura benjaminiana da temporalidade abstrata é uma das bases da retomada de Löwy das virtualidades críticas do anticapitalismo romântico[7]. Para ele, além do mais, o romantismo está na raiz da recusa benjaminiana das ideologias do progresso[8]. Em sua conhecida conferência *A vida dos estudantes*, proferida em 1915 – ou seja, quando ainda estava distante do marxismo –, Benjamin já denunciava uma "tendência amorfa do progresso", presente em algumas concepções da história que confiam num "tempo considerado infinito" que "transcorre pelo caminho do progresso"[9]. Em sua fase de juventude, "utopia, anarquismo, revolução e messianismo estão alquimicamente combinados e articulados com uma crítica cultural neorromântica do 'progresso' e do conhecimento puramente científico/técnico"[10].

---

[6] Michael Löwy, *Walter Benjamin: aviso de incêndio*, cit., p. 14.

[7] Cf. Vincent Delecroix, "Les Temps romantique de Michael Löwy", em Vincent Delecroix e Erwan Dianteill, *Cartographie de l'utopie. L'Œuvre indisciplinée de Michael Löwy* (Paris, Sandre Actes, 2011), p. 117-30.

[8] Michael Löwy, "Revolution Against 'Progress': Walter Benjamin's Romantic Anarchism", *New Left Review*, Londres, n. 152, 1985.

[9] Walter Benjamin, "La vida de los estudiantes", em *La metafísica de la juventud* (Barcelona, Paidós, 1993), p. 117.

[10] Michael Löwy, *Redenção e utopia: o judaísmo libertário na Europa central – um estudo de afinidade eletiva* (trad. Paulo Neves, São Paulo, Companhia das Letras, 1989), p. 87. Sobre o interesse de Benjamin pela filosofia da história desde seus tempos de juventude, ver o depoimento de seu amigo Gershom Scholem, citado em *Walter Benjamin: a história de uma amizade* (São Paulo, Perspectiva, 1989), p. 41.

A partir de 1924, com sua adesão ao marxismo – fortemente inspirada pela leitura de *História e consciência de classe* e por sua relação com Asja Lacis –, essa dimensão romântica e messiânica, longe de desaparecer, se articula com o materialismo histórico, "assumindo assim", escreve Löwy "uma qualidade crítica que o distingue radicalmente do marxismo 'oficial' dominante na época"[11]. O "marxismo messiânico" de Benjamin integra ao materialismo histórico *estilhaços* românticos, blanquistas, libertários e fourieristas, articulando-os em torno de um "marxismo novo", purgado de toda crença cientificista nas leis da história[12].

A primeira manifestação dessa articulação singular é o livro *Rua de mão única*, redigido entre os anos de 1923 e 1926. Nesse conjunto de aforismos, tipograficamente concebidos, há uma passagem – um "alarme de incêndio" – que define bem a postura de Benjamin em face das potencialidades destrutivas e desumanas do "progresso":

> A história nada sabe da má infinitude na imagem dos dois combatentes eternamente lutando. O verdadeiro político só calcula em termos de prazos. E se a eliminação da burguesia não estiver efetivada até um momento quase calculável do desenvolvimento econômico e técnico, tudo está perdido. *Antes que a centelha chegue à dinamite, é preciso que o pavio que queima seja cortado.*[13]

Para Löwy, porém, é nos trabalhos da segunda metade da década de 1930 – condicionados pelo *Projeto das passagens* – que Walter Benjamin estabelece os fundamentos decisivos de sua "nova" concepção da história, lançando renovada luz sobre a necessidade de uma (auto)crítica radical do marxismo em relação às ideologias do progresso. Embora rejeite com veemência a hipótese de uma "ruptura" ou de um "corte" absoluto na trajetória de Benjamin do romantismo ao marxismo, Löwy afirma que "é sobretudo nos diferentes textos dos anos 1936-1940 que Benjamin desenvolverá sua visão da história, dissociando-se, de forma cada vez mais radical, das 'ilusões do progresso' hegemônicas no âmbito do pensamento de esquerda alemão e europeu"[14].

---

[11] Michael Löwy, *Walter Benjamin: aviso de incêndio*, cit., p. 22. Segundo palavras de Löwy: "O pensamento de Benjamin avança como um quadro de um artista que jamais apaga seus traços, mas os cobre a todo instante com uma camada nova de tinta, parecendo ora seguir o contorno dos primeiros esboços, ora ultrapassá-los em direção a uma forma inesperada". Cf. Michael Löwy, *Redenção e utopia*, cit., p. 86.

[12] Ibidem, p. 149.

[13] Walter Benjamin, *Obras escolhidas*, v. 2: *Rua de mão única* (trad. Rubens Rodrigues Torres Filho e José Carlos Martins Barbosa, São Paulo, Brasiliense, 2000), p. 45-6; grifos meus.

[14] Michael Löwy, *Walter Benjamin: aviso de incêndio*, cit., p. 29.

No *Projeto das passagens*, Benjamin ressalta a necessidade de se "demonstrar um materialismo histórico que aniquilou em si a ideia de progresso [...] Seu conceito fundamental não é o progresso e sim a atualização". Segundo ele, "a apresentação materialista da história traz consigo uma crítica imanente do conceito de progresso"[15]. Com essa perspectiva, Benjamin aprofundou a recomendação de Marx nos *Grundrisse*, que alertava para a necessidade de "não se tomar o conceito de progresso em sua forma habitual"[16]. Nostálgico do passado que sonha com o futuro, Benjamin recusa a crença em um progresso que resulta necessariamente das descobertas técnicas, do desenvolvimento das forças produtivas e da dominação crescente sobre a natureza. Contra a ilusão nefasta de "nadar no sentido da corrente" – comum à social-democracia e ao stalinismo –, o autor das *Passagens* contrapõe sua alegoria do progresso como tempestade e como catástrofe permanente: "o conceito de progresso deve ser fundamentado na ideia de catástrofe. Que 'as coisas continuem assim', eis a catástrofe"[17].

Para Walter Benjamin, um dos fundamentos básicos da constituição das ideologias do progresso é o predomínio de uma temporalidade abstrata, "vazia e homogênea", cuja função última é a legitimação do presente como o resultado *historicamente necessário* da *evolução* do passado. Como escreve na tese XIII sobre o conceito de história, "a representação de um progresso do gênero humano na história é inseparável da representação do avanço dessa história percorrendo um tempo homogêneo e vazio"[18]. Nesse contexto, a função do historiador historicista – perfeita expressão destas ideologias do progresso – resume-se à necessidade de mobilizar "a massa dos fatos para preencher o tempo homogêneo e vazio", segundo afirmou o filósofo alemão na tese XVII[19].

A burguesia guindou-se ao poder sob o signo da história, e, nesse sentido, sob a conivência e imponência do tempo. "Seus negócios serviam ao progresso. O progresso constituía seu negócio."[20] Daí sua adesão ao "poder da história": a racionalidade da história era a comprovação conceitual da racionalidade – agora absoluta – do próprio capitalismo. A astúcia da história havia promovido a burguesia ao poder, e a reprodução dessa dominação passava a ser, desde então, uma necessidade para a comprovação de que, enfim, o progresso instalara-se em definitivo: para a burguesia, "houve história, mas já não há mais", como disse Marx[21]. A

---

[15] Walter Benjamin, "Teoria do conhecimento, teoria do progresso", cit., p. 502.

[16] Cf. Daniel Bensaïd, *Marx, o intempestivo*, cit., p. 448.

[17] Walter Benjamin, "Teoria do conhecimento, teoria do progresso", cit., p. 515.

[18] Walter Benjamin, citado em Michael Löwy, *Walter Benjamin: aviso de incêndio*, cit., p. 116.

[19] Ibidem, p. 130.

[20] Daniel Bensaïd, *Marx, o intempestivo*, cit., p. 124.

[21] Karl Marx, *A miséria da filosofia* (trad. José Paulo Netto, São Paulo, Global, 1985), p. 115.

racionalidade da história só poderia ser, portanto, uma racionalidade decretada de maneira formal e abstrata, que anuncia o *progresso* como a decorrência necessária do avanço do tempo homogêneo e linear.

O passado transforma-se em prelúdio necessário de sua evolução posterior ao presente: "apenas os vitoriosos (no sentido daqueles cujas aspirações anteciparam a evolução posterior) são lembrados. Os becos sem saída, as causas perdidas e os próprios perdedores são esquecidos", como diz o historiador britânico E. P. Thompson[22]. Para emoldurar o presente como resultado da *necessidade histórica*, instaura-se a tentativa de conjugação de uma continuidade histórica que se reveste através da apologia do "fato consumado", como disse Auguste Blanqui, importante inspiração da crítica benjaminiana do progresso[23]. Em uma brilhante passagem de *Parque Central* – um de seus mais notáveis ensaios sobre Baudelaire –, Walter Benjamin afirma: "A *apreciação* ou apologia se esforça em encobrir os momentos revolucionários do curso histórico. Ela acalenta no coração o estabelecimento de uma continuidade [...]. Escapam-lhe as escarpas e os ressaltos que oferecem apoio àquele que deseje chegar além"[24].

A temporalidade abstrata e homogênea do "progresso", com o "estabelecimento de uma continuidade" histórica, constitui uma forma de racionalização da ordem estabelecida. O presente é agora tomado como absoluto e insuperável, enfim, eterno. Com a sociedade burguesa, o *novo* do progresso transforma-se na contínua reafirmação do estado de coisas existente. O fetiche do novo, que move a fantasmagoria mercantil – muito bem representada pela *moda* –, condiciona a constituição de um tempo que, na verdade, aparece como o retorno do sempre-igual. "Essa aparência do novo se reflete, como um espelho no outro, na aparência da repetição do sempre-igual."[25] A "novidade" das mercadorias recobre, na verdade, a ação de uma temporalidade mortífera que se impõe abstratamente aos homens. Para Benjamin, levando às últimas consequências as metáforas e ironias teológicas de Marx[26], uma

---

[22] Edward Palmer Thompson, *A formação da classe operária inglesa*, v. 1: *A árvore da liberdade* (trad. Denise Bottmann, Rio de Janeiro, Paz e Terra, 1987), p. 13.

[23] Cf. Miguel Abensour, "W. Benjamin entre melancolia e revolução. Passagens Blanqui", em *O novo espírito utópico* (Campinas, Editora da Unicamp, 1990), p. 276, e também Michael Löwy e Daniel Bensaïd, "Auguste Blanqui, comunista herege", *Margem Esquerda*, São Paulo, Boitempo, n. 10, 2007.

[24] Walter Benjamin, "Parque Central", em *Obras escolhidas*, v. 3: *Charles Baudelaire, um lírico no auge do capitalismo* (trad. José Carlos Martins Barbosa e Hemerson Alves Batista, São Paulo, Brasiliense, 1989), p. 152; grifos do original.

[25] Walter Benjamin, "Paris, capital do século XIX", em *Passagens*, cit., p. 48.

[26] A propósito, ver o artigo de Jorge Grespan, "Benjamin y las representaciones de la modernidad", *Herramienta*, Buenos Aires, n. 43, 2010, p. 25-32.

sociedade dominada por suas próprias fantasmagorias, como o capitalismo moderno, está circunscrita à repetição do *idêntico*, sob o signo de uma "teologia do inferno" a serviço do valor de troca.

Sob nítida inspiração de Blanqui, um dos primeiros a denunciar o "novo sempre velho" e o "velho sempre novo" que definem a vivência social moderna como "catástrofe permanente"[27], Walter Benjamin denuncia o *novo* como repetição infernal, como *tempo das repetições*. Diz ele: "A humanidade assume a figura de alma penada. Tudo o que ela puder esperar de novo se desvelará como realidade desde sempre presente; e esse novo será tão pouco capaz de lhe fornecer uma solução liberadora quanto uma nova moda o é de renovar a sociedade"[28]. Não por acaso, a falsa novidade do mundo das mercadorias só pode significar ao homem o declínio de sua experiência social, cada vez mais debelada pelos "caprichos teológicos" do fetichismo mercantil universal.

Diretamente afetados pelo declínio da experiência, os homens modernos transformam-se cada vez mais em *autômatos*, como se vê ora nos gestos repetitivos, vazios de sentido e mecânicos do trabalhador, ora no caráter reativo dos passantes da multidão descritos por Edgar Allan Poe e/ou E. T. Hoffmann[29]. De acordo com Löwy, "a *alegoria do autômato*, a percepção aguda e desesperante do caráter mecânico, uniforme, vazio e repetitivo da vida dos indivíduos na sociedade industrial, é uma das grandes iluminações que atravessam os últimos escritos de Benjamin"[30]. Explica-se, assim, o sentimento de melancolia (*spleen*) presente em Baudelaire, sentimento que, nas palavras de Benjamin, "corresponde à catástrofe em permanência"[31]. Em "O cisne", célebre poema de *As flores do mal*, Baudelaire afirmou:

> Paris mudou! Porém minha melancolia
> É sempre igual: torrões, andaimarias, blocos,
> Arrabaldes, em tudo eu vejo alegoria,
> Minhas lembranças são mais pesadas que socos.[32]

Com a consolidação da modernidade burguesa, o culto ao progresso significa, portanto, a defesa de um presente que, desde então, por seu caráter pretensamente

---

[27] Cf. Miguel Abensour, "W. Benjamin entre melancolia e revolução", cit., p. 280.
[28] Walter Benjamin, "Paris, capital do século XIX", cit., p. 54.
[29] Michael Löwy, "Walter Benjamin crítico do progresso: à procura da experiência perdida", em *Romantismo e messianismo*, cit., p. 194.
[30] Idem, *Redenção e utopia*, cit., p. 101.
[31] Walter Benjamin, "Parque Central", cit., p. 154.
[32] Charles Baudelaire, *As flores do mal* (trad. Ivan Junqueira, Rio de Janeiro, Nova Fronteira, 1985), p. 327. Aqui em tradução livre.

absoluto, aparece às classes oprimidas como dominação permanente, no passado e no tempo-de-agora. "A tradição dos oprimidos nos ensina que o 'estado de exceção' no qual vivemos é a regra. Precisamos chegar a um conceito de história que dê conta disso."[33]

3.1. A tradição dos oprimidos na contramão da temporalidade "vazia e homogênea" do progresso

Exatamente por isso, a ruptura com a temporalidade linear do *continuum* histórico "oficial" (ou seja, com a concepção histórica que confirma a vitória das classes dominantes ao longo do tempo) e a construção de outra concepção do tempo e da história – a partir da memória coletiva da *tradição dos oprimidos* – constituem, ainda hoje, uma dimensão fundamental dos processos de resistência prática e teórica das classes subalternas à dominação do capital e do fetichismo do progresso. "Interromper o curso do mundo – esse era o desejo mais profundo em Baudelaire."[34] Para Walter Benjamin, rompido o fetiche do culto moderno ao progresso, o passado não significa mais uma objetividade petrificada, um conjunto de "fatos" cuja evolução legitima a história dos vencedores do presente. Ao contrário: ele permanece aberto, e sua rememoração se vincula à capacidade das classes subalternas do presente de resgatar a tradição dos oprimidos.

> Articular o passado historicamente não significa conhecê-lo "tal como ele propriamente foi". Significa apoderar-se de uma lembrança tal como ela lampeja num instante de perigo. [...] O perigo ameaça tanto o conteúdo dado da tradição quanto os seus destinatários. Para ambos o perigo é único e é o mesmo: deixar-se transformar em instrumento da classe dominante.[35]

Para Benjamin, "os dominantes do presente são os herdeiros de todos os que, algum dia, venceram. [...] Todo aquele que, até hoje, obteve a vitória, marcha junto no cortejo de triunfo que conduz os dominantes de hoje a marcharem por cima dos que, hoje, jazem por terra"[36]. Como consequência, tal como o presente o passado também é um terreno fundamental da luta de classes: a rememoração histórica das lutas das classes subalternas do passado comporta em si um aspecto decisivo do enfrentamento teórico e prático contra a objetividade reificada da

---

[33] Walter Benjamin citado em Michael Löwy, *Walter Benjamin: aviso de incêndio*, cit., p. 83.
[34] Walter Benjamin, "Parque Central", cit., p. 160.
[35] Walter Benjamin citado em Michael Löwy, *Walter Benjamin: aviso de incêndio*, cit., p. 65.
[36] Ibidem, p. 70.

história dos vencedores do presente, transmitida pela herança dos "bens culturais" da humanidade[37].

Daí que, para o filósofo alemão, a *tarefa* por excelência do materialista histórico seja *escovar a história a contrapelo*, subvertendo, a partir do presente, a racionalidade contemplativa das narrativas do progresso, cujos representantes se "identificam afetivamente" com as classes dominantes, como diz na tese VII sobre o conceito de história[38]. O recurso às tradições revolucionárias dos vencidos do passado possibilita a "quebra" da continuidade histórica dos vencedores. Não mais um progresso que percorre um tempo homogêneo e linear, a história torna-se, então, a história da luta de classes e, sobretudo, a história da resistência das classes subalternas do passado ao caráter destrutivo do progresso em marcha. Rememorado, o passado é introduzido no presente de tal forma que a emancipação do agora manifesta uma dupla libertação: dos vencidos do passado e do presente. No "tempo entrecruzado" que Benjamin viu na obra de Marcel Proust, "o passado se reflete no instante"[39], validando a sua presença e a sua possível "salvação" no presente[40].

É nesse sentido que, segundo Walter Benjamin, o presente "atualiza" o passado, arrancando a tradição do conformismo que dele busca se apoderar. Mais do que a rememoração melancólica e passiva dos sofrimentos vividos pelos vencidos da história, a aproximação com o passado orienta-se pelas lutas das classes subalternas do presente, que buscam ainda hoje *realizar as esperanças pretéritas*. Em carta a Arnold Ruge de 1843, Marx ressaltou essa dimensão qualitativa do tempo, destacando a possibilidade de uma relação ativa com o passado. Em suas palavras, "não se trata

---

[37] "Nunca há um documento da cultura que não seja, ao mesmo tempo, um documento da barbárie", diz Benjamin na tese VII (idem). Com essa afirmação, o filósofo alemão acena para uma concepção dialética da cultura: o progresso transmitido pelos tesouros culturais coincide com a mobilização histórica permanente da barbárie. Esta a razão pela qual Benjamin conclama o materialismo histórico a desconfiar dos pretensos "tesouros culturais" da humanidade; para ele, esses "tesouros" não são mais do que "restos mortais provocados pelos vencedores na procissão triunfal, despojos que tem por função confirmar, ilustrar e validar a superioridade dos poderosos". Cf. Michael Löwy, "'À rebrousse-poil'. La Conception dialectique de la culture dans les thèses de Walter Benjamin (1940)", *Les Temps Modernes*, Paris, Gallimard, n. 575, 1994 [ed. bras.: "'A contrapelo'. A concepção dialética da cultura nas teses de Walter Benjamin (1940)", *Lutas Sociais*, trad. Fabio Mascaro Querido, São Paulo, n. 25-26, 2010-2011, p. 22].

[38] Walter Benjamin citado em Michael Löwy, *Walter Benjamin: aviso de incêndio*, cit., p. 70.

[39] Walter Benjamin, "A imagem de Proust", em *Obras escolhidas*, v. 1: *Magia e técnica, arte e política: ensaios sobre literatura e história da cultura* (7. ed., trad. Sérgio Paulo Rouanet, São Paulo, Brasiliense, 1994), p. 45.

[40] Cf. Jeanne Marie Gagnebin, "Prefácio: Walter Benjamin ou a história aberta", em Walter Benjamin, *Obras escolhidas*, v. 1: *Magia e técnica, arte e política*, cit., p. 15-6.

de traçar uma reta do passado ao futuro, mas de realizar as ideias do passado"[41]. Na temporalidade *revolucionária* das lutas e das resistências dos oprimidos, o presente redime o passado, pois "só a redenção do passado permite a ruptura com a temporalidade abstrata, com o mito do progresso"[42].

O primado político do presente constitui, na concepção de história de Walter Benjamin, uma forma de ruptura com a objetividade reificada da temporalidade abstrata do progresso: "a citação do passado a comparecer contradiz o postulado de um tempo irreversível e não modificável. A história crítica não pode anular aquilo que foi, mas pode redistribuir-lhe o sentido", como bem observou Daniel Bensaïd[43]. Desde o presente, "a história é objeto de uma construção, cujo lugar não é formado pelo tempo homogêneo e vazio, mas por aquele saturado pelo tempo-de-agora (*Jetztzeit*)", disse Walter Benjamin na tese XIV sobre o conceito de história[44]. Eis porque, para o filósofo alemão, "o materialista histórico não pode renunciar ao conceito de um presente que não é transição, mas no qual o tempo estanca e fica imóvel (*Stillstand*). Pois esse conceito define exatamente o presente em que ele escreve a história para si mesmo"[45]. O presente – ou "tempo-de-agora" – torna-se assim momento de *seleção dos possíveis*, sob o qual se encontram as possibilidades de rememoração do passado e de *despertar* para um novo futuro. É a luta de classes do presente que define as possibilidades de interrupção revolucionária do curso do mundo e, nesse sentido, de redenção dos vencidos do passado.

No capitalismo, as lutas das classes subalternas assumem um antagonismo que, no limite, é também uma forma de temporalidade negativa e subversiva que resiste ao tempo e ao trabalho abstrato do capital. Um dos objetivos máximos da luta dos oprimidos e dos explorados é interromper a dominação abstrata do tempo: "a consciência de fazer explodir o contínuo da história é própria das classes revolucionárias no instante de sua ação", assinalou Benjamin na tese XV[46]. Não por acaso, a revolução social apresenta-se como a luta radical contra a subordinação ao tempo linear e abstrato. A "temporalidade messiânica" das revoluções – como dizia Benjamin – enfrenta diretamente o tempo objetivado do capital: ela constitui uma ruptura radical com o tempo homogêneo do progresso. "A sociedade de classes não é o objetivo final do progresso na história, e sim sua interrupção muitas vezes fra-

---

[41] Karl Marx, *Los anales franco-alemanes* (Barcelona, Martínez Roça, 1970), p. 69. Aqui em tradução livre.

[42] Sergio Tischler, "Tiempo de la reificación y tiempo de la insubordinación", *Herramienta*, Buenos Aires, n. 25, 2004, p. 132. Aqui em tradução livre.

[43] Daniel Bensaïd, *Marx, o intempestivo*, cit., p. 130.

[44] Walter Benjamin citado em Michael Löwy, *Walter Benjamin: aviso de incêndio*, cit., p. 119.

[45] Ibidem, p. 128.

[46] Ibidem, p. 123.

cassada e finalmente alcançada."[47] Interrompendo o curso do mundo, as revoluções desqualificam os modelos teleológicos de uma história pretensamente universal.

Entre outras coisas, estes requisitos garantem a Benjamin, na óptica de Löwy, uma atualidade renovada, particularmente no que se refere aos debates sobre o ecossocialismo. Acima de tudo, porque o filósofo alemão possibilita a reinterpretação histórica do capitalismo a partir da resistência de forças distintas do progresso, o que constitui um imperativo vital para a revitalização ecossocialista do marxismo[48]. Essa postura implica o rechaço radical das tentativas – outrora sustentadas pelo marxismo vulgar – de legitimar a "necessidade" histórica do "progresso" das forças produtivas capitalistas, a despeito dos desastres humanos e ecológicos que acompanham esse processo.

Sensível à dimensão potencialmente bárbara do progresso capitalista, Walter Benjamin questionou a propensão destrutiva da dominação capitalista da natureza, assim como a concepção de trabalho (e de tempo) que lhe acompanha. Nas teses "Sobre o conceito de história", Benjamin critica o conceito de trabalho que "só quer se aperceber dos progressos da dominação da natureza, mas não dos retrocessos da sociedade", afirmando, por contraste ao marxismo vulgar – de inspiração tecnocrática e positivista –, a necessidade de um novo pacto entre os seres humanos e seu meio ambiente[49]. Em *Rua de mão única*, Benjamin também havia condenado como um "ensino imperialista" a ideia da dominação da natureza, propondo um novo conceito de técnica como "dominação da relação entre natureza e humanidade"[50]. Para o filósofo alemão, a exaltação do trabalho e da indústria é um dos traços decisivos do culto ao progresso técnico, "que reduz a natureza a uma matéria-prima da indústria, a uma mercadoria 'gratuita', a um objeto de exploração ilimitada", conforme afirma Michael Löwy[51].

Benjamin criticou duramente a ideologia do trabalho na social-democracia alemã, cuja crença no desenvolvimento técnico ignorou o fato de que esse progresso "está decisivamente condicionado pelo capitalismo", desconhecendo o seu lado destrutivo[52]. Para ele, "não há nada que tenha corrompido tanto o operariado alemão quanto a crença de que ele nadava com a correnteza. O desenvolvimento técnico parecia-lhe o declive da correnteza em cujo sentido acreditava nadar[53].

---

[47] Walter Benjamin, "Paris, capital do século XIX", cit., p. 30.

[48] Renán Vega Cantor, *El caos planetario*, cit., p. 155.

[49] Walter Benjamin citado em Michael Löwy, *Walter Benjamin: aviso de incêndio*, cit., p. 100.

[50] Walter Benjamin, *Rua de mão única*, cit., p. 169.

[51] Michael Löwy, *Walter Benjamin: aviso de incêndio*, cit., p. 105.

[52] Walter Benjamin, "Eduard Fuchs, collectionneur et historien", em *Œuvres III* (Paris, Gallimard, 2000), p. 184.

[53] Walter Benjamin citado em Michael Löwy, *Walter Benjamin: aviso de incêndio*, cit., p. 100.

Na contramão da secularização do culto protestante do trabalho alienado, Walter Benjamin retoma os sonhos fantásticos de Fourier, nos quais vislumbra indícios de uma outra relação com a natureza, de um conceito de "trabalho que, longe de explorar a natureza, é capaz de dar à luz as criações que dormitam como possíveis em seu seio", como diz nas teses "Sobre o conceito de história"[54]

Ao criticar a ação corrosiva do tempo do trabalho abstrato que transforma o homem e o trabalhador modernos em "autômatos", Benjamin "antecipou" alguns temas centrais da reflexão e da práxis ecossocialista contemporânea. Em sua obra, pode-se perceber uma espécie de consciência ecossocialista *avant la lettre*, capaz de iluminar como um relâmpago novas potencialidades da crítica anticapitalista do progresso[55].

De uma perspectiva a um só tempo política e metodológica, Michael Löwy recupera em Walter Benjamin elementos profícuos à potencialização de uma concepção radicalmente aberta da história. Este é um dos fundamentos da importância e, mais ainda, da atualidade de Walter Benjamin no mundo contemporâneo, em um momento em que retornam com relativa força desmobilizadora as ideias correntes sobre o "fim da história" e/ou sobre a derrocada definitiva dos "grandes relatos" emancipadores. A partir das encruzilhadas do presente, Löwy busca encontrar no filósofo alemão aspectos para a "reabertura da história". Para o autor franco-brasileiro, por exemplo, "as teses de 1940 constituem uma espécie de manifesto filosófico – em forma de alegorias e de imagens dialéticas mais do que de silogismos abstratos – para *a abertura da história*", ou seja, "para uma concepção do processo histórico que dá acesso a um vertiginoso campo dos possíveis, uma vasta arborescência de alternativas, sem no entanto cair na ilusão de uma liberdade absoluta: as condições 'objetivas' são também condições de possibilidade"[56].

Com essa visão aberta da história – que rompe em definitivo com o otimismo fatalista predominante no marxismo (ortodoxo ou dissidente) da época –, Walter Benjamin formulou, segundo Löwy, um "marxismo novo, herético", que pode ser definido como um "marxismo da imprevisibilidade". Nas palavras do autor:

> Se a história é aberta, se o "novo" é possível, é porque o futuro não é conhecido antecipadamente; o futuro não é o resultado inevitável de uma evolução histórica dada,

---

[54] Idem.

[55] A propósito da "atualidade ecossocialista" de Walter Benjamin, ver Michael Löwy, "La Révolution est le frein d'urgence. Actualité politico-écologique de Walter Benjamin", em *Ecosocialisme. L'Alternative radicale à la catastrophe écologique capitaliste* (Paris, Mille et Une Nuits, 2011); Michael Löwy, "Préface: Walter Benjamin critique de la civilisation", em Walter Benjamin, *Romantisme et critique de la civilisation* (Paris, Payot, 2010); e também Fabio Mascaro Querido, "Revolución y (crítica del) progreso: la actualidad ecosocialista de Walter Benjamin", *Herramienta*, Buenos Aires, n. 43, 2010, p. 47-58.

[56] Michael Löwy, *Walter Benjamin: aviso de incêndio*, cit., p. 147; grifos do original.

o produto necessário e imprevisível de leis "naturais" da transformação social, fruto inevitável do progresso econômico, técnico e científico – ou o que é pior, o prolongamento, sob formas cada vez mais aperfeiçoadas, do mesmo, do que já existe, da modernidade realmente existente, das estruturas econômicas e sociais atuais.[57]

Em outras palavras, se a realidade social é resultado da práxis humana, se o homem é quem faz – sob condições dadas – a história, como mostrou Marx nas *Teses sobre Feuerbach*, nem o presente nem o futuro podem ser previstos "cientificamente": eles revelam um aspecto irredutível, contingencial, de liberdade e de escolha humana, cuja práxis manifesta a existência de vários caminhos possíveis, de múltiplas bifurcações históricas. E isso, nem tanto pela deficiência dos métodos "científicos", mas, acima de tudo, pelo caráter parcialmente imprevisível da ação humana. A história permanece aberta, e sua constituição "objetiva" sempre provisória vincula-se às transformações dos conflitos e das lutas sociais entre as classes antagônicas; por isso, a interrupção do *continuum* aparentemente fechado da história dos vencedores depende da práxis das classes subalternas, práxis que deriva de uma *aposta* cuja vitória é incerta. É na práxis revolucionária, por mais incerta e imprevisível que seja, que Benjamin vislumbra a possibilidade de superação da catástrofe: "A história aberta quer dizer, então, do ponto de vista político, considerar a possibilidade – não a inevitabilidade – das *catástrofes* por um lado, e de grandes movimentos *emancipadores*, por outro"[58].

É precisamente nessa nova forma de conceber o discurso sobre a história que Michael Löwy concentra a sua interlocução com a obra de Benjamin, extraindo daí as bases para o questionamento radical das concepções lineares, reducionistas e *fechadas* da história. Com essa leitura, Löwy se aproxima da tentativa de Daniel Bensaïd (autor com o qual manteve estreitas relações políticas e intelectuais) de buscar em Benjamin elementos que contribuam para ver em Marx uma "nova escrita da história" e, articulada a esta, uma "nova escuta do tempo". Em *Walter Benjamin, sentinelle messianique*[59] e na primeira parte do magistral *Marx l'intempestif: grandeurs et misères d'une aventure critique (XIXᵉ, XXᵉ siècles)*, Bensaïd se apoia em Benjamin para reler Marx e a tradição marxista a partir da crítica radical da "razão" e da "norma" históricas.

Em sua autobiografia *Une lente impatience*, Daniel Bensaïd afirma que "o messias intempestivo de Benjamin vem despertar Marx de um longo sonho

---

[57] Ibidem, p. 149.
[58] Ibidem, p. 151-2.
[59] Daniel Bensaïd, *Walter Benjamin, sentinelle messianique: à la gauche du possible* (Paris, Plon, 1990); grifos do original.

dogmático"⁶⁰. Sob a mediação de Benjamin, torna-se possível reconhecer na obra de Marx a primeira expressão de uma "nova escrita da história", que desconstrói a panaceia metafísica da história universal, marcada por etapas determinadas de desenvolvimento. Teórico da luta e da política revolucionárias, Marx rompe, para Bensaïd, com as filosofias especulativas da história em direção a uma concepção do presente que não é um simples "elo no encadeamento mecânico dos efeitos e das causas, mas uma atualidade repleta de possíveis, onde a política supera a história na decifração de tendências que não fazem lei"⁶¹.

Na opinião de Daniel Bensaïd, ao percorrer a lógica irregular da produção, circulação e reprodução global do capital, Marx:

> Põe em ação uma nova representação da história e uma organização conceitual do tempo como relação social: ciclos e rotações, ritmos e crises, movimentos e contratempos estratégicos. A antiga filosofia da história extingue-se, por um lado, na crítica do fetichismo mercantil, e, por outro, na subversão política da ordem estabelecida.⁶²

A nova escrita da história, anunciada por Marx, constitui uma ruptura tanto com o "tempo sagrado da salvação" quanto com o "tempo abstrato da física": o tempo "não é mais o motor da história, seu princípio secreto dinamizado em força, mas a relação social conflitual da produção e da troca"⁶³.

Porém, embora reconheça o amplo espectro dessa "crítica da razão histórica" – "vasta causa, para onde confluem e misturam-se às vezes, sem deixar de se combaterem, crítica mística e crítica profana, crítica romântica e crítica revolucionária"⁶⁴ –, Daniel Bensaïd não parece partilhar do mesmo entusiasmo de Löwy pelas raízes românticas da recusa benjaminiana das ideologias do progresso. Diz ele: "Eu não estou totalmente de acordo com o modo pelo qual Michael Löwy valoriza sem balanço o romantismo como protesto contra a modernidade capitalista"⁶⁵. Mais interessado na reconstituição da política como lócus da estratégia revolucionária – como se vê em *Éloge de la politique profane*, um de seus últimos textos –, Bensaïd ressalta sobretudo a dimensão não utópica da recomposição de uma política da luta de classes, na qual a ação e a imaginação humanas assumem perspectiva

---

⁶⁰ Nesse livro, Bensaïd refere-se a Michael Löwy como seu "velho cúmplice em heresias messiânicas". Ver Daniel Bensaïd, *Une lente impatience* (Paris, Stock, 2004), p. 403.

⁶¹ Daniel Bensaïd, *Marx, o intempestivo*, cit., p. 30.

⁶² Ibidem, p. 13.

⁶³ Ibidem, p. 109.

⁶⁴ Ibidem, p. 124.

⁶⁵ Daniel Bensaïd, "Quand l'histoire nous désenchante: entretien", em François Sabado (org.), *Daniel Bensaïd, l'intempestif* (Paris, La Découverte, 2012), p.170.

concreta, interrompendo na prática o fluxo histórico dos vencedores[66]. Mais do que inverter o sentido da abstração do progresso (recuperando os traços de um passado romantizado), o filósofo francês vê em Benjamin (e em Marx) aspectos importantes para se pensar a possibilidade de que a política revolucionária "passe à frente da história".

A ênfase de Michael Löwy na dimensão romântica da concepção benjaminiana da história é diretamente criticada por Jeanne Marie Gagnebin, especialista na obra do filósofo alemão. Em *História e narração em Walter Benjamin*, a filósofa discorda da tendência de Michael Löwy de ressaltar a dimensão nostálgica do autor alemão, em detrimento de sua abertura a um futuro ainda incerto, a um "novo" que, por enquanto, manifestou-se apenas em algumas breves interrupções do *continuum* histórico. Para Gagnebin, a matriz dessa perspectiva está em:

> Uma leitura por demais realista da *Urgeschichte* (história original, pré-história) na filosofia da história de Benjamin. Löwy insiste sobre o lado arcaizante desse conceito e, embora mencione a crítica de Adorno a este respeito, continua a defender este arcaísmo latente como uma contribuição decisiva e positiva para a teoria da história e da revolução em Benjamin.[67]

Segundo Gagnebin, nesse tipo de interpretação (que deve muito aos testemunhos de Gershom Scholem), "o lado nostálgico do pensamento de Benjamin, lado certamente presente ao longo de toda a sua obra, ganha um peso desmesurado em detrimento de sua dimensão exotérica, vanguardista e 'materialista'"[68]. Na opinião da autora, o conceito de "origem", em Benjamin, nada tem a ver com a ideia de "gênese", tal como leva a crer uma leitura apressada, inclusive a de Löwy[69]. A "origem" não é um começo cronológico, ou um paraíso perdido – como o "comunismo primitivo" –, cuja rememoração seria motivada pelo desejo nostálgico de retorno a uma origem matinal. Melhor dizendo, "a dinâmica da origem não se esgota na restauração de um estádio primeiro, quer que tenha realmente existido ou que seja somente uma projeção mítica no passado, porque também é inacabamento e abertura à história"[70]. Para Benjamin, a origem seria concebida como um "salto" (*Sprung*) para fora da sucessão cronológica niveladora à qual certa forma de

---

[66] Daniel Bensaïd, *Éloge de la politique profane* (Paris, Albin Michel, 2008).

[67] Jeanne Marie Gagnebin, *História e narração em Walter Benjamin* (São Paulo, Perspectiva, 2007), p. 8.

[68] Ibidem, p. 7.

[69] Ibidem, p. 16.

[70] Ibidem, p. 18.

explicação histórica nos acostumou, um "salto" que, nas teses "Sobre o conceito de história", o filósofo alemão designou como sendo a revolução[71].

O tema da restauração, que percorre toda a obra de Benjamin, "indica, certamente, a vontade de um regresso, mas também, e inseparavelmente, a precariedade deste regresso: só é restaurado o que foi destruído"[72]. Assim, se a "origem benjaminiana" representa, de fato, "uma retomada do passado", ela o é, na mesma medida, "abertura para o futuro, inacabamento constitutivo"[73]. A "origem" se inscreve na história, e por isso, nas palavras de Gagnebin, "não está ligada a um aquém mítico ou a um além utópico que deveria ser reencontrado apesar do tempo e da história"[74]. Nesse vínculo entre o conceito de "origem" e a reflexão benjaminiana sobre a modernidade, Jeanne Marie Gagnebin vê uma "tensão paradoxal" entre o reconhecimento do declínio da narração e a "afirmação enfática da necessidade política e ética da rememoração [...], portanto, da necessidade de uma outra escritura da história", tensão esta que se manifesta sobretudo nos escritos estéticos do autor[75].

Pode-se projetar em Benjamin, segundo a autora, um equilíbrio precário entre a constatação do esmaecimento de uma totalidade de sentido pressuposta (processo que já havia sido revelado pelo jovem Lukács em *A teoria do romance*) e a defesa política radical da rememoração coletiva dos "cacos da história". Para Gagnebin, ao destacar o declínio da experiência e da arte narrativa tradicional, Benjamin estaria menos preocupado com a lamentação dessa "harmonia perdida" (como em geral se lê seu texto sobre *O narrador*) do que com a busca por outra "narrativa" que poderia, aí sim, "salvar" o passado no presente e no futuro. É nessa dialética restauração-abertura que se inscreve a tentativa benjaminiana de traçar uma "arqueologia da modernidade", a fim de compreender não só o que foi perdido, mas também as novas possibilidades que podem se abrir. A nostalgia, se de fato existe, constitui tão somente um impulso para reconstruir no presente uma nova narrativa histórica. Nas palavras da autora: "Por certo, Benjamin não escapa, às vezes, a um tom nostálgico, tom comum, aliás, à maioria dos teóricos do 'desencantamento do mundo', quando evoca as 'comunidades' de outrora nas quais memória, palavras e práticas sociais eram compartilhadas por todos"[76]. Todavia,

> Sua visada teórica ultrapassa de longe esses acentos melancólicos. Ela se atém aos processos sociais, culturais e artísticos de fragmentação crescente e de secularização triunfante,

---

[71] Ibidem, p. 10.
[72] Ibidem, p.14.
[73] Idem..
[74] Ibidem, p. 19.
[75] Ibidem, p. 6.
[76] Ibidem, p. 56.

não para tentar tirar dali uma tendência irreversível, mas, sim, possíveis instrumentos que uma política verdadeiramente "materialista" deveria poder reconhecer e aproveitar em favor da maioria dos excluídos da cultura, em vez de deixar a classe dominante se apoderar deles e deles fazer novos meios de comunicação. Tal é, pelo menos, a exigência teórica e política que orienta as afirmações, muitas vezes ousadas, do ensaio sobre a reprodutibilidade técnica ou do pequeno texto "Experiência e pobreza".[77]

É sob esses pressupostos que se pode compreender, por exemplo, segundo Gagnebin, a fascinação de Benjamin por autores aparentemente díspares como Marcel Proust e Franz Kafka, escritores que, cada qual a seu modo, refletiram sobre esse processo de desagregação da "tradição", do passado e da memória. Enquanto em Proust o desejo de salvar o passado significa um testemunho da impossibilidade dessa empreitada, os romances de Kafka constituem a mais brilhante narrativa "moderna" (e não por acaso Lukács viu nele uma espécie de precursor *formal* das vanguardas modernas, em *Realismo crítico hoje*[78]) da impossibilidade de narrar. Ao comunicar sua própria desorientação como desmoronamento histórico da consistência da verdade, Kafka permite medir o avesso de uma redenção tão improvável como urgente[79].

Encontram-se aí, nesta constatação da emergência de uma nova forma de percepção humana, as principais razões da opção benjaminiana pela "alegoria", em cuja totalização sempre precária um autor como Baudelaire consegue revelar o abismo entre expressão e significação, cisão que torna impossível qualquer retorno à unidade orgânica (a "falsa aparência de totalidade") do "símbolo", completamente estilhaçada pela vida social moderna. Recusando a totalidade fechada do símbolo, a alegoria, em seus fragmentos (que explicam também a opção formal de Benjamin pela *montagem*), mostra a face mórbida – a *facies hippocratica* – da história. Segundo a autora,

> É essa morte do sujeito clássico e esta desintegração dos objetos que explicam o ressurgimento da forma alegórica num autor moderno como Baudelaire. Benjamin vê no capitalismo moderno o cumprimento dessa destruição. Não há mais sujeito soberano num mundo onde as leis do mercado regem a vida de cada um, mesmo daquele que parecia poder-lhes escapar: do poeta. Baudelaire reconhece que não pode mais ser o poeta independente, voz lírica cantando num mundo que o respeita em sua divina inspiração.[80]

---

[77] Idem.
[78] György Lukács, *La Signification présente du réalisme critique* (Paris, Gallimard, 1958).
[79] Ibidem, p. 69.
[80] Ibidem, p. 39.

Jeanne Marie Gagnebin reconhece em Baudelaire a postura do próprio Benjamin em face da modernidade. É essa apreensão "dialética" da modernidade que, de acordo com a autora, faz do poeta francês uma das primeiras expressões de uma crítica que, sem deixar de ser ela mesma moderna, questiona a "fantasmagoria" que percorre o mundo moderno.

> Baudelaire não é nem um poeta *kitsch* romântico que ficaria preso à nostalgia de um passado encantado, nem um esnobe triunfalista que se limitaria a celebrar cada novidade. Sua verdadeira modernidade consiste, segundo Benjamin, em ousar afirmar, com a mesma intensidade, o desejo e a impossibilidade da volta a esta origem perdida desde sempre.[81]

Desse modo, ao restituir a dimensão mais propriamente "modernista" de Benjamin – que inclui o seu entusiasmo por certas correntes da arte moderna –, Jeanne Marie Gagnebin contrapõe-se às leituras que enfatizam o aspecto romântico da obra do filósofo alemão. Se a modernidade é a eterna repetição do *idêntico*, ela é também, e na mesma medida, possibilidade para os homens se libertarem do mito da história dos vencedores e da herança cultural das classes dominantes. Mais do que o aceno permanente a um passado em que as alienações modernas ainda não existiam, a obra de Benjamin dirige-se à compreensão do presente, à reabertura desse presente em direção a outro futuro possível. Como observa Gagnebin, é por isso que "a exigência de rememoração do passado não implica simplesmente a restauração do passado, mas também uma transformação do presente tal que, se o passado perdido aí for reencontrado, ele não fique o mesmo, mas seja, ele também, retomado e transformado"[82].

Ora, concorde-se ou não com alguns dos pressupostos de Gagnebin, o fato é que os seus argumentos ajudam a problematizar a ênfase de Michael Löwy no romantismo da "filosofia da história" de Benjamin. Além disso, a interpretação de Jeanne Marie Gagnebin da obra benjaminiana fornece-nos um bom parâmetro a partir do qual se torna possível medir, por contraste, as diferenças entre a leitura de Löwy e as interpretações "materialistas" de Walter Benjamin. Essas diferenças se manifestam sobretudo quando comparamos as interpretações de Gagnebin e Löwy dos ensaios mais propriamente estéticos de Benjamin, em especial seus escritos de 1933 a 1935 (incluindo o polêmico "A obra de arte na era de sua reprodutibilidade técnica"[83]), ensaios caracterizados por forte tom materialista.

---

[81] Ibidem, p. 53.
[82] Ibidem, p. 16.
[83] Em *Obras escolhidas*, v. 1: *Magia e técnica, arte e política*, cit., p. 165-96. Ver também a segunda versão, de 1939, "L'Œuvre d'art à l'époque de sa reproductibilité technique", em *Œuvres III*, cit., p. 269-316.

A fim de sustentar o destaque conferido à dimensão romântico-messiânica da visão da história de Benjamin, Löwy não enxerga nesse período, de forma um tanto esquemática, senão um "parêntese progressista": "Durante um breve período 'experimental', entre 1933 e 1935, a época do Segundo Plano Quinquenal, alguns textos marxistas de Benjamin parecem próximos do 'produtivismo' soviético e de uma adesão pouco crítica às promessas do progresso tecnológico"[84]. Entre eles, destacam-se, além do já citado "A obra de arte na era de sua reprodutibilidade técnica", "Experiência e pobreza", de 1933, e "O autor como produtor", de 1934, ou seja, precisamente os textos mais valorizados por Gagnebin, na medida em que manifestam com maior intensidade a postura "moderna" e não romântica de Benjamin.

Assim, enquanto Jeanne Marie Gagnebin reconhece nesses ensaios a comprovação de que o materialismo benjaminiano estava bem distante de qualquer rejeição nostálgica da modernidade, Michael Löwy encontra neles a expressão de uma adesão momentânea a certo "progressismo" e de uma abertura às novas possibilidades da técnica, adesão que logo seria relativizada com o retorno das preocupações em torno da crítica radical da modernidade capitalista e do fetichismo da mercadoria – particularmente em seus ensaios sobre Baudelaire e no *Projeto das passagens*, sobretudo a partir de 1935. Com essa perspectiva, Michael Löwy contrapõe-se à grande parcela das interpretações "marxistas" (ou "marxicizantes") de Benjamin, que privilegiam exatamente os ensaios estéticos de 1933-1935, ensaios que, na opinião do autor franco-brasileiro, estão "mais próximos de um materialismo histórico 'clássico', se não ortodoxo"[85].

Na contramão dessa leitura de Benjamin, o eixo da interpretação de Michael Löwy é a nova concepção da história formulada pelo filósofo alemão, em particular a crítica radical das ideologias do progresso, razão pela qual ele tende a conferir um peso maior aos elementos críticos da modernidade existentes na obra benjaminiana. O próprio Löwy admite que, se faz a opção inversa daquela realizada por algumas leituras marxistas de Benjamin – que valorizam seus textos "materialistas" –, é "em função de meus próprios interesses, de minhas opções filosófico-políticas, e do ponto de vista da gênese das teses de 1940, que encontram sua inspiração principal em outros escritos"[86].

Toda leitura é seletiva e, portanto, sujeita a controvérsias. Com efeito, não surpreende que, do ponto de vista dos especialistas acadêmicos da obra de Benjamin, a interpretação de Löwy, ao fazer tábula rasa de textos tão consagrados do filósofo alemão – em benefício de uma ênfase deliberada e por vezes unilateral em sua dimensão romântico-revolucionária –, provoque incômodos, como demonstra

---

[84] Michael Löwy, *Walter Benjamin: aviso de incêndio*, cit., p. 26.
[85] Ibidem, p. 27.
[86] Idem.

a crítica de Jeanne Marie Gagnebin, no mais bastante amistosa. Na perspectiva de Löwy, é essa carga romântica do marxismo de Benjamin que, ainda hoje, faz-se viva e atual do ponto de vista das classes subalternas. É essa dimensão que pode potencializar a crítica marxista do progresso, crítica absolutamente atual em um momento em que este revela suas tendências mais destrutivas e desumanas. Por isso o retorno a Benjamin, visando resgatar precisamente esta nova concepção romântico-revolucionária da história. Para Michael Löwy, aliás, como já vimos, foi a capacidade de incorporar alguns estilhaços românticos e messiânicos em sua concepção da história que de fato determinou a importância de Benjamin para o marxismo. Foi esse legado que permitiu ao filósofo alemão estabelecer uma visão revolucionária da história, como crítica do progresso e do determinismo histórico. E assim o fez sem abandonar a tradição marxista, como insiste Löwy em várias ocasiões.

Por isso, diferente do materialismo mecanicista, o aspecto que mais interessa a Benjamin no materialismo histórico-dialético não é a contradição entre as forças produtivas e as relações de produção, mas, sim, a luta de classes, que ele encara sempre do ponto de vista dos vencidos, dos oprimidos da história. A crítica benjaminiana do progresso está estreitamente vinculada à centralidade da luta de classes; o olhar histórico sob a perspectiva da "tradição dos oprimidos" desautoriza qualquer crença na *astúcia* de um progresso que ocorre à revelia das regressões sociais e humanas dele decorrentes. Em texto sobre a cidade como lugar estratégico do enfrentamento de classes nas *Passagens* de Walter Benjamin, Michael Löwy define as formulações do filósofo alemão como "variação herética do materialismo histórico fundada (entre outros) em dois pontos essenciais": 1) uma atenção sistemática à luta de classes do ponto de vista dos vencidos; 2) "a crítica radical da ideologia do progresso, em sua forma burguesa, mas também em seus reflexos na cultura política da esquerda"[87]. Por isso, em sua análise da Paris "capital do século XIX", enquanto as barricadas são compreendidas como interrupções, por parte dos oprimidos em revolta, do curso habitual das coisas, o processo de haussmannização (1860-1870) constitui a "resposta" das classes dominantes à ameaça representada pelas classes subalternas, resposta cuja legitimação se realiza mediante a alegação da necessidade da modernização e do progresso. "Apresentada como uma operação de embelezamento, renovação e modernização da cidade, [a haussmannização de Paris] é, sob a óptica de Benjamin, um exemplo paradigmático do caráter mistificador da ideologia burguesa do Progresso."[88]

---

[87] Michael Löwy, "A cidade, lugar estratégico do enfrentamento das classes", *Margem Esquerda*, São Paulo, Boitempo, n. 8, 2006, p. 60.

[88] Ibidem, p. 64.

Em sua interpretação, Michael Löwy também busca destacar o caráter "moderno" da crítica benjaminiana do progresso e da modernidade. O romantismo-revolucionário de Benjamin, tal como o conjunto da visão social romântica, não constitui uma simples recusa nostálgica da modernidade, mas sim uma tentativa moderna, inspirada em valores do passado, de efetuar uma crítica radical da civilização capitalista. O pensamento de Benjamin significa, portanto, na opinião de Löwy, uma "*crítica moderna à modernidade* (capitalista/industrial), inspirada em referências culturais e históricas pré-capitalistas"[89]. Crítica que, ao mesmo tempo que não abdica da luta "moderna" pela emancipação, se opõe radicalmente às crenças abstratas e racionalistas no progresso. No cenário atual, o pensamento de Benjamin não seria, então, "nem 'moderno' (no sentido habermasiano) nem 'pós-moderno' (no sentido de Lyotard)"[90]. Sua concepção da história constitui uma forma heterodoxa de perspectiva emancipatória: "inspirando-se em fontes messiânicas e marxistas, ela utiliza a nostalgia do passado como método revolucionário de crítica do presente"[91].

Dessa forma, muitos dos argumentos utilizados por Gagnebin para sustentar que, em Benjamin, o resgate do passado pelo presente envolve o abandono de qualquer passadismo nostálgico são apresentados pelo próprio Löwy para destacar o caráter revolucionário do "marxismo-romântico" de Benjamin. Para Löwy, em sintonia com a leitura de Gagnebin, o passado não é, na visão benjaminiana da história, um paraíso perdido que deve ser recuperado "tal como efetivamente ocorreu". Acima de tudo, o passado constitui, para o filósofo alemão (conforme a interpretação de Löwy), uma "fonte de inspiração", um "combustível utópico" que contribui para a "iluminação" das lutas dos oprimidos do presente, em direção a uma "abertura para o futuro, inacabamento constitutivo", como coloca Gagnebin[92]. Diz Löwy: "O passado é iluminado pela luz dos combates de hoje, pelo sol que se levanta no céu

---

[89] Michael Löwy, *Walter Benjamin: aviso de incêndio*, cit., p. 15; grifo do original.

[90] "Um universitário pós-moderno que se interessa por Walter Benjamin reconhece que sua ideia de uma perda ou de algo inacabado no passado, que deve ser reparado no futuro, 'impede qualquer concepção do presente como agonístico' e é, então, contraditória com a conduta pós-moderna" (idem).

[91] Idem. Ver também Michael Löwy, "Les 'Thèses' de Walter Benjamin. Une critique moderne de la modernité", *Études*, Paris, SER, t. 377, 1992. Em um importante artigo sobre Benjamin, Habermas proclama a incompatibilidade entre a visão benjaminiana (antievolucionista) da história e o materialismo histórico; este último é incompatível, aos olhos de Habermas, com a crítica radical de Benjamin à ideia de progresso. Cf. Jürgen Habermas, "L'Actualité de Walter Benjamin. La Critique: prise de conscience ou préservation", *Revue d'Esthétique*, Paris, Privat, n. 1, 1981, p. 121.

[92] Jeanne Marie Gagnebin, *História e narração em Walter Benjamin*, cit., p. 14.

da história"[93]. Em Benjamin, passado e presente relacionam-se dialeticamente: "o presente ilumina o passado, e o passado iluminado torna-se uma força no presente"[94].

Além do que, mais do que enquadrá-lo na jaula de aço das especialidades acadêmicas, o objetivo de Löwy é "atualizar" a obra de Benjamin a partir das possibilidades do presente. Ele segue, assim, o próprio Benjamin, para o qual toda crítica é também uma forma de "atualização". Toda análise de obras e/ou autores do passado só pode se realizar como uma reinterpretação a partir do presente. Não por acaso, longe de ser um mero julgamento dogmático, a crítica representa a tentativa de recuperar o objeto (e o passado) não como um bloco monolítico fechado – e pronto a ser decifrado e descrito –, mas sim como ponto de partida para a reflexão subsequente, localizada num determinado contexto histórico-social. Já em 1916, Benjamin afirmou: "A verdadeira crítica não vai contra seu objeto; é como uma substância química que quando ataca a outra a decompõe para desvelar a natureza profunda, mas não a destrói"[95]. Anos depois, em sua tese de doutorado, assegurava: "A crítica preenche sua tarefa na medida em que, quanto mais cerrada for a reflexão, quanto mais rígida a forma da obra, tanto mais múltipla e intensivamente as conduza para fora de si, dissolvendo a reflexão originária numa superior e assim por diante"[96].

Em sua leitura de Benjamin, Michael Löwy adota, assim, critérios rigorosamente benjaminianos, traduzindo e deslocando "livremente" a obra do filósofo alemão para o enfrentamento dos desafios do pensamento e da práxis anticapitalista contemporânea. Löwy sabe que, como diria Benjamin, a crítica constitui, "em sua intenção central, não julgamento, mas antes, por um lado, acabamento, complemento, sistematização da obra, e, por outro, sua dissolução no absoluto"[97]. Como consequência, sua releitura de Benjamin busca "reabrir" os conceitos, tencionando-os conforme os desdobramentos do tempo-de-agora.

Daí, por exemplo, a marca inconfundivelmente latino-americana de sua perspectiva benjaminiana. Em quase todos os seus ensaios dedicados à leitura benjaminiana da história, Löwy utiliza exemplos da América Latina para ilustrar uma abordagem da história a partir do ponto de vista dos oprimidos[98]. Para ele, as reflexões de Benjamin

---

[93] Michael Löwy, *Walter Benjamin: aviso de incêndio*, cit., p. 60.

[94] Ibidem, p. 61.

[95] Walter Benjamin citado em Concha Fernández Martorell, *Walter Benjamin: crónica de un pensador* (Barcelona, Montesinos, 1992), p. 42.

[96] Walter Benjamin, *O conceito de crítica de arte no romantismo alemão* (trad. Márcio Seligmann-Silva, São Paulo, Iluminuras, 1993), p. 81.

[97] Ibidem, p. 85.

[98] Ver, por exemplo, Michael Löwy, "El punto de vista de los vencidos en la historia de América Latina: reflexiones metodológicas a partir de Walter Benjamin", em Miguel Vedda (org.), *Constelaciones dialécticas: tentativas sobre Walter Benjamin* (Buenos Aires, Herramienta, 2008), p. 81-90.

apresentam-se como uma referência importante, talvez decisiva, para a reflexão teórico-crítica (em especial marxista) sobre as lutas sociais protagonizadas pelos movimentos sociais contemporâneos na América Latina[99]. No âmbito da dialética entre passado, presente e futuro, que se apresenta nas lutas e nos movimentos sociais anticapitalistas na América Latina, a figura intelectual de Walter Benjamin – como um legítimo pensador da crise e da utopia – ganha novas dimensões revolucionárias nas lutas das classes subalternas contra a atual etapa do progresso. Como mostra Löwy, o cenário histórico contemporâneo, na América Latina, parece profícuo à realização de uma leitura radicalmente anticapitalista de Walter Benjamin, resgatando o compromisso político e ético do autor com a emancipação humana, aspecto que, embora essencial em sua trajetória, foi comumente menosprezado pela recepção europeia e norte-americana, como observou Miguel Vedda[100].

3.2. A história como catástrofe permanente ou a dialética do progresso

A insistência de Michael Löwy na necessidade de uma crítica radical do progresso como passo decisivo para a recusa de toda concepção fatalista do desenvolvimento histórico também é questionada pelo renomado intelectual marxista Alex Callinicos, em resposta a uma resenha ao seu livro *Theories and Narratives: Reflections on the Philosophy of History*, lançado em 1995 na Inglaterra, feita por Löwy. O debate, publicado originalmente na revista francesa *Critique Communiste*, em 1997, contribui de forma valiosa para melhor elucidar a leitura que o autor franco-brasileiro realiza de Walter Benjamin e de sua concepção "antiprogressista" da história. Além disso, a resposta de Callinicos lança luz sobre a hipótese de que, no limite, a insistência de Löwy na ideia da história como *catástrofe permanente* é contraditória em relação a uma compreensão genuinamente dialética do desenvolvimento histórico, na qual a emergência do capitalismo constitui "um progresso

---

[99] Aspectos da obra de Benjamin estão no centro de muitas das reflexões contemporâneas sobre os movimentos sociais contemporâneos na América Latina, como se pode ver em variadas publicações, seminários e debates acerca do tema. Destaca-se, nesse sentido, o III Seminário Internacional Políticas de la Memoria, com o tema "Recordando a Walter Benjamin. Justicia, historia y verdad. Escrituras de la memoria", que ocorreu em Buenos Aires, em outubro de 2010. Grande parcela dos textos apresentados no seminário almejava compreender temas decisivos das lutas sociais contemporâneas na América Latina à luz da concepção benjaminiana da história e do passado.

[100] Miguel Vedda, "Crisis y crítica. Notas sobre la actualidad de Walter Benjamin", *Herramienta*, Buenos Aires, n. 43, 2010, p. 8. Ressalto a "atualidade latino-americana" de Benjamin em Fabio Mascaro Querido, "Memoria colectiva y luchas sociales contemporáneas en América Latina: la tradición de los oprimidos en contra de la temporalidad abstracta del progreso", Anais do III Seminário Internacional Políticas de la Memoria, cit.

e uma catástrofe ao mesmo tempo", ou seja, "a melhor e a pior coisa que jamais ocorreu à humanidade", conforme observou Fredric Jameson[101].

Muito embora concorde com os argumentos centrais de Callinicos em defesa de uma concepção marxista da história, Michael Löwy, na contramão do relativismo linguístico de tipo pós-estruturalista, opõe-se à defesa do autor britânico de que o marxismo dispõe de uma "teoria forte do progresso", na qual o desenvolvimento histórico (das forças produtivas) é visto como potencialmente positivo ao bem-estar humano. Em nome da crítica radical do capitalismo moderno, Löwy rejeita qualquer teoria supra-histórica que garanta, por si só, a existência de um progresso necessário na história. Se o marxismo constitui, antes de tudo, uma crítica do presente, isto é, do capitalismo, não haveria porque querer extrair dele uma teoria "positiva" do progresso. Nas palavras de Löwy:

> Se acreditamos com Rosa Luxemburgo que o socialismo não é inelutável e que a crise do capitalismo pode conduzir à barbárie, se tomamos a sério (como disse Callinicos) as advertências de Walter Benjamin de que a finalidade do progresso pode ser a catástrofe, como é possível pretender que o progresso capitalista seja de alguma forma bem-vindo?[102]

De acordo com Löwy, a aceitação da ideia de progresso pode facilmente recair em uma "espécie de teleologia hegeliana para a qual a (inelutável) finalidade explica e justifica o curso da história", e na qual cada "regressão" é compreendida como momento necessário do "progresso" final[103]. É o que aconteceria com a tentativa de Callinicos de justificar, ao menos parcialmente, os textos de Marx (1853) sobre a colonização britânica na Índia, nos quais o autor alemão defende a empreitada colonizadora – apesar dos crimes e das catástrofes provocados contra a população do país – como uma espécie de "instrumento inconsciente da história" que, ao introduzir as forças de produção capitalistas, impulsionaria o dinamismo e o desenvolvimento histórico naquele país[104].

Em sua resposta a Löwy, Alex Callinicos afirma que a aceitação de um "progresso" no desenvolvimento histórico até o capitalismo, que assenta as condições materiais

---

[101] Fredric Jameson, *Pós-modernismo*, cit., p. 73.

[102] Michael Löwy em "Löwy – Callinicos: un debate importante", *Herramienta*, Buenos Aires, n. 6, 1998. Aqui em tradução livre.

[103] Idem.

[104] Para ironizar tal "fetichismo das forças produtivas", Michael Löwy costuma citar a frase do historiador britânico E. P. Thompson: "Qualquer que seja o nome daqueles que o imperador massacrou, o historiador científico (sempre fazendo anotar a contradição) afirma que as forças produtivas aumentaram". Cf. E. P. Thompson citado em Michael Löwy, "A dialética marxista do progresso", em Michael Löwy e Daniel Bensaïd, *Marxismo, modernidade e utopia*, cit., p. 79.

para a emancipação socialista, não implica necessariamente a defesa de uma visão fatalista e teleológica da história. Para Callinicos, uma coisa é a crítica (necessária) das concepções deterministas da história – que marcaram o marxismo da Segunda e da Terceira Internacionais –, e outra, um pouco diferente, é a recusa absoluta da própria ideia de progresso em si.

Na opinião de Callinicos, ao dividir esquematicamente o marxismo em duas tradições fundamentais – a primeira, teleológica, *fechada* e com tendência eurocêntrica; a segunda, crítica dialética do progresso, não teleológica e *aberta* –, Michael Löwy reduz a concepção marxista do progresso a duas posturas igualmente insuficientes, quando não complementares: de um lado, o determinismo fatalista sem dúvida presente em alguns textos de Marx, e transformado em dogma pelo marxismo "oficial"; de outro, a aposta subjetivista na "revolução contra o progresso", fórmula que o intelectual britânico atribui ao próprio Löwy. A consequência fundamental dessa última posição seria, segundo Callinicos, uma tendência a pensar a história "como uma catástrofe pontuada de ocasiões revolucionárias heroicas, em lugar de pensar a história ao mesmo tempo como um progresso e uma catástrofe, como tratei de fazer em *Theories and Narratives*". Callinicos parece sugerir, assim, que tanto o fatalismo da Segunda Internacional quanto o subjetivismo pessimista que ele vê em Löwy coincidem na incapacidade de combinar dialeticamente "os elementos de rechaço subjetivo do capitalismo e de análise objetiva, sem perder de vista nenhum dos lados"[105].

Ao lado da crítica das possibilidades destrutivas e "catastróficas" do capitalismo, é necessário, para Callinicos, uma análise objetiva do dinamismo libertador do desenvolvimento e do progresso, que "cria efetivas forças capazes de gerar progresso aqui e agora, e não só aumenta o potencial de uma liberação futura". Segundo Callinicos, "este elemento é central no conjunto da teoria de Marx, para quem o capitalismo cria o proletariado como uma classe explorada, mas que tem a capacidade, a curto prazo, de obter reformas e, a longo prazo, de superá-lo e construir o socialismo[106].

Nos termos de Callinicos, a concepção geral do progresso de Löwy alinha-se a esse desafio. Entretanto, "a posição revolucionária diante da história deve ir mais além"; ela exige a compreensão dos processos objetivos que possibilitam (mas não garantem) a emancipação humana, ainda mais "em um momento no qual os pós-modernos nos incitam a abandonar o grande 'metadiscurso' revolucionário de emancipação e de libertação em troca de uma visão da história como um puro caos desprovido de sentido"[107].

A crítica de Alex Callinicos a Michael Löwy é interessante, sobretudo porque chama atenção para a tendência deste a enfatizar – em oposição ao determinismo

---

[105] Alex Callinicos em "Löwy – Callinicos: un debate importante", cit.

[106] Idem.

[107] Idem.

progressista que vigorou em parcela considerável do marxismo – a dimensão crítica e negativa da dialética, recusando-se a ponderar "objetivamente" as potencialidades libertadoras do progresso. Em face do esgotamento da apropriação marxista da ideia – burguesa e iluminista – de progresso, Löwy não hesita em acentuar a necessidade de um marxismo capaz de reconstituir a perspectiva emancipatória sem lançar mão de qualquer noção de progresso. Daí a sua mirada benjaminiana radical, que aparece em sua tentativa de repensar a perspectiva revolucionária à luz do congestionamento histórico das ideias de progresso. Da mesma forma, diante do "objetivismo" que predominou em certas tendências marxistas, Löwy ressalta a necessidade de resgate da importância da subjetividade e da ação humana na constituição da realidade social e, principalmente, na luta contra as estruturas "reificadas" do capitalismo.

Nesse sentido, os eventuais "exageros" de Michael Löwy sobre a dimensão antiprogressista e antiobjetivista do marxismo devem ser compreendidos (embora não legitimados) a partir de sua localização histórica concreta, como tentativa de "contrabalançar" a tendência de muitos marxistas a legitimar o socialismo como o horizonte último do progresso e do desenvolvimento "objetivo" da história humana. A intensidade com que Michael Löwy rejeita a ideia de progresso é proporcional à intensidade com que ela se impôs na agenda teórica e política de grande parcela do marxismo ao longo de sua história.

Ainda que reafirme a necessidade de uma compreensão dialética da modernidade – capaz de reconhecer a importância de valores modernos como a liberdade, a igualdade e a fraternidade –, Michael Löwy acentua, sobretudo, a dimensão potencialmente catastrófica deste processo. Não por acaso, ele recorre à noção de "barbárie moderna", que é inerente ao "progresso" capitalista, e "da qual a Primeira Guerra Mundial dá um exemplo surpreendente, bem pior em sua desumanidade assassina que as práticas guerreiras dos conquistadores 'bárbaros' do fim do Império Romano". Pois "jamais no passado tecnologias tão modernas – os tanques, o gás, a aviação militar – tinham sido colocadas a serviço de uma política imperialista de massacre e de agressão em uma escala tão intensa"[108]. Entre os mecanismos de extermínio nazista, por sua vez, pode-se encontrar uma combinação de diferentes instituições típicas da modernidade: "ao mesmo tempo, a prisão descrita por Foucault, a fábrica capitalista da qual falava Marx, 'a organização científica do trabalho' de Taylor, a administração racional/burocrática segundo Max Weber"[109].

Com a noção de "barbárie moderna", retomada de Enzo Traverso, autor de *Pour une critique de la barbarie moderne*, Löwy sustenta a dimensão eminentemente moderna das atrocidades em massa que atravessaram o século XX, como a bomba

---

[108] Michael Löwy, "Barbárie e modernidade no século XX", em Michael Löwy e Daniel Bensaïd, *Marxismo, modernidade e utopia*, cit., p. 48.

[109] Ibidem, p. 51.

atômica em Hiroshima, o *gulag* stalinista, a guerra norte-americana no Vietnã, além do genocídio nazista contra judeus e ciganos. Estes fenômenos "não seriam possíveis a não ser no século XX", na medida em que mobilizaram técnicas perfeitamente "racionais" de massacres em massa. Aperfeiçoadas em termos tecnológicos e organizadas de maneira burocrática, estas atrocidades "pertencem unicamente à nossa civilização industrial avançada. Auschwitz e Hiroshima não são mais 'regressões': são crimes irremediavelmente e exclusivamente modernos"[110]. Por isso, mesmo expressões como "progresso regressivo", cunhada por Adorno em uma nota para *Minima Moralia*, ainda permanecem aquém da necessidade de radicalizar a crítica dessa "barbárie moderna" e do "progresso" da qual ela é resultado[111]. Estas expressões "ainda são tributárias, apesar de tudo, da filosofia do progresso" e, segundo Löwy, "levar em conta a barbárie moderna do século XX exige o abandono da ideologia do progresso"[112]. Nestas manifestações da barbárie não há regressão, há apenas uma forma possível de manifestação da modernidade.

---

[110] Ibidem, p. 55.

[111] Sobre a crítica do progresso em Adorno, ver Michael Löwy e Eleni Varikas, "'El espíritu del mundo en las alas de un cohete'. La crítica del progreso en Adorno", em John Holloway, Fernando Matamoros e Sergio Tischler (orgs.), *Negatividad y revolución: Theodor W. Adorno y la política* (Buenos Aires/Puebla, Herramienta/Universidad Autónoma de Puebla, 2007), p. 95-110.

[112] Michael Löwy, "Barbárie e modernidade no século XX", cit., p. 54-6.

EM BUSCA DE UMA LEITURA ANTICAPITALISTA DE MAX WEBER

A verdadeira crítica não vai contra o seu objeto; é como uma substância química que quando ataca a outra a decompõe para desvelar a natureza profunda, mas não a destrói.[1]

A disposição metodológica de compreender a análise "crítica" não apenas como enfrentamento antagônico de posições teoricamente fechadas, mas como tentativa de forjar um espaço dialético no qual se torna possível a incorporação crítica do objeto manifesta-se, na trajetória de Michael Löwy, com especial vivacidade e polêmica, em sua leitura generosa da obra de Max Weber.

A atração de Michael Löwy pela sociologia ("neorromântica") alemã não é recente. Desde sua tese sobre a evolução política do jovem Lukács, em que reconstitui as tramas intelectuais da cultura germânica do começo do século XX – ambiente no qual o filósofo húngaro se formou –, Löwy cultivou grande interesse pelas contribuições teóricas dos estudiosos alemães, especialmente dos herdeiros da crítica cultural-romântica ao capitalismo moderno. Era o caso da maioria dos participantes do célebre "Círculo Max Weber de Heidelberg", como Ferdinand Tönnies, Werner Sombart, Georg Simmel, Alfred Weber, Robert Michels (que na época era "sindicalista revolucionário"), Ernst Troeltsch, Ernst Toller, Bloch, Lukács, além, é claro, do próprio Max Weber. Já nesse momento, o interesse pelo anticapitalismo romântico, que era um pressuposto fundamental para a análise da trajetória do jovem Lukács, aproximou Löwy das temáticas levantadas por esta tradição alemã do pensamento social e, em particular, pela obra de Max Weber – autor que ele começara a estudar mais sistematicamente em Manchester, em 1968-1969, quando ministrou aulas de um curso de sociologia política com Peter Worsley[2].

---

[1] Walter Benjamin citado em Concha Fernández Martorell, *Walter Benjamin: crónica de un pensador*, cit., p. 42.

[2] Ângela de Castro Gomes e Daniel Aarão Reis, "Um intelectual marxista", cit., p. 176.

Na época de realização da tese sobre o jovem Lukács, no início da década de 1970, Michael Löwy publicou um artigo no qual estabelece as bases para um diálogo crítico entre as análises de Marx e de Weber do capitalismo moderno[3]. Mas, naquele momento, o cenário intelectual francês – com a ascensão vertiginosa do estruturalismo na vida acadêmica e intelectual – parecia particularmente refratário à reconstituição dos debates entre o marxismo e a obra de Max Weber e de outros autores da tradição sociológica alemã[4]. Simultaneamente, consolidava-se o processo de massificação e institucionalização da sociologia nas universidades francesas, restringindo a reflexão sobre Weber e sua tradição teórica – que sempre foram relativamente marginais na sociologia francesa – ao nível das especialidades acadêmicas.

Até o começo dos anos de 1970, quando a sociologia se mantinha ainda vinculada à filosofia, o diálogo entre o marxismo e a obra weberiana manifestou-se na reflexão de alguns destacados pensadores ligados ao marxismo, interessados em retomar algumas das contribuições do sociólogo alemão a fim de fundamentar uma leitura humanista da tradição marxista, capaz de recuperar a importância do "sentido" da ação humana na constituição da história. Basta lembrar, a esse respeito, os filósofos Merleau-Ponty e Jean-Paul Sartre, além da importância central, no âmbito da sociologia propriamente dita, de Lucien Goldmann, autores que, em maior ou menor medida, jamais estabeleceram vínculo militante com o Partido Comunista Francês (PCF).

Goldmann dialogou e incorporou criticamente alguns conceitos weberianos; o conceito de "consciência possível", por exemplo, que decorre da estrutura categorial de *História e consciência de classe*, carrega uma forte influência dos *tipos ideais* concebidos por Weber, com a diferença de que o sociólogo romeno reata os laços desses constructos mentais com as estruturas dos grupos e classes sociais que condicionam sua formulação[5]. A despeito dos influxos intelectuais desfavoráveis à reflexão marxista sobre Weber, com o avanço do estruturalismo e a permanência de certo dogmatismo no marxismo "oficial" da época, Goldmann foi responsável pela comprovação da possibilidade de um diálogo criativo do marxismo acadêmico com a obra de Weber, posição que lhe diferenciou tanto da tradição weberiana conservadora, antimarxista (Raymond Aron assume cadeira na Sorbonne em 1955), quanto do marxismo dogmático dos círculos oficiais e/ou do estruturalismo althusseriano.

---

[3] Michael Löwy, "Weber e Marx: notas críticas sobre um diálogo implícito", em *Método dialético e teoria política*, cit., p. 35-47. A edição original, em francês, foi publicada em 1971. "Weber et Marx: notes critiques sur un dialogue implicite", *L'Homme et la Société*, n. 20, 1971.

[4] Ver Monique Hirschhorn, *Max Weber et la sociologie française* (Paris, L'Harmattan, 1988), sobretudo p. 85-150.

[5] Ibidem, p. 120.

Aluno e orientando do sociólogo romeno, Michael Löwy acompanhou parte desse processo, até a morte de Goldmann em 1970. Em alguma medida, Löwy dá seguimento à empreitada "sociológica", por assim dizer, de Lucien Goldmann. Mas ele amplia significativamente o horizonte e a positividade deste diálogo crítico, remetendo-o não apenas ao nível metodológico, mas também à dimensão teórico-política da reivindicação da necessidade de radicalização da crítica marxista da civilização moderna. No âmbito metodológico, além da utilização parcial dos "tipos ideais" para a classificação das diversas modalidades da visão de mundo romântica, Löwy vê na sociologia de Max Weber um elemento essencial que coincide, em certa medida, com uma compreensão não mecanicista (aberta às práticas e subjetividades dos sujeitos sociais) do marxismo, a saber, a constatação da importância dos valores e dos *sentidos* que movem os atores sociais na constituição da realidade. Essa constatação possibilitou a Löwy assentar as bases necessárias para a legitimação teórica e política do estudo marxista da religião, buscando destacar a relevância dos fenômenos religiosos na construção da realidade social. Para Löwy, Max Weber:

> É um dos raros, se não o único, entre os grandes sociólogos, a atribuir um papel central aos fatos religiosos na constituição da civilização e na genealogia da racionalidade ocidental. Através do seu estudo das grandes religiões – o judaísmo antigo, o taoismo, o confucionismo, o hinduísmo, o budismo, o ascetismo protestante –, ele procura determinar o papel das diferentes culturas religiosas como estimulantes ou obstáculos ao desenvolvimento da civilização industrial/capitalista moderna [...]. O que lhe interessa são, ao mesmo tempo, as afinidades e as tensões ou antagonismos entre ética religiosa e *éthos* econômico, que às vezes se afrontam em uma espécie de *guerra dos deuses* (*Kampf der Götter*) irreconciliável.[6]

Não por acaso, é também de Weber que Löwy extrai a base do seu conceito de afinidades eletivas, conceito cuja operacionalização teórica permite sondar os diferentes níveis das relações entre visões de mundo de origens diversas. Mas, ao contrário de Weber, cuja obra mais famosa (*A ética protestante e o espírito do capitalismo*) acentua as afinidades entre o capitalismo e certas tendências do protestantismo, Michael Löwy lança mão do conceito para compreender as afinidades entre determinadas leituras religiosas (o messianismo judaico e o cristianismo de libertação) e algumas utopias sociais anticapitalistas (como as utopias libertárias e o marxismo), explorando a fundo – na linha aberta por Goldmann – as "homologias estruturais" entre a aposta religiosa na existência de Deus e a aposta socialista na possibilidade imanente da emancipação humana. Nas reflexões de Weber, Löwy encontrou um dos suportes

---

[6] Michael Löwy e Heinz Wismann, "Max Weber, la religion et la construction du social", *Archives de Sciences Sociales des Religions*, n. 127, 2004, p. 5.

teóricos de sua inserção acadêmica no campo da "sociologia da religião", área na qual coordenou um centro de pesquisa no CNRS, em Paris.

No âmbito teórico-político, por sua vez, como se mencionou, Löwy orientou a incorporação crítica da obra de Weber para uma perspectiva mais abrangente, qual seja, a perspectiva do diagnóstico weberiano da modernidade que, segundo ele, pode fornecer contribuições inestimáveis para a revitalização da crítica marxista do capitalismo moderno, em um momento em que este revela suas características mais destrutivas. De um ponto de vista marxista, Löwy acredita na possibilidade de se estabelecer um diálogo crítico com o diagnóstico weberiano da modernidade, radicalizando-o dentro de uma perspectiva anticapitalista. Nesse processo, além de mostrar a possibilidade de equacionamento dialético dos problemas levantados pela análise weberiana da modernidade, Löwy reafirma a vitalidade do próprio marxismo ao demonstrar a sua capacidade teórica de enfrentar os desafios suscitados por outras leituras críticas do capitalismo moderno.

É claro que, para ampliar as possibilidades desse "diálogo" (que é, antes de tudo, uma incorporação crítica de Weber sob um prisma dialético), Löwy precisa "amenizar" um pouco as diferenças e os conflitos epistemológicos entre Marx e Weber, operação que, para algumas correntes do marxismo, representa um grande equívoco. Na contramão da contraposição simplista entre um Marx "materialista" e um Weber "espiritualista" – alimentada tanto por marxistas quanto por weberianos –, Löwy relativiza o suposto idealismo weberiano, ao mesmo tempo que flexibiliza dialeticamente o materialismo de Marx. Assim, ao acentuar a importância das ideias e da subjetividade humana para o marxismo, Löwy torna possível a incorporação de contribuições da análise weberiana da modernidade, especialmente a propósito da importância das éticas religiosas na constituição das sociedades modernas.

As análises de Weber podem complementar a concepção materialista e dialética da história ainda mais porque o sociólogo de Heidelberg, segundo a opinião de Löwy, deixa em aberto a questão da primazia da economia ou do "fator espiritual", destacando tão somente as correlações entre uma ética religiosa e um *éthos* econômico. Em Weber,

> A orientação metodológica [...] não é nenhuma dessas duas tendências opostas (primazia do econômico ou do religioso); ela é precisamente a de um estudo brilhante, penetrante e profundo da correlação, da relação íntima, da congruência entre essas duas estruturas culturais: a ética protestante e o espírito do capitalismo, *deixando em aberto a questão da primazia*.[7]

---

[7] Michael Löwy, "Weber e Marx: notas críticas sobre um diálogo implícito", cit., p. 38; grifo do original.

Em outras palavras,

> O argumento principal de *A ética protestante e o espírito do capitalismo*, de Max Weber, não é tanto (como se diz com frequência) que a religião é o fator causal determinante do desenvolvimento econômico, mas sim que existe, entre certas formas religiosas e o estilo de vida capitalista, um relacionamento de *afinidade eletiva*.[8]

Com isso, Michael Löwy recupera a importância da dinâmica cultural na explicação da realidade social, reafirmando a necessidade de uma crítica do capitalismo moderno em sua totalidade. A análise do caráter pró-capitalista do protestantismo transforma-se, então, num elemento central da crítica ao *éthos* econômico capitalista, ao *homem econômico burguês*. Nesse diagnóstico crítico da modernidade está o tema comum a partir do qual Löwy consegue estabelecer um diálogo entre Marx e Weber. Através desse tema, Löwy pretende demonstrar que nem mesmo as significativas diferenças filosóficas (o neo-hegelianismo de Marx contra o neokantismo de Weber) e políticas (o socialismo marxista contra o nacionalismo alemão weberiano) poderiam sufocar completamente as correspondências teóricas existentes entre eles. Nas palavras de Löwy,

> A despeito de suas diferenças inegáveis, Marx e Weber tem muito em comum em suas apreciações do capitalismo moderno: eles partilham uma visão crítica desse sistema econômico universal onde "os indivíduos são dominados por abstrações" (Marx), onde as relações impessoais e "coisificadas" (*versachlicht*) substituem as relações pessoais de dependência, e onde a acumulação do capital torna-se um fim em si, largamente irracional.[9]

4.1. A valorização dialética do *Kulturpessimismus* weberiano

Em sua análise da modernidade, Michael Löwy incorpora, portanto, a partir de uma perspectiva marxista, alguns tópicos do pensamento de Max Weber, almejando interpretá-los como instrumento de crítica – conquanto *negativa* e *resignada* – da racionalidade moderna. Ele retoma, nesse sentido, a tentativa lukacsiana em *HCC* de recuperar ativamente traços da análise weberiana da modernidade, mas vai muito além, na medida em que amplia o espaço concedido às definições weberianas, transformando-as em uma espécie de critério diante do qual se torna possível

---

[8] Idem, *A guerra dos deuses: religião e política na América Latina* (trad. Vera Lúcia Mello Joscelyne, Petrópolis, Vozes, 2000), p. 34-5; grifos do original.

[9] Idem, "Marx et Weber critiques du capitalisme", *Europe Solidaire Sans Frontières*, jun. 2002. Disponível em: <www.europe-solidaire.org/spip.php?article3707>. Aqui em tradução livre.

atestar a dimensão crítica e anticapitalista de muitos movimentos socioculturais do mundo moderno.

Malgrado a neutralidade pretendida por Weber, Löwy sustenta a hipótese de que o *Kulturpessimismus* romântico, que marcou a geração do sociólogo na Alemanha da passagem do século, constitui uma das bases, "parcialmente neutralizada", da análise weberiana da sociedade moderna. Nesse sentido, tal legado teria fornecido a Weber subsídios para a percepção – resignada, é bem verdade – das contradições e dos limites da racionalidade moderna, do seu caráter formal/instrumental e, tão importante quanto, da "sua tendência a produzir efeitos que levam à derrubada das aspirações emancipatórias da modernidade"[10]. Segundo Löwy, pode-se encontrar na obra do sociólogo alemão um apurado diagnóstico da crise da modernidade, projeto amplamente retomado pela primeira geração da Escola de Frankfurt (principalmente nas figuras de Adorno, Horkheimer e Marcuse).

Os argumentos de Michael Löwy em defesa da negatividade crítica da análise weberiana da modernidade tornam-se ainda mais nítidos à luz do seu posicionamento em relação às tentativas do filósofo alemão Jürgen Habermas de revitalizar o projeto inacabado da modernidade e da razão ocidental. Ao almejar tornar a sociedade burguesa mais fiel à sua própria "utopia racionalista", Habermas abandona, na opinião de Löwy, qualquer forma de *Kulturpessimismus* "e acredita na possibilidade de restabelecer o projeto inicial das Luzes, graças a uma forma de racionalidade descurada tanto por Weber como pela Escola de Frankfurt: a razão comunicativa"[11]. É essa razão comunicativa que, para Habermas, pode fazer frente à universalização da razão técnica ou instrumental, e por isso ela deve ser protegida das invasões (ou da "colonização") da racionalidade instrumental[12].

Nessa perspectiva, Habermas pretende retomar a vocação emancipadora da racionalidade iluminista, aposta que contrastava não só com seus ex-colegas da primeira geração da Escola de Frankfurt, mas também com o próprio Weber, que já havia demonstrado os limites dessa forma de racionalidade. Para Löwy, ao apostar na possibilidade de reformulação do conceito iluminista de razão, lançando mão de uma forma "alternativa" de racionalidade (não instrumental), Habermas esvazia o conteúdo crítico-negativo do diagnóstico weberiano, reconciliando-se em definitivo "com as normas da modernidade 'realmente existente'"[13]. Ao contrário de Habermas, Weber jamais acreditou na possibilidade de resolução *racional--consensual* dos conflitos de valores. "Como Nietzsche, ele não hesita em arruinar

---

[10] Idem, "Habermas e Weber", em Michael Löwy e Daniel Bensaïd, *Marxismo, modernidade e utopia*, cit., p. 216.

[11] Ibidem, p. 219.

[12] Idem.

[13] Ibidem, p. 218.

a ilusão da reconciliação, insistindo no caráter insuperável das antinomias que definem a condição histórica moderna"[14]. Afinal, como observa Daniel Bensaïd, "enquanto os sujeitos consensuais da comunidade comunicacional ideal aparecem como anjinhos etéreos e ectoplasmas sem emoções nem paixões", a língua continua sendo "um lugar em que os 'falantes' se enfrentam: o discurso peremptório dos dominadores e a palavra subalterna dos dominados"[15]. O "agir comunicacional" não escapa, e nem poderia, dos conflitos e das relações de força: "há palavras que ferem e palavras que matam"[16].

Eis porque, em última análise, "a constatação brutal de Weber a respeito da contradição irredutível dos valores" (a *guerra dos deuses*), assim como "sua análise dos resultados alienantes da racionalidade instrumental", constitui um "ponto de partida mais fecundo para a análise da sociedade moderna que os sonhos de reconciliação linguística dos valores de Habermas"[17], cuja "utopia neorracionalista", embora sedutora, recai em:

> Ilusões tipicamente liberais acerca das virtudes miraculosas da "discussão pública e racional dos interesses", da produção consensual de "normas ético-jurídicas" etc., como se os conflitos de interesses e de valores entre classes sociais, ou a "guerra dos deuses" na sociedade atual entre posições morais, religiosas ou políticas antagônicas pudessem ser resolvidas por um simples paradigma de comunicação intersubjetiva, da livre discussão racional.[18]

Com essa postura, Habermas teria sido um dos grandes responsáveis por uma leitura moderada, de tonalidade liberal-democrata, da obra de Weber, diluindo seus aspectos mais críticos em relação à racionalidade moderna. É nesse sentido que, para Löwy, ao suavizar essa feição mais *negativa* da análise weberiana,

> Habermas afasta-se também de Marx, para quem a dominação generalizada do valor de troca, a submissão de todas as relações sociais ao pagamento direto em moeda, a dissolução de todos os sentimentos humanos nas "águas geladas do cálculo egoísta" são consequências necessárias e inevitáveis da economia capitalista de mercado.[19]

---

[14] Ibidem, p. 221.

[15] Daniel Bensaïd, *Os irredutíveis: teoremas da resistência para o tempo presente* (trad. Wanda Nogueira Caldeira Brant, São Paulo, Boitempo, 2008, Coleção Marxismo e Literatura), p. 44.

[16] Idem.

[17] Michael Löwy, "Habermas e Weber", cit., p. 222-3.

[18] Ibidem, p. 222.

[19] Ibidem, p. 220.

A dimensão crítica da análise weberiana da modernidade torna-se, então, na obra de Michael Löwy, um dos critérios e/ou parâmetros para a avaliação das positividades e dos limites de autores ou tendências socioculturais. Assim, por exemplo, a leitura weberiana da modernidade ilumina até mesmo sua interpretação de um escritor como Franz Kafka. Em *Franz Kafka: um sonhador insubmisso*, livro em que retoma algumas de suas pesquisas sobre o horizonte sociocultural da Europa central da passagem do século, Löwy busca comprovar a sensibilidade libertária e profundamente antiautoritária de Kafka[20], demonstrando como o autor tcheco produz em seus romances uma representação crítica da lógica desumana e mecânica que decorre do processo de racionalização e de burocratização, que, segundo Weber, acompanha o despertar histórico da modernidade. Em romances como *O processo* e *O castelo*, com ênfase especial, a crítica kafkiana atinge o cerne da autoridade impessoal e hierárquica do Estado, que é compreendido como mecanismo desumano e reificado. Em *América*, por seu turno, Kafka revela "um mundo dominado pelo retorno monótono e circular, pela temporalidade puramente quantitativa do relógio" e das máquinas[21]. Com o "sinistro poder das máquinas modernas, a autoridade aparece [...] em sua figura mais alienada, mais reificada, enquanto mecânica 'objetiva'. Fetiche produzido pelos homens, essa coisa os sujeita, os domina e os destrói"[22].

Como o surrealismo e as demais formas de crítica "romântica" da modernidade, a dimensão crítica e subversiva da obra de Kafka é compreendida teoricamente, por Michael Löwy, através da intensidade com que ela se opõe à "jaula de aço" weberiana. De forma que a radicalidade subversiva de Kafka é capturada em sua capacidade de conferir conteúdo e forma estética a um aspecto da realidade reiteradamente ignorado pelas ciências sociais acadêmicas: "a opressão e o absurdo da reificação burocrática tal como são vividos pelas pessoas comuns"[23]. Realizados no âmbito da literatura, ou seja, como "criação de *universo imaginário concreto* de personagens e coisas" – e não de um "*sistema conceitual abstrato*, na trilha das doutrinas filosóficas e políticas" –, os romances de Kafka contribuem para a compreensão das malhas burocráticas e reificadas da modernidade em seu *interior*, em sua lógica íntima, que atravessa as suas manifestações mais corriqueiras[24]. Por isso eles constituem – como a literatura, de modo geral – um lócus privilegiado para

---

[20] Michael Löwy, *Franz Kafka: sonhador insubmisso* (trad. Gabriel Cohn, Rio de Janeiro, Azougue, 2005), p. 132. Löwy publicou um ensaio sobre a sensibilidade libertária de Kafka ainda em 1967, em Israel. Cf. "Kafka et l'anarchie", *International Problems*, Instituto de Ciências Políticas da Universidade de Tel Aviv, v. 5, n. 1-2, 1967.

[21] Michael Löwy, *Franz Kafka*, cit., p. 76.

[22] Ibidem, p. 90.

[23] Ibidem, p. 204.

[24] Ibidem, p. 19; grifos do original.

a reatualização da crítica da modernidade capitalista e, no caso em questão, para a elucidação de algumas das razões da valorização crítica de Michael Löwy do diagnóstico weberiano da modernidade.

4.2. O "marxismo weberiano" ou a radicalização anticapitalista de Weber

O tema da crítica da modernidade incentivou Michael Löwy a reivindicar o caráter "intelectualmente produtivo" da noção de "marxismo-weberiano", expressão criada (embora não desenvolvida) por Merleau-Ponty em *As aventuras da dialética* para designar a corrente do marxismo ocidental que dialogou diretamente com a obra de Weber[25]. Para Löwy,

> A expressão "marxismo-weberiano" [...] é uma provocação intelectualmente produtiva, desde que não seja compreendida como uma mistura eclética de dois métodos, mas como utilização, a serviço de um modo de pensar fundamentalmente inspirado em Marx, de certos temas e categorias de Weber.[26]

Mais do que uma síntese de perspectivas epistemológicas diversas, se não antagônicas, como parece sugerir a expressão, o "marxismo-weberiano" constitui, para o autor franco-brasileiro, uma radicalização anticapitalista – efetivada de um ponto de vista dialético – das análises livres de julgamento de valor de Max Weber.

A influência decisiva aqui, nesta proposição em torno da possibilidade de *subsunção dialética* de aspectos da análise weberiana da modernidade, é – mais uma vez! – o capítulo de *HCC* dedicado ao tema da reificação, no qual Lukács comprova, na opinião de Löwy, as potencialidades críticas dessa incorporação de Weber sob a óptica de um marxismo radicalmente antieconomicista. A obra lukacsiana constitui a expressão mais acabada dessa apropriação marxista das análises weberianas, razão pela qual é apontada por Merleau-Ponty como a obra fundadora do "marxismo-weberiano". Nas palavras de Michael Löwy,

> Podemos considerar que o capítulo central de história e consciência de classe, baseado na análise da reificação (*Verdinglichung*), é uma síntese poderosa e original da teoria do fetichismo da mercadoria de Marx e da teoria da racionalização de Weber. Fundindo a categoria weberiana da racionalidade formal – caracterizada pela abstração, pela "coisificação" (*Versachlichung*) e pela quantificação – com as categorias marxianas de trabalho abstrato e valor de troca, Lukács reformulou a temática do sociólogo

---

[25] Maurice Merleau-Ponty, *Les Aventures de la dialectique* (Paris, Gallimard, 1955), p. 42.

[26] Michael Löwy, *A jaula de aço. Max Weber e o marxismo-weberiano* (São Paulo, Boitempo, 2014), p. 112.

alemão na linguagem teórica marxista. Por outro lado, estendendo a análise marxiana da forma mercadoria a outros domínios da sociedade e da cultura, ele se inspira diretamente nas análises weberianas da vida moderna, impregnada pelo espírito capitalista de cálculo racional (*Rechenhaftigkeit*). Segundo Lukács, a transformação de todos os objetos em mercadorias e sua quantificação enquanto valores de troca fetichistas resultam na perspectiva de uma progressão infinita que leva a uma racionalização capitalista melhorada da existência social em sua totalidade.[27]

Ao destacar o caráter "universalizante" da reificação capitalista, que engloba gradativamente o "conjunto das formas de manifestação da vida social"[28], Lukács utiliza-se das análises de Max Weber para demonstrar a importância do processo de racionalização formal do direito e do sistema jurídico-administrativo, uma vez que é nesse processo que se constituem as bases para a emergência de uma instituição que, sob o ângulo da totalidade, contribui decisivamente para a reprodução da reificação na vida social capitalista: o Estado "moderno", cuja função é adequar as estruturas jurídicas e administrativas aos imperativos da racionalidade formal – necessária à reprodução social do capitalismo ocidental. À racionalização da empresa capitalista, do agir econômico burguês, baseado na quantificação e na possibilidade do cálculo racional, corresponde, então, a racionalização da regulação jurídica da vida social, de tal forma que o funcionamento do Estado burocrático se torna, ele também, *calculável*[29].

György Lukács recupera algumas das contribuições pretensamente neutras de Weber sobre a civilização industrial moderna, colocando-as a serviço da crítica radical ao caráter desumano e reificado da racionalidade puramente formal do capitalismo moderno. Apesar dos eventuais limites metodológicos da obra weberiana[30] – que remetem às antinomias kantianas –, Lukács vê em Weber uma análise parcial, porém penetrante, de algumas características da racionalidade da vida moderna. Na opinião do filósofo húngaro, "para a consideração do seu [de Weber] material factual, é inteiramente indiferente se concordamos ou não com

---

[27] Ibidem, p. 113.

[28] György Lukács, *História e consciência de classe*, cit., p. 214.

[29] Ibidem, p. 216.

[30] Em seus ensaios sobre a sociologia do conhecimento, Michael Löwy assinalou alguns dos limites metodológicos de Weber, cuja teoria da ciência, ao mesmo tempo que reconhece, ao modo historicista, a presença dos valores na escolha do objeto e das questões teóricas nas ciências sociais, se aproxima – em sua defesa da "neutralidade axiológica" na condução da pesquisa social – de uma *démarche* positivista. Cf. Michael Löwy, *As aventuras de Karl Marx contra o Barão de Münchhausen*, cit., p. 33-49.

sua interpretação causal"³¹. Lukács mostrou, dessa maneira, segundo Löwy, a possibilidade de utilização herética da análise weberiana da ética protestante e do *éthos* econômico burguês para denunciar a lógica fria e alienada do capitalismo, empreitada também levada a cabo por Ernst Bloch, em seu livro – contemporâneo a *HCC – Thomas Münzer, teólogo da revolução*, de 1921.

Ao lado de Ernst Bloch, Benjamin³² e muitos outros, Lukács inaugura uma linhagem de leituras anticapitalistas de Weber, leituras que não deixam de ser também um "desvio" das análises weberianas em direção a uma crítica revolucionária da ordem social estabelecida. Influenciados pelo conceito lukacsiano de "coisificação" – e, portanto, pela apropriação de Weber realizada por Lukács –, alguns autores da Escola de Frankfurt, particularmente Adorno e Horkheimer, efetuaram uma crítica do capitalismo de larga inspiração weberiana. De acordo com Michael Löwy, embora o nome de Max Weber só apareça uma única vez na principal obra filosófica da Escola, *Dialética do esclarecimento* (1944), a concepção de história semeada pelos autores rende fortes tributos à análise weberiana da civilização ocidental como um processo milenar de desencantamento do mundo e de racionalização, que encontram sua máxima expressão no mundo industrial e burocrático moderno³³. Da análise weberiana da racionalidade abstrata e formal (orientada para fins), os filósofos frankfurtianos extraem uma crítica radical da racionalidade instrumental em nome de uma que seja substancial, que é o objetivo último da emancipação humana. A *razão substancial* torna-se o ponto de referência da crítica radical da civilização moderna e de sua racionalidade puramente formal³⁴. Em uma entrevista que nos concedeu em 2008, Löwy afirmou que:

> O conceito weberiano de "racionalidade instrumental", reinterpretado em termos marxistas por Adorno e Horkheimer, permite uma crítica radical da civilização capitalista, uma civilização na qual essa racionalidade estreita e mesquinha pode ser

---

[31] György Lukács, *História e consciência de classe*, cit., p. 382.

[32] Em "O capitalismo como religião", um pequeno excerto de 1921, Walter Benjamin inspira-se amplamente em *A ética protestante e o espírito do capitalismo*, de Weber, para designar o caráter essencialmente "religioso" do capitalismo, cujo culto do dinheiro, da riqueza e da mercadoria coincide com a intensificação da reificação das relações sociais. Mais tarde, como se sabe, Benjamin substitui a problemática do capitalismo como religião pela crítica do fetichismo da mercadoria e do capital como estruturas míticas. Cf. Michael Löwy, "O capitalismo como religião: Walter Benjamin e Max Weber", em Ivana Jinkings e João Alexandre Peschanski (orgs.), *As utopias de Michael Löwy*, cit., p. 177-90.

[33] Michael Löwy, *A jaula de aço,* cit., p. 117-8.

[34] Idem, "Leo Löwenthal (1900-1993). La Dernière étincelle de l'Ecole de Francfort", *Revue Science Politique*, Saint-Denis, Département de Science Politique de l'Université Paris VIII, n. 2-3, maio 1993, p. 249.

facilmente colocada a serviço de finalidades irracionais, desde a acumulação ilimitada de capital até as guerras imperiais ou os genocídios. De diferentes formas, Lukács, Ernst Bloch, Erich Fromm e a teoria crítica souberam utilizar os conceitos de Weber para desenvolver uma crítica marxista da reificação, da burocratização e da alienação que resultam da racionalidade capitalista moderna.[35]

Herbert Marcuse, em 1964, esboçou uma das mais penetrantes análises críticas do diagnóstico weberiano da modernidade. No famoso artigo "Industrialização e capitalismo na obra de Max Weber", ao denunciar os limites da concepção weberiana da "racionalização", Marcuse não deixou de destacar, ao mesmo tempo, a perspicácia do sociólogo alemão na definição do caráter abstrato e quantificador da razão moderna-ocidental, enxergando, assim, a possibilidade de radicalização crítica da análise weberiana da civilização moderna. Mesmo não percebendo, como Marx, que sob o desenvolvimento da racionalidade capitalista a irracionalidade se torna "razão", Weber fornece argumentos implícitos que confirmam esta "dialética entre racionalidade e irracionalidade na sociedade moderna"[36]. Nessa interpretação possível, "o conceito axiologicamente neutro da racionalidade capitalista se converte no curso da análise weberiana em conceito crítico – crítico não somente no sentido 'científico-puro' mas no de crítica 'valorativa', de proposição de fins da reificação"[37].

Marcuse tem plena consciência do posicionamento social e político de Weber, que se assentava em uma relação determinada entre industrialização, capitalismo e autoconservação nacional, em oposição ao socialismo: "conforme Max Weber, independentemente do que possa infligir aos homens, o capitalismo precisa, em primeiro lugar e previamente a qualquer valorização, ser apreendido como razão necessária"[38]. Da reificação da razão chega-se à reificação *como* razão[39]. Mas, para ele, ao ressaltar o caráter formal, abstrato e quantitativo da racionalidade capitalista, Weber fornece alguns indícios que revelam porque essa racionalidade conduz, necessariamente, à dominação da reificação no aparelho burocrático. No fundo, Weber reconhece que a "razão formal do aparelho técnico-completo se subordina ao irracional", seja ela a dominação carismática e/ou a democracia plebiscitária[40]. Por isso, segundo Marcuse, apesar de seus limites, "a análise da burocracia de Max

---

[35] Fabio Mascaro Querido, "As utopias indisciplinadas de um marxismo para o século XXI: o marxismo como crítica da modernidade" (entrevista com Michael Löwy), *Lutas Sociais*, São Paulo, PUC, n. 21-22, 2009, p. 183-4.

[36] Herbert Marcuse, "Industrialização e capitalismo na obra de Max Weber", cit., p. 128.

[37] Ibidem, p. 119.

[38] Ibidem, p. 113.

[39] Ibidem, p. 126.

[40] Ibidem, p. 127-8.

Weber rompe a ocultação ideológica; muito à frente de sua época, ele revela o caráter de aparência ilusória da moderna democracia de massas com sua pretensa 'igualização' e assimilação dos contrastes de classe"[41].

Ainda que não seja exatamente o seu objetivo, bem ao contrário, Max Weber revela o caráter de dominação imanente ao processo de racionalização e de desenvolvimento do aparelho burocrático, que se torna o "fundamento de toda ordem". A racionalização que se pretende neutra da administração burocrática está estreitamente vinculada a valores e metas exteriores a ela, encontrando-se, portanto, submetida à irracionalidade da dominação capitalista, do poder político nacional burguês – necessário, segundo Weber, para lograr uma convivência vantajosa no cenário imperialista. A administração burocrática "interna", parcial, "neutra" articula-se à dominação dos homens sobre os homens; mais ainda, ela "racionaliza" essa exploração. Nesse sentido, "essa razão técnica reproduz a escravidão. A subordinação à técnica converte-se em subordinação à dominação em geral: a racionalidade técnica formal se torna racionalidade política material"[42].

O problema é que Weber identifica – na contramão da pretendida neutralidade – a razão técnica à razão capitalista-burguesa, o que lhe impediu de perceber que, na verdade, é a razão da dominação capitalista que, projetando determinada razão técnica, produz o "casulo da servidão". Eis porque Weber não pôde vislumbrar a possibilidade de uma razão social (e técnica) qualitativamente diferente e humanamente superior: o sociólogo alemão rejeitou com veemência qualquer tendência ao socialismo, que para ele só poderia agravar ainda mais os problemas da racionalidade técnica-abstrata já operantes sob o capitalismo.

Mesmo assim, a abstração que marcou a análise de Weber da razão capitalista pode, se bem entendida, ser convertida em crítica dessa forma de racionalidade, "na medida em que revela até que ponto a própria racionalidade capitalista abstrai do homem, é 'indiferente' em face de suas necessidades, tornando-se nessa indiferença cada vez mais produtiva e eficiente, cada vez mais calculista e metódica"[43]. Nesse processo, a análise formal do capitalismo se torna análise das formas concretas de dominação. A dominação burocrática aparece, então, como inseparável da industrialização progressiva. Segundo Marcuse, a pureza conceitual se revela impura, e a racionalidade "neutra" se demonstra como racionalidade da dominação vigente,

---

[41] Ibidem, p. 128.

[42] Ibidem, p. 131. Como se sabe, a crítica marcusiana à "sociedade industrial avançada", exposta em *O homem unidimensional*, foi amplamente inspirada no conceito de racionalidade formal de Weber e, da mesma forma, na apropriação que dele é feita por Adorno e Horkheimer na *Dialética do esclarecimento*. Conferir o texto de Isabel Loureiro, "Repensando o progresso", *Praga*, São Paulo, Hucitec, n. 7, 1999.

[43] Herbert Marcuse, "Industrialização e capitalismo na obra de Max Weber", cit., p. 132.

possibilitando ao menos uma "inversão" crítica, que transforma a compreensão dessa racionalidade em crítica radical da dominação burguesa.

Expondo os limites e as ambivalências da racionalidade moderna, as análises de Weber podem contribuir para a compreensão dialética da unidade entre uma racionalidade formal e parcial e uma irracionalidade global, que condiciona o processo de reprodução capitalista em sua totalidade. Esta foi, talvez, uma das principais contribuições de Lukács em *HCC*: a demonstração de que a racionalização interna das esferas do sistema (como o direito e a burocracia analisados por Weber) está submetida a uma irracionalidade que engloba o conjunto da totalidade social, e que constitui o eixo sob o qual se estabelecem as múltiplas dimensões da reprodução social. A importância de Weber está, nesse sentido, nas suas contribuições sobre a dinâmica sociocultural dos processos de racionalização que dão o tom do desenvolvimento moderno e que garantem a legitimidade e a coerência da ordem estabelecida. Mas, diferente de Marx, que concebe a racionalidade formal a partir do pressuposto da irracionalidade geral do sistema (que é, para ele, característica intrínseca, imanente e essencial do capitalismo), Weber tende a conceber essa irracionalidade irredutível como "o produto de forças exteriores, não econômicas, religiosas"[44].

4.3. Marx, Weber e a crítica do capitalismo: subsunção dialética ou concessão teórica?

Sob o cenário socioideológico do segundo pós-guerra, a partir de 1945, a figura de Max Weber exerceu uma influência significativa no pensamento social dominante. Como bem mostra o filósofo húngaro István Mészáros, o sociólogo alemão tornou-se, naquele momento, a principal inspiração ideológica e metodológica para aqueles que tentavam formular uma visão de mundo sociopolítica *atlanticista* – em oposição à "ameaça" do socialismo soviético. "Homem para todas as estações", Weber oferecia um novo modelo de reconciliação com as necessidades ideológicas dominantes da época. Havia, portanto, naquele contexto, uma "conjunção favorável" entre as prerrogativas weberianas sobre a modernidade "e as necessidades ideológicas da ordem sociopolítica internacional em mutação"[45]. Ao acentuar o caráter irredutível da esfera dos valores, e assim torná-la o resultado de escolhas essencialmente subjetivas (sem possibilidade de justificativas objetivas), Weber produz uma "autonomização fetichista dos valores", cuja tendência à legitimação da modernidade realmente existente acomodava-se perfeitamente à

---

[44] Michael Löwy, "Weber e Marx: notas críticas sobre um diálogo implícito", cit., p. 46.

[45] István Mészáros, *O poder da ideologia* (trad. Paulo Cesar Castanheira, São Paulo, Boitempo, 2004, Coleção Mundo do Trabalho), p. 219.

ordem do pós-guerra, com a aparente estabilidade dos "anos dourados" do capital, que se estenderam por quase três décadas.

Bastava, então, ajustar os propósitos ideológicos weberianos – originalmente associados ao nacionalismo alemão – às condições socioculturais do período. E, para o cumprimento dessa tarefa, destacaram-se intelectuais "weberianos" como Raymond Aron, na França, e, especialmente, Talcott Parsons, nos Estados Unidos, autor que apresentou aos europeus uma leitura "caracteristicamente norte-americana" da obra de Weber, demonstrando a perfeita compatibilidade entre este último e o espectro ideológico hegemônico nas sociedades ocidentais após a redefinição da ordem mundial em 1945. O propósito maior encontrava-se na busca, em Weber, por elementos para a legitimação *científica* da ordem social capitalista do pós-guerra, tanto nas "sociedades industriais avançadas" (cuja virtuosidade moderna já se pretendia livre da luta de classes e das demais "questões sociais" do século XIX), quanto nas sociedades de capitalismo periférico, cujo caminho da "modernização" indicava a possibilidade de acesso à estabilidade social.

Nessa leitura marcadamente "conservadora" da obra do sociólogo de Heidelberg, este era transformado em alicerce para a elaboração de um repertório teórico capaz de atribuir significado racional aos processos societais vigentes. Em alguma medida, como vimos há pouco, a mesma perspectiva é retomada por Habermas, a fim de revitalizar o "projeto inacabado" da modernidade, como, aliás, também ressalta István Mészáros[46]. Porém, se, por um lado, Weber serviu muito bem à readequação ideológica do capitalismo no pós-Segunda Guerra, momento em que a aparente estabilidade do sistema incentivava o ressurgimento das ideologias do consenso a fim de legitimar o padrão civilizatório (moderno) estabelecido, por outro lado, com o congestionamento histórico do discurso filosófico da modernidade e a emergência das teorias denominadas "pós-modernas", a "grande narrativa" weberiana sobre a *racionalidade* da formação sociocultural do capitalismo não poderia preencher mais integralmente os requisitos necessários à manutenção de seu protagonismo nas correntes hegemônicas de pensamento.

É nesse contexto que se abriram novas perspectivas e possibilidades de leitura da obra do sociólogo alemão. Se Habermas ainda busca resgatar a obra de Max Weber, abrandando-a em seus momentos mais críticos e carregados de certo pessimismo romântico e assim renovando seu potencial de legitimação da modernidade ainda existente, reabriu-se, por outro lado, a possibilidade de retomar Weber para uma crítica radical, anticapitalista, dessa modernidade capitalista, crítica que se distingue das proclamações puramente linguísticas do "pós-modernismo" a respeito da crise (certamente existente) do racionalismo moderno. É nessa perspectiva que se insere Michael Löwy; sob um contexto caracterizado pelo descontentamento ideológico

---

[46] Ibidem, p. 152-202.

com o racionalismo moderno, trata-se não de defendê-lo frente aos ataques do novo "irracionalismo" pós-moderno, mas de afirmar a possibilidade de uma crítica anticapitalista da modernidade, tarefa para a qual as análises de Weber poderiam ter algo a contribuir.

Ao reivindicar a necessidade de uma leitura anticapitalista de Max Weber, Löwy opõe-se às interpretações da obra weberiana que tendem a esvaziar o seu conteúdo crítico-negativo e acentuar a sua dimensão mais "positiva" e conservadora. Para tanto, Michael Löwy precisa "suspender" relativamente os vínculos políticos originais de Weber, o que faz intensificando a importância do legado romântico (e pessimista) da cultura germânica na obra do autor alemão. É por esse caminho que, ao que parece, Löwy busca resgatar Weber em termos dialéticos, radicalizando-o e assim imunizando em parte sua dimensão mais propriamente conservadora. É como se o sociólogo de Heidelberg estivesse "em disputa", permitindo leituras variáveis, se não antagônicas.

É bem verdade que, para levar adiante tal proposta, Löwy deve demonstrar mais uma vez sua grande generosidade teórica, que não está imune do perigo da indulgência. Passando ao largo das polêmicas teoricistas, Löwy radicaliza Weber, à revelia do próprio Weber e dos weberianos "especialistas", porque, para ele, trata-se de boa mediação para a reativação do marxismo como forma de crítica radical da modernidade, o que impõe a necessidade de reformulação do próprio projeto emancipatório em sua totalidade – *leitmotiv* de sua adesão mais recente ao ecossocialismo.

Inspirado na crítica do "velho" Lukács a Weber em *A destruição da razão*, István Mészáros, por sua vez, é enfaticamente cético em relação à possibilidade de incorporação teórica da definição weberiana da modernidade no âmbito do anticapitalismo marxista. Para ele, a própria utilização da noção de modernidade – que pressuporia um exagero não dialético na descontinuidade e na ruptura e, nesse sentido, na superioridade do presente – já constitui, por si só, uma consequência da necessidade ideológica dominante de cancelar a dimensão histórico-concreta dos processos sociais. Em suas palavras, "A categoria da 'modernidade' é um exemplo notável [da] tendência ideológica à atenuação a-histórica do conflito"[47]. Isso significa, sobretudo, que o problema teórico não está, como para Löwy, na *forma* de utilização do conceito weberiano de modernidade (conceito que exerceu significativa influência nas ciências sociais acadêmicas), mas na própria estrutura epistemológica das análises de Max Weber, condicionadas pelas limitações do seu ponto de vista social. Na opinião de Mészáros, o conceito weberiano de modernidade, em si e por si, já revela uma forma de análise tendencialmente mistificadora das contradições estruturais do sistema capitalista. Aliás, para o autor, a própria distinção entre "modernidade" e "pós-modernidade" remete a formas

---

[47] Ibidem, p. 69.

relativamente diferentes de ocultação do complexo de determinações que envolvem o "sistema sociometabólico do capital"[48].

Na perspectiva de Mészáros, ao definir a sociedade moderna em oposição às sociedades tradicionais e a partir de um processo abstrato de "racionalização" – ideia sustentada por um conceito apriorístico e a-histórico de razão –, Weber dissolve a determinação estrutural do conflito dinâmico e latente entre as classes sociais: o antagonismo entre capital e trabalho. Daí sua tendência a tratar toda e qualquer "crise" ou "fissura" na ordem estabelecida como "desvio" e "irracionalidade", que devem ser reabsorvidos pela racionalidade crescente do sistema. Identificando-se com a empreitada civilizatória da burguesia, Weber jamais poderia atribuir essas manifestações de "irracionalidade" aos limites estruturais da racionalidade capitalista. Na estrutura conceitual weberiana,

> A especificidade materialmente fundada do capitalismo, [...] com suas *classes em luta*, e com a incurável *irracionalidade* de sua estrutura geradora-de-crise, é transformada em uma entidade fictícia: uma ordem social caracterizada pela "estrita organização racional do trabalho", articulada com uma "tecnologia racional", assim como com um correspondente "sistema racional de leis" e uma conveniente "administração racional".[49]

Weber acompanharia, assim, a tendência do pensamento hegemônico ao formalismo, em cujos "esquemas conceituais formais" não há lugar para os conflitos de valor e tampouco para as lutas concretas entre classes sociais antagônicas. De acordo com Mészáros,

> A noção weberiana de "*racionalidade formal*" é ela mesma uma maneira conveniente de racionalizar e legitimar a *irracionalidade substantiva* do capital, pois, de acordo com as limitações estruturais intransponíveis do horizonte burguês, essa categoria weberiana atribui "irracionalidade" e "emocionalismo" – de um modo invertido e definido de forma circular – a todos aqueles que ousam questionar e desafiar na prática a regra "formal e racional" do Estado capitalista, que é, na realidade, imposta aos indivíduos com implacável eficácia material.[50]

É por isso que, ao contrário de Michael Löwy, Mészáros acredita que "a influência de Max Weber em *História e consciência de classe* mostrou-se muito

---

[48] Ibidem, p. 93.

[49] Idem, *Para além do capital*, cit., p. 409-10, grifos do original.

[50] Idem, *Estrutura social e formas de consciência: a determinação social do método* (trad. Luciana Pudenzi e Paulo Cesar Castanheira, São Paulo, Boitempo, 2009, Coleção Mundo do Trabalho), p. 45-6.

problemática"[51], em particular na utilização "acrítica" do jovem Lukács do conceito weberiano de "tipos ideais", utilização que, na opinião do filósofo húngaro, compromete diretamente a concepção lukacsiana da consciência de classe "atribuída". Para Mészáros, na estrutura teórica de Lukács, o conceito de consciência de classe de Marx "sofre uma distorção idealista", tornando-se tão "maleável a ponto de poder substituir as manifestações históricas reais da consciência de classe por uma matriz de imperativos idealizada, minimizando assim a importância das primeiras por suas alegadas contaminações 'psicológica' e 'empírica'"[52]. E isso sem falar na caracterização abstrata e igualmente *idealista* do *cálculo* como a força dinâmica que move e reproduz o capitalismo[53]. De modo paradoxal, do ponto de vista do autor, "são precisamente [estes] aspectos mais problemáticos de *HCC* que continuam a ser aclamados como a principal inspiração do 'marxismo ocidental'"[54].

Não deve surpreender, portanto, que para Mészáros tanto os primeiros teóricos de Frankfurt quanto Habermas tão somente confirmam o horizonte *fatalista* e *resignado* da definição weberiana da modernidade, seja pela fetichização da "sociedade administrada" e da "reificação absoluta", como fez Adorno, seja pela tentativa habermasiana de fundar uma nova utopia racional, politicamente liberal e capaz de "compensar" as consequências negativas do "desencantamento do mundo"[55]. Um "marxismo-weberiano", nessa perspectiva, seria uma contradição em termos, que só poderia acabar na diluição do primeiro no horizonte pessimista do segundo. Mesmo Herbert Marcuse, cuja denúncia intransigente da dominação capitalista sempre foi irredutível, também se tornou, segundo Mészáros, vítima dessa *negatividade absoluta* sem afirmação socialmente tangível. Para o filósofo húngaro, tal como Adorno, Marcuse exagerou o papel do progresso técnico e da capacidade

---

[51] Ibidem, p. 405.

[52] Idem.

[53] Bem diferente é a apreciação de Michael Löwy da utilização lukacsiana (em *HCC*) dos conceitos weberianos de "tipo ideal" e de "possibilidade objetiva", apropriados para a fundamentação teórica da consciência de classe. Ao contrário de Mészáros, Löwy tende a insistir na originalidade (e nas diferenças políticas significativas em suas formas de utilização) da incorporação lukacsiana de elementos da obra de Max Weber, postura que legitima sua própria defesa da continuidade dessa incorporação. Para o autor franco-brasileiro, ao apelar para os conceitos weberianos de "tipo ideal" e de "possibilidade objetiva", Lukács faz um "empréstimo estritamente 'heurístico': do ponto de vista do conteúdo, levanta sua hipótese de uma consciência proletária capaz de romper com o veio de coisificação e de derrubar o capitalismo, o que está nas antípodas das ideias e convicções de Weber". Cf. Michael Löwy, *A jaula de aço*, cit., p. 114.

[54] István Mészáros, *Para além do capital*, cit., p. 406.

[55] Idem, *O poder da ideologia*, cit., p. 84.

de integração do capitalismo, que teria se apoderado ideologicamente da própria classe operária, exigindo a busca por um "novo sujeito histórico da mudança"[56].

Para demonstrar seu argumento, o autor de *O poder da ideologia* enfatiza a incompatibilidade ontológica (decorrente de concepções de mundo radicalmente distintas) entre as formulações de Marx e o pensamento weberiano. Michael Löwy, por outro lado, retira o peso desse antagonismo em benefício da tentativa de reposicionar a crítica marxista do capitalismo contemporâneo, reposicionamento este que implica a "abertura" do marxismo para as novas formas de práxis social anticapitalista, e, nesse sentido, para as teorias sociais "extramarxistas" que podem, ainda hoje, contribuir para a radicalização dessa crítica. É assim, por exemplo, que Löwy parece compreender sua própria incursão pelo romantismo, pelo messianismo judaico, pelo cristianismo de libertação e, no plano mais propriamente teórico, pelo diagnóstico weberiano da modernidade.

Para Michael Löwy, além do mais, o diálogo crítico com as formulações weberianas legitima-se como uma forma de se evitar a recaída, comum entre algumas parcelas do marxismo, em uma concepção economicista da realidade social. A desconfiança metodológica de Weber em relação a toda forma de materialismo reducionista pode constituir um contrapeso à tendência de certas correntes do marxismo a esgotar a realidade concreta em conceitos, categorias e modelos teóricos, que deveriam *determinar objetivamente* as verdadeiras forças motrizes do real. Se bem situado, o *relativismo* metodológico weberiano pode servir, de maneira paradoxal, à revitalização de um marxismo dialético e não economicista, tal como Lukács já havia comprovado em *HCC*[57].

Assentando-se sob determinada leitura do marxismo – como teoria da práxis e crítica da modernidade capitalista –, Löwy retoma autores marxistas cujas obras comprovam, para ele, as amplas possibilidades que se abrem com a incorporação dialética de alguns aspectos específicos da análise de Max Weber da vida social moderna. É o caso, como se viu, da teoria da reificação de Lukács, da crítica frankfurtiana da racionalidade instrumental e, mais ainda, da apreciação gramsciana do papel ativo das ideias e representações na história[58], exemplos que revelam para Löwy a possibilidade de "oxigenação" da crítica marxista contemporânea da

---

[56] Ibidem, p. 203-9.

[57] A tentativa de retomar a importância da abordagem weberiana para o que concebe como "marxismo dialético" é um dos objetivos centrais de Merleau-Ponty em *As aventuras da dialética*. Essa perspectiva é nítida desde o primeiro capítulo ("A crise do entendimento"), no qual o autor francês debate amplamente alguns aspectos da obra de Weber. Cf. Maurice Merleau-Ponty, *Les Aventures de la dialectique*, cit., p. 15-42.

[58] "Até certo ponto, podemos considerar que, focalizando o papel produtivo das ideias e representações através da história, Gramsci usou Weber para combater a abordagem economicista do marxismo vulgar". Michael Löwy, *A guerra dos deuses*, cit., p. 28.

modernidade através da incorporação dialética dos aportes weberianos sobre a vida moderna. Além disso, são autores que ainda lhe fornecem uma plataforma a partir da qual se torna possível legitimar a importância da subjetividade e da práxis social na constituição da realidade social, sustentando a relevância de investigações sobre movimentos socioculturais, como o judaísmo libertário da Europa central ou o cristianismo de libertação na América Latina, que são compreendidos como manifestações concretas de uma subjetividade radical e revolucionária.

Em um sentido bastante específico, Michael Löwy parece retomar por conta própria uma espécie de "dialética negativa", que confere ênfase à negatividade e às manifestações do antagonismo à ordem estabelecida. Parece haver, em Löwy, uma confiança na "positividade" que nasce das próprias emanações das formas de antagonismo e de negatividade, e que deve ser "compensada" por um excedente utópico. O papel da teoria, em particular do marxismo, centrar-se-ia, então, na compreensão desse antagonismo *negativo*, direcionando-o para uma perspectiva genuinamente revolucionária[59]. Resistência do negativo, a teoria não deve oferecer de antemão um modelo positivo das etapas a serem cumpridas para a constituição de uma sociedade. Ela deve enxergar e canalizar utopias, mas não estabelecer as leis objetivas do desenvolvimento histórico ao socialismo. Na análise concreta da realidade social, Löwy reivindica "a ponta afiada da negatividade marxista-crítica"[60] como primeiro passo para a crítica radical do existente em nome de outra sociedade possível. Para ele, é nesta "negatividade" original, neste ¡ya basta!, que se encontra o germe de um processo dialético mais amplo de transformação revolucionária das relações sociais. No posfácio da segunda edição de *O capital*, redigido em 1873, Marx afirmara que a dialética materialista, em sua forma racional,

> Constitui um escândalo e um horror para a burguesia e seus porta-vozes doutrinários, uma vez que, na intelecção positiva do existente, inclui, ao mesmo tempo, a intelecção de sua negação, de seu necessário perecimento. Além disso, apreende toda forma

---

[59] Nos tempos contemporâneos, o recurso à "dialética negativa" pode servir como contraposição à recusa pós-estruturalista da dialética hegeliana, acusada de diluir a *diferença* em uma lógica da identidade, forjando de modo totalitário uma síntese que apaga a concreticidade do acontecimento singular. Conferir, por exemplo, John Holloway, Fernando Matamoros e Sergio Tischler (orgs.), *Negatividad y revolución*, cit. Os autores recorrem à dialética negativa para reafirmar a necessidade da análise em termos de *antagonismo* de classe, na contramão da reivindicação abstrata da *positividade* imanente à "diferença". A despeito do caráter evidentemente polêmico dos ensaios, os autores têm o mérito de inserir novos elementos para o enriquecimento desse debate contemporâneo.

[60] Michael Löwy, "Sob os escombros, o recomeço", em Michael Löwy e Daniel Bensaïd, *Marxismo, modernidade e utopia*, cit., p. 260.

desenvolvida no fluxo do movimento, portanto, incluindo o seu lado transitório; porque não se deixa intimidar por nada, e é, por essência, crítica e revolucionária.[61]

É desse ponto de vista que, para Löwy, tanto Weber como Adorno – a despeito de seus posicionamentos relativamente resignados – oferecem importantes elementos para a renovação dessa crítica *negativa* do capitalismo. Flexível e absolutamente generosa, a postura teórica de Michael Löwy almeja extrair ao máximo as contribuições críticas das formulações teóricas que estão em análise. O risco é que o excesso de generosidade esvazie a dimensão crítica do marxismo em relação às teorias sociais que se identificam com a ordem existente. Melhor dizendo, a generosidade teórica pode se transformar em conciliação com aspectos "problemáticos" de formulações teóricas exteriores ao marxismo, prejudicando a capacidade deste de compreender e lançar luz sobre as possibilidades objetivas das lutas sociais das classes subalternas.

Mészáros, por exemplo, é bastante crítico em relação às potencialidades dessa "negatividade crítica". Em sua opinião, a negatividade como "imperativo moral" transforma-se, no mais das vezes, em negatividade abstrata, que permanece circunscrita aos limites impostos pelo discurso ideológico dominante: o seu antagonismo "imanente", quando muito, tão somente modifica internamente o objeto da crítica, mantendo, contudo, os laços atados com a "positividade" daquilo que se pretende negar. E, nesse sentido, se mesmo autores como Sartre ou Marcuse – ambos irredutivelmente anticapitalistas – são apontados por Mészáros[62] como exemplos dos limites dessa negatividade filosófica, o que dizer então de alguém como Max Weber, cuja "negatividade" resignada é balanceada por uma crença nas eventuais "positividades" do processo capitalista moderno de racionalização? Na concepção de Mészáros, a conciliação com qualquer dessas várias formas de negatividade filosófico-abstrata, longe de contribuir para fazer avançar a compreensão marxista do mundo do capital, constitui, ao contrário, um obstáculo à elucidação das múltiplas determinações da realidade social capitalista. Para o filósofo húngaro, é preciso que, já no processo de elaboração teórica, a *autoconsciência positiva* de uma nova ordem social seja um fator decisivo na crítica dialética da realidade posta, crítica que deve elucidar as possibilidades objetivas da superação *positiva* – por meio das forças derivadas do *trabalho* – do capitalismo.

Na entrevista que nos concedeu, ao ser questionado sobre a afirmação de Mészáros a propósito do caráter ideologicamente conservador das análises de Weber, que tendem a esvaziar de sentido o conflito dinâmico e latente entre as classes sociais

---

[61] Karl Marx, "Pósfacio da segunda edição", em *O capital: crítica da economia política*, Livro I: *O processo de produção do capital* (trad. Rubens Enderle, São Paulo, Boitempo, 2013), p. 91.

[62] István Mészáros, *Para além do capital*, cit., p. 69-73.

antagônicas no capitalismo, Michael Löwy reafirmou a sua defesa da subsunção crítica da análise weberiana da modernidade. Disse ele:

> Estou de acordo com Mészáros, cujas análises me parecem sempre interessantes, quando ele afirma que o conceito de racionalidade moderna em Weber ignora o conflito de classes. Mas nada impede a possibilidade de se reformular a problemática weberiana, reinterpretando-a em chave marxista, como o fez Lukács através do conceito de reificação. Em Lukács, a reificação está estreitamente relacionada com o conflito de classes: enquanto o pensamento burguês é prisioneiro das categorias petrificadas da reificação, o proletariado, por sua própria condição de ser humano que resiste à sua transformação em simples mercadoria ("coisa"), tem a possibilidade de romper com as formas de pensamento reificadas. Essa possibilidade se transforma em realidade no curso do processo de luta dos trabalhadores. O conceito lukacsiano da reificação é, portanto, uma síntese dinâmica e produtiva das análises de Marx sobre o fetichismo da mercadoria e das proposições de Weber sobre a "petrificação" das sociedades modernas.[63]

É interessante notar, nesta passagem, a forma pela qual Löwy articula a sua leitura lukacsiana do marxismo, muito forte desde seus tempos de juventude, com a possibilidade de diálogo com outras tradições teóricas. A defesa "ortodoxa" do ponto de vista do proletariado como único horizonte possível para a superação da reificação na teoria e na prática não impediu totalmente o florescimento de uma perspectiva teórica bastante "heterodoxa", capaz de reconhecer a importância de contribuições teóricas construídas fora – e muitas vezes em oposição – desse ponto de vista. Este é, portanto, mais um indício de que, da perspectiva do próprio Löwy, ou seja, da interpretação que ele mesmo faz do seu desenvolvimento teórico, o diálogo aberto e crítico do marxismo com outras tradições teóricas (como certas leituras de Weber e de Karl Mannheim, por exemplo) e políticas (como as utopias libertárias e religiosas, o romantismo revolucionário etc.) não significa o esmaecimento daquilo que, para ele, constitui a verdadeira "ortodoxia" marxista: a defesa de um método teórico estreitamente vinculado ao horizonte das classes sociais subalternas, um método em permanente renovação conforme as transformações da realidade e da luta de classes.

---

[63] Em Fabio Mascaro Querido, "As utopias indisciplinadas de um marxismo para o século XXI", cit., p. 184.

TEMPORALIDADE HISTÓRICA, ROMANTISMO E MARXISMO EM MICHAEL LÖWY

Ontem não é um marco de estrada ultrapassado, mas um diamante na estrada batida dos anos e irremediavelmente parte de nós, dentro de nós, pesado e perigoso. Não estamos meramente mais cansados por causa de ontem, somos outros, não mais o que éramos antes da calamidade de ontem.[1]

No início da década de 1970, em sua segunda tese de doutorado, sobre o jovem Lukács, Michael Löwy ainda apostava que, no limite,

> O socialismo de Marx nada tem a ver, social e ideologicamente, com o romantismo anticapitalista; ele encontra suas raízes em outro setor da pequena burguesia, ou seja, a pequena burguesia jacobina, iluminista, democrático-revolucionária, antifeudal e "francófila", da qual Heinrich Heine, esse inimigo encarniçado do romantismo, é o genial representante literário.[2]

Muito embora já reconhecesse que o romantismo pode ter uma "visão mais lúcida das contradições de classe no interior da sociedade industrial que a ideologia liberal burguesa"[3], a postura de Löwy, naquele momento, reproduzia nesse aspecto específico a contradição histórica entre marxismo e romantismo que permaneceu desde Marx até o desenvolvimento ulterior do marxismo.

Ao longo de sua história, muitos autores marxistas buscaram ressaltar as diferenças substantivas entre o marxismo e as demais formas de crítica da sociedade burguesa, do romantismo anticapitalista às utopias de todos os tipos. Para além do moralismo utópico e/ou romântico, o marxismo seria compreendido como crítica "objetiva" do capitalismo, como descoberta de suas tendências fundamentais e das

---

[1] Samuel Beckett, *Proust* (trad. Arthur Nestrovski, São Paulo, Cosac Naify, 2003), p. 11.

[2] Michael Löwy, *A evolução política de Lukács*, cit., p. 35-6.

[3] Ibidem, p. 35.

possibilidades de sua superação – superação que deveria ser realizada a partir das contradições do próprio sistema vigente. Daí, segundo essa interpretação, a dimensão imediatamente antirromântica do marxismo, uma vez que este reconhece a importância histórica do progresso e do desenvolvimento histórico – inclusive capitalista – como momentos indispensáveis para a emancipação social futura.

Conhece-se bem, por exemplo, a constatação celebratória de Marx e Engels, no *Manifesto Comunista*, do ímpeto revolucionário das transformações burguesas das formas de produção e das relações sociais em seu conjunto. Para os dois autores, "a burguesia desempenhou na história um papel iminentemente revolucionário", vinculando sua existência à necessidade de "revolucionar incessantemente os instrumentos de produção, por conseguinte, as relações de produção e, com isso, todas as relações sociais". No limite, encontrava-se aí uma aposta nas possibilidades dialéticas abertas pelo "abalo constante de todo o sistema social" e pela "agitação permanente" impulsionados pela sociedade burguesa emergente, ao cabo da qual "tudo o que era sólido e estável se desmancha no ar, tudo o que era sagrado é profanado e os homens são obrigados finalmente a encarar sem ilusões a sua posição social e as suas relações com os outros homens"[4].

Em Marx, porém, o reconhecimento da dimensão "progressista" do desenvolvimento capitalista não anulava – ao contrário, pressupunha – a crítica ao caráter potencialmente bárbaro (do ponto de vista social e humano) desse desenvolvimento. O capitalismo apresentava-se, para Marx, "como um progresso e uma catástrofe ao mesmo tempo", como bem observou Fredric Jameson, que, em comentário sobre o *Manifesto Comunista*, afirma também:

> Marx nos incita a fazer o impossível, a saber, pensar este desenvolvimento [do capitalismo] de forma positiva e negativa ao mesmo tempo; em outras palavras, chegar a um tipo de pensamento capaz de compreender ao mesmo tempo as características demonstravelmente funestas do capitalismo e seu dinamismo extraordinário e libertador em um só raciocínio e sem atenuar a força de nenhum desses dois julgamentos. Devemos, de algum modo, elevar nossas mentes até um ponto em que seja possível entender o capitalismo como, ao mesmo tempo, a melhor e a pior coisa que jamais aconteceu à humanidade.[5]

Todavia, aquilo que, para Marx, constituía o reconhecimento dialético de que a construção do capitalismo implica certo nível de desenvolvimento global das forças produtivas transformou-se, em parcela significativa do marxismo posterior, em uma apologia economicista do progresso capitalista. Desde a tradição teórica da Segunda

---

[4] Karl Marx e Friedrich Engels, *Manifesto Comunista* (trad. Álvaro Pina, 3. ed., São Paulo, Boitempo, 2002, Coleção Marx-Engels), p. 42-3.

[5] Fredric Jameson, *Pós-modernismo*, cit., p. 73.

Internacional, alimentada pelos "escorregões positivistas" do último Engels[6] e depois recuperada com algumas modificações pela Terceira Internacional sob controle stalinista, a crença nas virtuosidades do progresso e do desenvolvimento das forças produtivas fez com que o marxismo se transformasse numa espécie de vertente radicalizada daquilo que Jürgen Habermas chamou mais tarde de "discurso filosófico da modernidade", expressão teórica do culto iluminista do progresso capitalista.

Diante desse contexto, qualquer tentativa de reaproximar o pensamento marxista do romantismo anticapitalista implica, em primeiro lugar, a revalorização das tradições heréticas e subterrâneas do marxismo, cuja crítica ao capitalismo coincidia com a recusa radical das apologias mecanicistas do progresso e do desenvolvimento das forças produtivas. É com essa tradição – que não raro incorporou elementos românticos ao seu arcabouço marxista – que Michael Löwy estabeleceu seus vínculos teóricos e políticos. Mesmo quando ainda acentuava as diferenças entre o anticapitalismo romântico e o marxismo, como em seu estudo sobre o jovem Lukács, nos anos 1970, a própria arquitetura teórica do marxismo de Löwy – solidificada através do diálogo com autores e tradições diversos do pensamento socialista – já anunciava uma tendência à procura incessante pelas convergências e afinidades eletivas entre visões de mundo de origens distintas. Assim, não é exatamente surpresa o fato de que, em especial a partir da década de 1980 (quando o "progresso" capitalista começa a deixar transparecer o seu caráter destrutivo), Löwy tenha se dedicado à releitura marxista do romantismo, convencendo-se ao final, de forma bastante polêmica, de que:

> A crítica romântica da civilização capitalista é um componente importante do pensamento de Marx e Engels, e o ponto de partida de uma corrente de pensamento "marxista romântico", que vai de William Morris a Herbert Marcuse, passando pelo jovem Lukács, por Ernst Bloch e por André Breton.[7]

5.1. A retomada marxista do anticapitalismo romântico

> Uma das tarefas – não das menores – diante das quais se vê confrontado o pensamento é a de colocar todos os argumentos reacionários contra a civilização ocidental a serviço da *Aufklärung* progressista.[8]

Do ponto de vista teórico, a releitura marxista da tradição romântica estabelecia a necessidade de uma profunda redefinição do próprio conceito de romantismo.

---

[6] Cf. Daniel Bensaïd, *Marx, o intempestivo*, cit.
[7] Ivana Jinkings e Emir Sader, "Entrevista com Michael Löwy", cit., p. 14.
[8] Theodor Adorno, *Minima Moralia. Réflexions sur la vie mutilée* (Paris, Payot, 1983), p. 179.

Era preciso, antes de tudo, olhar sob nova perspectiva teórica as potencialidades críticas do anticapitalismo romântico, retirando-lhe o véu de obscuridade a que foi confinado pelo marxismo, com algumas poucas exceções, como alguns dos autores supracitados[9]. Na companhia de Robert Sayre – que também havia sido aluno de Lucien Goldmann –, Michael Löwy dedicou-se, então, a *escovar a contrapelo* a história das tradições românticas, repensando a fundo os próprios instrumentos conceituais comumente utilizados pelo marxismo para a compreensão do fenômeno. O primeiro artigo sobre a temática redigido pelos dois autores foi publicado em duas partes na revista *L'Homme et la Société*, em 1983 e 1984[10]. Mas, sem dúvida, foi com a publicação do livro *Révolte et mélancolie*, em 1992, que Löwy e Sayre consolidaram suas novas e originais maneiras de se conceber o romantismo[11].

O objetivo central de Michael Löwy e Robert Sayre, neste estudo, é a tentativa de restituir a essência do romantismo, congregando as antinomias do fenômeno sob uma visão social comum e vinculando-a aos desdobramentos do contexto histórico e social da consolidação e reprodução da sociedade burguesa. Em outras palavras, tratava-se de responder à questão: "qual é o conceito, o *Begriff* (no sentido hegeliano-marxista do termo) do romantismo, capaz de explicar suas incontáveis formas de aparição, seus diversos traços empíricos, suas múltiplas e tumultuosas cores?"[12]. Ora, a tentativa de recompor as ambivalências do romantismo através de um conceito dialético, apreendendo-o em suas contradições e possibilidades múltiplas, implicava a necessidade, por um lado, de escapar das formas convencionais

---

[9] Michael Löwy e Robert Sayre, *Revolta e melancolia: o romantismo na contracorrente da modernidade* (São Paulo, Boitempo, 2015).

[10] Cf. Michael Löwy e Robert Sayre, "Figures du romantisme anti-capitaliste", *L'Homme et la Société*, n. 69-70, 1983, p. 99-121 e "Figures du romantisme anti-capitaliste: une tentative de typologie", *L'Homme et la Société*, n. 73-74, 1984, p. 147-72. Em 1984, o artigo também foi publicado em inglês ("Figures of Romantic Anti-Capitalism") na revista *New German Critique*, n. 32, 1984, p. 42-92. Mas, segundo o testemunho do próprio Robert Sayre, a origem da nova teorização sobre o romantismo deve-se exclusivamente às reflexões de Löwy sobre o assunto; na realidade, Sayre participou mais ativamente "apenas" da elaboração do conceito. Cf. Robert Sayre, "Romantisme et modernité: parcours d'un concept et d'une collaboration", em Vincent Delecroix e Erwan Dianteill, *Cartographie de l'utopie. L'Œuvre indisciplinée de Michael Löwy* (Paris, Sandre Actes, 2011), p. 61.

[11] Cf. Michael Löwy e Robert Sayre, *Révolte et mélancolie: le romantisme à contre-courant de la modernité* (Paris, Payot, 1992). Além dessa obra, Michael Löwy e Robert Sayre publicaram juntos vários textos sobre o fenômeno, entre os quais se pode destacar o pequeno livro *Romantismo e política* (trad. Eloísa de Araújo Oliveira, Rio de Janeiro, Paz e Terra, 1993). Michael Löwy também dedicou-se individualmente a inúmeros textos ao tema. No Brasil, uma porção importante desses ensaios foi publicada no já citado *Romantismo e messianismo*.

[12] Michael Löwy e Robert Sayre, *Revolta e melancolia*, cit., p. 24.

de compreender o fenômeno e, por outro, de recolher as contribuições parciais de alguns autores sobre a temática romântica.

Muito além de uma escola literária do século XIX, como se costuma pensar, o romantismo constitui, para Michael Löwy e Robert Sayre, uma "visão social de mundo", uma *estrutura básica de sentimento* que, desde meados do século XVIII até os dias atuais, atravessa as mais diferentes manifestações socioculturais, da arte à política, passando pela filosofia, pela historiografia e pela teologia. Portanto, em que pese seu caráter fabulosamente contraditório, sua diversidade e sua acomodação às particularidades históricas nacionais, o anticapitalismo romântico define-se por uma "fonte luminosa comum", a saber: a oposição ao mundo burguês moderno. Nas palavras de Michael Löwy, "a característica essencial do anticapitalismo romântico é uma crítica radical à moderna civilização industrial (burguesa) – incluindo os processos de produção e de trabalho – em nome de certos valores sociais e culturais pré-capitalistas"[13]. Contudo, "a referência a um passado (real ou imaginário) não significa necessariamente que tenha uma orientação reacionária ou regressiva: pode ser revolucionária tanto quanto conservadora"[14].

A tentativa de compreender o romantismo como visão de mundo, ou seja, como estrutura mental coletiva, possibilita justamente a apreensão das ambivalências políticas, culturais, sociais e ideológicas que atravessam suas manifestações concretas. O conceito de "visão social de mundo", utilizado pelos autores, provém da obra de Lucien Goldmann, "que desenvolve e leva a um nível superior uma longa tradição do pensamento alemão, em particular Wilhelm Dilthey"[15]. Mais uma vez, portanto, a análise procura articular as relações dialéticas entre as ideias/autores que compõem o fenômeno romântico e a visão de mundo mais geral a qual estão vinculados. E, mais uma vez, o movimento é dialético: do romantismo como manifestação estética ou cultural aos alicerces sociais e históricos que condicionam o *máximo de consciência possível* de sua visão de mundo e vice-versa, em um processo permanente de "circularidade dialética" entre o desenvolvimento das ideias românticas e as transformações históricas concretas do capitalismo moderno. Conforme a melhor tradição dialética, o romantismo, como crítica e negação, só pode ser compreendido em seu *antagonismo* com as mudanças históricas provocadas pela ascensão e pela consolidação da modernidade capitalista.

Recorrendo às análises de Lucien Goldmann, que, em *Pour une sociologie du roman*, havia apresentado o romance como expressão do conflito entre a sociedade burguesa e alguns valores humanos qualitativos, Michael Löwy e Robert Sayre veem

---

[13] Michael Löwy, "A crítica romântica e a crítica marxista da civilização ocidental", em *Romantismo e messianismo*, cit., p. 36.

[14] Idem.

[15] Michael Löwy e Robert Sayre, *Revolta e melancolia*, cit., p. 34.

no romantismo exatamente uma forma específica (inspirada em valores e ideais do passado) de manifestação deste antagonismo[16]. Ademais, no plano metodológico, a redefinição do conceito inspirou-se também "nas análises de Lukács, que foi o primeiro a relacionar explicitamente o romantismo com a oposição ao capitalismo"[17]. Em Lukács, pela primeira vez o conceito de *anticapitalismo romântico* foi utilizado "para designar o conjunto das formas de pensamento no qual a crítica da sociedade burguesa se inspira em uma nostalgia passadista"[18]. Através desse conceito, Lukács analisou com muita acuidade o universo cultural de Balzac; sua perspectiva permanece, porém, segundo Löwy e Sayre, prisioneira da tendência a considerar o romantismo como uma corrente reacionária, que caminha para a direita e para o fascismo[19].

Da perspectiva dos autores, a ideia de uma visão de mundo romântica constitui, acima de tudo, um conceito (*Begriff*) em sentido hegeliano-marxista, "traduzindo" – por assim dizer – o movimento da realidade, e ao mesmo tempo revelando as contradições e a diversidade do fenômeno. Como admitem Löwy e Sayre, a consequência provável dessa formulação é a ampliação do próprio conceito de romantismo: "é evidente que ela [esta concepção] confere uma extensão considerável do termo 'romantismo', extensão que alguns, em especial os que estão habituados a associar o romantismo somente aos movimentos artísticos assim denominados, poderiam considerar abusiva"[20]. Porém, afirmam, esta extensão se deve à própria multiplicidade do termo romantismo, que desde outrora já desafiava a sua limitação às manifestações literárias e artísticas. "Fala-se correntemente, antes de nós e há muito tempo, de romantismo político, de economia política e filosofia romântica, ou ainda de 'neorromantismo', em referência a autores do final do século XIX e às vezes até mesmo do século XX."[21]

---

[16] A inspiração decisiva da teorização de Lucien Goldmann a esse respeito é o trabalho de juventude de Lukács, *A teoria do romance* (1916), em que o romance é apresentado como o gênero expressivo de uma época na qual "não há mais uma totalidade espontânea do ser", ou seja, na qual já não há mais um sentido imanente e qualitativo da vida. O romance constitui, nessa perspectiva, uma forma de expressão das aspirações de certos indivíduos "problemáticos" – artistas, escritores, filósofos, teólogos etc. –, motivados por valores qualitativos opostos ao valor de troca. György Lukács, *A teoria do romance: um ensaio histórico-filosófico sobre as formas da grande épica* (trad. José Marcos Mariani de Macedo, São Paulo, Duas Cidades/Editora 34, 2000).

[17] Michael Löwy e Robert Sayre, *Revolta e melancolia*, cit., p. 35.

[18] Ibidem, p. 30.

[19] Para Michael Löwy e Robert Sayre, ao considerarem o romantismo como uma corrente necessariamente retrógrada e reacionária, esses autores partilham o "preconceito – herdado das Luzes – [de] conceber a crítica da realidade social apenas de uma perspectiva 'progressista'" (ibidem, p. 31).

[20] Ibidem, p. 36.

[21] Ibidem, p. 36-7.

Tratando-se de uma análise dialética, a elaboração do conceito toma como ponto de partida as inúmeras manifestações e conceituações já existentes do romantismo para, a partir daí, efetivar sua redefinição, dando-lhe nova estrutura. Nas palavras dos autores:

> Nosso procedimento foi o seguinte: tomamos de início como estado de fato esse amplo leque de utilizações do termo "romântico" e "romantismo", estado de fato que precisa ser explicado. Tomamos como hipótese de trabalho que havia uma unidade real nesses diversos empregos dos termos, e que se percebeu mais ou menos intuitivamente conforme o caso, uma comunidade de sensibilidades, sem que se soubesse exatamente no que consistia. Portanto, começamos com o romantismo *tal como utilizado* (e na totalidade de suas utilizações), querendo encontrar o princípio que pudesse reunir essa diversidade, definir essa comunidade. Entretanto, uma vez formulada a definição, verificamos que ela pode aplicar-se não só a esses fenômenos que foram designados como românticos, seja pelos próprios interessados, seja por outros, mas também a autores, correntes e épocas que habitualmente não se consideram românticos, ou recusam esse qualificativo.[22]

Em especial, é comum nas análises (marxistas ou não) do romantismo definir historicamente a sua gênese como protesto em relação às promessas não cumpridas da Revolução Francesa. Dessa óptica, o romantismo teria se desenvolvido a partir da desilusão com a tomada do poder pela burguesia em ascensão. "Uma transformação de ordem política torna-se, portanto, seu catalisador."[23] Para Michael Löwy e Robert Sayre, no entanto, se o romantismo constitui uma oposição ao mundo burguês moderno, ele deve ser compreendido, antes de tudo, como uma resposta crítica às lentas e profundas transformações na ordem social e econômica provocadas pelo advento e pela consolidação do capitalismo, que coincidem com o "fim" do período de "acumulação primitiva". Ora, essas mudanças iniciaram-se muito antes da revolução de 1789, o que demonstra, segundo os autores, a existência incipiente de manifestações românticas já no século XVIII, como se pode ver, por exemplo, na figura de Jean-Jacques Rousseau[24].

A visão de mundo romântica surge e acompanha criticamente o desenvolvimento da modernidade capitalista desde seus primórdios. Por isso mesmo, "o

---

[22] Ibidem, p. 37; grifo do original.

[23] Ibidem, p. 38.

[24] Quanto ao "núcleo" espacial ou geográfico da gênese do romantismo a partir da segunda metade do século XVIII, Löwy e Sayre sustentam a tese, já desenvolvida por Karl Mannheim, de que o fenômeno romântico surgiu praticamente ao mesmo tempo na França, Inglaterra e Alemanha, países cujos processos de industrialização e modernização estariam relativamente mais desenvolvidos (ibidem, p. 74-7).

romantismo como visão de mundo constitui-se enquanto forma específica de crítica da 'modernidade'"[25]. A modernidade, diante da qual se revolta o romantismo, é compreendida como o resultado da emergência histórica da revolução industrial e da generalização da economia de mercado. Incorporando as contribuições de Weber e de Karl Polanyi[26], a partir de um referencial basicamente marxista e lukacsiano (de *HCC*), os autores compreendem a modernidade como o resultado da consolidação de uma "civilização capitalista", cuja hegemonia no Ocidente já pode ser verificada desde a segunda metade do século XVIII. "Essa totalidade, da qual o capitalismo enquanto modo e relações de produção é o princípio unificador e gerador, mas que é rica em ramificações, é que constitui a 'modernidade'."[27] É na oposição a *essa* realidade capitalista moderna – em geral descrita como *a* realidade, sem mais – que o romantismo floresceu historicamente. Daí o seu "impulso anticapitalista", potencializado na revolta contra a civilização capitalista[28].

A crítica romântica incide sobre as diversas formas de manifestação da civilização capitalista moderna, contestando-as em nome de valores qualitativos do passado – que podem, ou não, serem reapropriados como combustível utópico para as lutas do futuro. Segundo Löwy e Sayre, a crítica romântica é dirigida, em geral, contra "as características do capitalismo cujos efeitos negativos atravessam as classes sociais, e são vividas como miséria generalizada nesta sociedade"[29]. A crítica romântica focaliza-se, sobretudo, nos aspectos sociais e culturais que decorrem da civilização capitalista ("em especial os ressaltados por por Max Weber"[30], cujo desenvolvimento coincide historicamente com a generalização do valor de troca – como, aliás, já mostrara Lukács em *HCC*.

Embora tenha transformado as suas formas de realização ao longo do tempo, as características centrais da civilização moderna permanecem, na opinião dos autores, até os dias atuais. Como consequência, ao contrário do que afirmam muitos estudiosos do fenômeno, a visão de mundo romântica continua presente na cultura moderna, projetando-se como uma *sombra* que acompanha o capitalismo moderno

---

[25] Ibidem, p. 39.

[26] Em *A grande transformação: as origens de nossa época* (trad. Fanny Wrobel, Rio de Janeiro, Campus, 1980, p. 62-98), obra publicada em 1944, o economista austro-húngaro Karl Polanyi sublinha o caráter substancialmente novo das mudanças iniciadas pela Revolução Industrial e intensificadas ao longo do século XIX, quando, pela primeira vez na história, a esfera econômica, sob a mediação do mercado autorregulador, torna-se praticamente autônoma, impondo-se sobre o conjunto das demais instituições sociais e, por fim, subordinando a própria substância da sociedade às leis do mercado.

[27] Michael Löwy e Robert Sayre, *Revolta e melancolia*, cit., p. 40.

[28] Idem.

[29] Idem.

[30] Ibidem, p. 42.

desde seu surgimento até o presente. Por isso, o romantismo é uma crítica *moderna* da modernidade: "longe de lançar um olhar exterior, de ser uma crítica vinda de um 'além' qualquer, a visão romântica constitui uma '*autocrítica' da modernidade*"[31]. Ao "reagir afetivamente, ao refletir, ao escrever contra a modernidade, [os românticos] reagem, refletem e escrevem em termos modernos"[32].

A especificidade da crítica romântica da modernidade, isto é, a tonalidade particular que lhe diferencia das outras correntes da cultura moderna, resume-se pela ideia de que a vida moderna constitui a expressão da perda de valores qualitativos outrora preponderantes. Ao contrário do "anticapitalismo modernizador", que predominou nas correntes majoritárias do marxismo (o próprio Lenin chegou a definir o socialismo como "os *soviets* mais eletrificação"[33]), a crítica romântica da modernidade é inspirada pela sensação ou pela experiência de que, "no real moderno uma coisa preciosa foi perdida, tanto no nível do indivíduo quanto no da humanidade. A visão romântica caracteriza-se pela convicção dolorosa e melancólica de que o presente carece de certos valores humanos essenciais, que foram alienados"[34]. No romantismo, a nostalgia do passado liga-se estreitamente à crítica do capitalismo moderno.

Na perspectiva romântica, o passado, como "paraíso perdido", corresponde a um período em que as alienações modernas ainda não impostavam a vida social de forma significativa. "A característica essencial desse passado é a diferença com relação ao presente."[35] O romantismo manifesta, então, uma aspiração pela reconquista de valores humanos usurpados pela modernidade capitalista. É por essa razão que a visão de mundo romântica, nos termos de Löwy e Sayre,

> Toma um momento do passado real, no qual as características funestas da modernidade ainda não existiam e os valores humanos sufocados por ela ainda existiam, e transformavam-no em utopia, moldam-no como encarnação das aspirações românticas. É assim que se explica o paradoxo aparente de que o "passadismo" romântico também pode ser um olhar para o futuro; a imagem de um futuro sonhado, além do mundo atual, inscreve-se na evocação de uma era pré-capitalista.[36]

As múltiplas formas dessa rememoração do estado ideal localizado no passado testemunham a diversidade concreta das manifestações da visão de mundo

---

[31] Ibidem, p. 43; grifos do original.
[32] Idem.
[33] Vladimir I. Lenin, *Obras completas*, t. 31 (Madri, Akal, 1975), p. 435.
[34] Idem.
[35] Ibidem, p. 44.
[36] Idem.

romântica, assim como os níveis de relação com outras visões de mundo modernas. Do ponto de vista romântico, esta tentativa de "recriar" o passado idealizado pode tomar, conforme afirmam Löwy e Sayre, diversas formas e direções: desde as tentativas de *poetização* ou *estetização* do presente – na contramão da alienação moderna –, como a de Schiller, passando pelas tendências que visam reencontrar o paraíso perdido em algum lugar da própria realidade presente, como a experiência utópica levada adiante pelos discípulos de Saint-Simon, até aquelas orientadas explicitamente para o futuro, como sugerem os exemplos de Shelley, Proudhon, Willian Morris, Walter Benjamin, entre outros. Em alguma medida, "toda criação artística romântica é uma projeção utópica – um mundo de beleza – criada pela imaginação no presente"[37]. Não por acaso, conforme resumem os autores: "repúdio à realidade social atual, experiência da perda, nostalgia melancólica e procura do que foi perdido: tais são os principais componentes da visão romântica"[38]. Esse passado romântico pode ser falso em termos ontológicos, já que é sempre resultado de uma reconstrução (que não pretende apreender o passado "tal como ele efetivamente ocorreu") a partir das intempéries do presente; mas é este caráter reconstrutivo, que redistribui o sentido do passado e da própria temporalidade histórica, que garante a vocação potencialmente utópica e revolucionária do romantismo[39].

Mas, enfim, quais são, de fato, os valores "positivos" através dos quais os românticos definem a forma e o conteúdo de sua crítica da modernidade? Para Michael Löwy e Robert Sayre, o conteúdo "positivo" do romantismo é definido por um conjunto de valores *qualitativos* opostos ao valor de troca, que podem ser concentrados em dois polos fundamentais, aparentemente opostos, mas que, na opinião dos autores, não são de todo contraditórios, como atesta o próprio exemplo dos românticos[40]. O primeiro deles exprime a exaltação da subjetividade, característica dos românticos. Substancialmente diferente do individualismo de matriz liberal, a glorificação romântica da individualidade – em geral considerada *a* característica essencial do romantismo – constitui "uma das formas da resistência à reificação"[41]. A defesa romântica da individualidade opõe-se à *instrumentalização*, por parte da "jaula de aço" de que falava Max Weber, dos indivíduos para o preenchimento das funções socioeconômicas essenciais à continuidade da reprodução do capital. O "individualismo romântico" – ou "individualismo qualitativo", como dizia Georg Simmel, em oposição ao "individualismo numérico" da modernidade[42] –

---

[37] Ibidem, p. 45.
[38] Ibidem, p. 47.
[39] Vincent Delecroix, "Les Temps romantique de Michael Löwy", cit.
[40] Michael Löwy e Robert Sayre, *Revolta e melancolia*, cit., p. 47.
[41] Idem.
[42] Georg Simmel, *Philosophie de la modernité* (Paris, Payot, 1989), p. 301-3.

manifesta antes de tudo a revolta da subjetividade reprimida e deformada pela vida social moderna.

O segundo polo dos valores qualitativos reclamados pelos românticos vincula-se à concepção da totalidade ou comunidade humana como alicerce fundamental para a real complementaridade entre os indivíduos singulares. A busca por uma comunidade humana autêntica constitui o suplemento necessário para a realização concreta da individualidade humana, em contraposição às limitações da individualidade liberal.

> É importante enfatizar a esse respeito, contra uma corrente de pensamento que pretende ver no fenômeno romântico sobretudo ou exclusivamente uma afirmação de individualismo exacerbado, que a exigência de comunidade é tão essencial à definição da visão romântica quanto seu aspecto subjetivo e individual. De fato, ela é mais fundamental, porque o paraíso perdido é sempre a plenitude do todo-humano e natural.[43]

Enquanto a primeira exigência (a primazia da individualidade) é moderna sem perder completamente sua feição nostálgica, a segunda (a aspiração pela comunidade) representa um verdadeiro regresso simbólico ao passado, constituindo a dimensão transindividual do romantismo[44]. A combinação dessas duas reivindicações fundamentais é delimitada pela oposição à realidade instaurada pela modernidade capitalista. A crítica *negativa* do capitalismo e os valores românticos *positivos* constituem dois momentos de uma só estrutura significativa, de uma visão de mundo (romântica) global.

A relativa diversidade temática dos românticos, bem como os diferentes níveis de intensidade com que estes temas são empregados, conferiu à arte romântica a possibilidade de se manifestar através de um sem-número de formas estéticas. Em mais de dois séculos de existência, as criações artísticas românticas não compartilharam nenhum conjunto de atributos formais precisos[45]. O que não significa, segundo os autores, que o romantismo escape aos vínculos significativos entre a *forma* e o *conteúdo* de uma obra; significa apenas que o fenômeno, como visão de mundo, não se restringe a uma forma artística específica, como no caso das correntes estéticas, dos impressionistas aos cubistas. No sentido que o concebem Michael Löwy e Robert Sayre, o fenômeno romântico ultrapassa a oposição estética rígida entre a forma romântica e a forma classicista: de um ponto de vista estético *clássico*,

---

[43] Michael Löwy e Robert Sayre, *Revolta e melancolia*, cit., p. 48.
[44] Idem.
[45] Ibidem, p. 49.

um artista e/ou escritor pode manifestar perspectivas e/ou dimensões românticas em sua obra, sem que isso signifique, necessariamente, uma contradição insolúvel[46].

Se a crítica romântica encontra seu eixo comum nas denúncias a "certo número de características insuportáveis" da modernidade capitalista-industrial – como o desencantamento, a mecanização, a quantificação do mundo, a abstração racionalista e a dissolução dos vínculos sociais –, as formas pelas quais se realiza essa crítica, assim como a projeção de futuro nela implícita, são bastante diversas. Diante de tal quadro, Michael Löwy e Robert Sayre estabelecem a necessidade de "uma tipologia do romantismo", através da qual se tornaria possível uma assimilação teórica mais nítida da variedade característica do fenômeno. Em suas palavras:

> Trata-se, nesse caso, de "tipos ideais" no sentido weberiano. Entendam-se construções do pesquisador que, por um lado, não pretendem ser as únicas possíveis ou válidas e, por outro, encontram-se frequentemente articuladas ou combinadas na obra de um mesmo autor.[47]

Além do mais, como ressaltam os autores, embora em uma perspectiva weberiana, a construção teórica dos "tipos ideais" da visão de mundo romântica deve associar, dialeticamente, conforme a tradição marxista, as dimensões econômicas, sociais, políticas e culturais. É sob as interações dialéticas entre essas esferas que a crítica romântica se manifesta, em sua *negação* de algumas das características das sociedades modernas. Para Löwy e Sayre,

---

[46] Roberto Schwarz sustenta a hipótese de que, na obra de Michael Löwy, é possível ver um certo "desdém pelas questões de forma", desdém este que lhe parecia "um erro sem remédio, alheio ao procedimento artístico e à maneira que a arte tem de conhecer". No entanto, o próprio crítico brasileiro relativiza essa perspectiva, afirmando que esse descaso de Löwy não deixava de ser uma "opção formal, a manifestação de um interesse rebelde e indiscutível, que as considerações de forma edulcoram. Nesse sentido, o antiformalismo representa um gosto peculiar, uma espécie de *plebeísmo libertário*, uma inconformidade com o lado sublimador da literatura, ou com a literatura tal como ela é". E arremata: "Para Michael, quem manda são os apetites da imaginação, que não pedem licença e cuja esfera é a vida corrente, sem cálculo estético, sem especialização de ofício e com pouca história da arte. O que conta, o que fala a seu coração é o que as obras trazem à luta socialista e à libertação do inconsciente". Cf. Roberto Schwarz, "Aos olhos de um velho amigo", cit., p. 156.

[47] Michael Löwy e Robert Sayre, *Revolta e melancolia*, cit., p. 85. Goldmann também defende, à luz de sua interlocução com as ciências sociais acadêmicas, a necessidade de construção de tipologias como mediação para a abordagem da realidade concreta. Segundo ele, as tipologias "são absolutamente indispensáveis para o trabalho efetivo da ciência e para permitir que esta se aproxime e possa compreender a realidade concreta em toda a sua riqueza". Cf. Lucien Goldmann, "Materialismo dialético e história da filosofia", em *Dialética e cultura*, cit., p. 63.

Ao definir o romantismo como uma reação contra o capitalismo industrial e a sociedade burguesa, parece-nos mais coerente constituir os tipos em função da atitude ou da posição tomada em relação a essa sociedade, conforme a maneira específica de considerar o problema da modernidade e sua eventual superação.[48]

A partir dessa perspectiva, distinguem seis tipos de visão de mundo romântica: o romantismo 1) restitucionista, 2) conservador, 3) fascista, 4) resignado, 5) reformador e 6) revolucionário e/ou utópico. Com a elaboração de uma tipologia do romantismo, os autores pretendem sistematizar algumas das múltiplas formas de manifestação do fenômeno romântico, destacando sua ampla diversidade teórica e política; da extrema-direita fascista à esquerda revolucionária, a visão social de mundo romântica abrange diferentes – e por vezes antagônicos – posicionamentos no espectro político-ideológico.

Entre esses vários tipos de visão de mundo romântica, Michael Löwy e Robert Sayre dão destaque especial ao romantismo revolucionário e/ou utópico, em que a crítica da modernidade aparece em toda a sua plenitude anticapitalista, vinculando-se a uma perspectiva apontada para o futuro. É essa dialética entre passado, presente e futuro (em ruptura com a temporalidade abstrata das concepções "progressistas" da história) que distingue o romantismo revolucionário das demais manifestações do fenômeno. Para os autores, pode-se subdividir o romantismo revolucionário e/ou utópico em cinco tendências distintas: I) jacobino-democrática; II) populista; III) socialista utópico-humanista; IV) libertária; V) marxista. Essas formas de romantismo têm em comum o fato de que,

> recusando tanto a ilusão de um retorno puro e simples às comunidades orgânicas do passado quanto a aceitação resignada do presente burguês ou seu aperfeiçoamento por meio de reformas, aspira – de uma maneira que pode ser mais ou menos radical, mais ou menos contraditória – à abolição do capitalismo ou ao advento de uma utopia igualitária em que se recuperariam certos traços e valores das sociedades anteriores.[49]

Aparentemente, como vimos, o anticapitalismo marxista distancia-se de maneira substancial da recusa romântica da modernidade. Marx rejeita "como 'reacionários' quaisquer sonhos de retorno ao artesanato ou qualquer outro modo pré-capitalista de produção"[50]. Porém, ao reconhecer a dimensão "progressista" do capitalismo, Marx acentua, ao mesmo tempo, sob critérios eminentemente dialéticos, a regressão social que decorre da acumulação capitalista da riqueza produzida pelos homens.

---

[48] Michael Löwy e Robert Sayre, *Revolta e melancolia*, cit., p. 85.
[49] Ibidem, p. 102.
[50] Michael Löwy, "A crítica romântica e a crítica marxista da civilização ocidental", cit., p. 41.

Para o filósofo alemão, o capitalismo é um sistema que "transforma todo progresso econômico em uma calamidade social"[51]. Ora, é precisamente no âmbito da análise dessas "calamidades sociais" provocadas pelo capitalismo industrial que, segundo Löwy, pode-se encontrar uma retomada marxiana de alguns temas e perspectivas da tradição romântica. Nas palavras de Michael Löwy,

> A crítica marxiana da civilização industrial-capitalista não se limita à propriedade privada dos meios de produção; é muito mais cabal, radical e abrangente. É a totalidade das formas industriais de produção existentes e a totalidade da sociedade burguesa moderna que são questionadas. E é aqui que encontramos muitos argumentos e atitudes similares às dos românticos. Na verdade, *o anticapitalismo romântico é a fonte esquecida de Marx*, fonte tão importante para o seu trabalho quanto o neo-hegelianismo alemão ou o materialismo francês.[52]

É na crítica "humanista" a este padrão civilizatório que, segundo Michael Löwy, as concepções de Marx se aproximam do anticapitalismo romântico[53]. Especialmente em seu período de juventude, Marx sofreu significativa influência de críticos românticos do capitalismo industrial, como Sismondi, o populista russo Nikolai Danielson, escritores como Dickens e Balzac, filósofos sociais como Thomas Carlyle (em sua obra anterior às revoluções de 1848), sem falar em socialistas romântico-utópicos como Fourier, Leroux ou Moses Hess[54]. Além disso, em sua primeira tentativa de crítica a Hegel, Marx estava fortemente influenciado pela *Naturphilosophie* de Schelling, como mostra o biógrafo Auguste Cornu, citado por Löwy e Sayre[55].

Nesses autores, Marx encontrara alguns elementos decisivos para a crítica da civilização capitalista moderna, em suas mais diversas manifestações específicas. Nos *Manuscritos econômico-filosóficos* de 1844, por exemplo, sob nítida influência da crítica romântica do capitalismo, o ainda jovem filósofo denunciou o perverso predomínio dos valores quantitativos em detrimento das "qualidades humanas e naturais". Para Marx, no capitalismo, em lugar do intercâmbio entre qualidades essencialmente humanas – amor por amor, verdade por verdade –, nota-se um domínio cada vez mais amplo dos imperativos do intercâmbio abstrato de dinheiro por mercadoria. O dinheiro é compreendido pelo filósofo alemão como "a prostituta universal, o proxeneta universal dos homens e dos povos. A inversão e a confusão

---

[51] Karl Marx citado em Michael Löwy, *Revolta e melancolia*, cit., p. 120.
[52] Ibidem, p. 43.
[53] Cf. Michael Löwy, "L'Humanisme romantique", *Revue d'Allemagne*, t. 25, n. 3, 1993.
[54] Michael Löwy e Robert Sayre, *Revolta e melancolia*, cit., p. 120.
[55] Ibidem, p. 119.

de todas as qualidades humanas e naturais"⁵⁶. O próprio conceito de alienação, desenvolvido pelo jovem Marx, integra alguns aspectos da crítica romântica do capitalismo, rearticulando-os sob uma perspectiva dialética. Para Michael Löwy e Robert Sayre, "não há dúvida de que o conceito marxista de *alienação* é profundamente influenciado pelo romantismo"⁵⁷.

Em *O capital*, igualmente, Marx faz uma crítica radical – parecendo retomar aspectos do anticapitalismo romântico – da natureza do trabalho industrial moderno, denunciando o seu caráter desumano e os seus vínculos com os imperativos puramente quantitativos da produção de mercadorias. De acordo com Michael Löwy, "em sua crítica do caráter desumanizante do trabalho capitalista/industrial, *O capital* é ainda mais explícito que os *Manuscritos* de 1844 e, sem dúvida, existe um elo entre essa crítica e o anticapitalismo romântico", pois, "ainda que Marx não sonhe, como Ruskin, com o restabelecimento do artesanato medieval, percebe o trabalho industrial como forma social e culturalmente degradada em comparação com as qualidades humanas do trabalho pré-capitalista"⁵⁸.

É nesse contexto que se pode compreender também o interesse crescente de Marx e Engels, a partir da década de 1860, por certas formações sociais pré-capitalistas, principalmente pelas comunidades primitivas. A descoberta das obras de Georg Maurer e, mais tarde, de Lewis Henry Morgan, estimulou os autores alemães à revalorização do passado, cujo contraste com o presente permitia relativizar o "progresso" da civilização capitalista moderna. Segundo Michael Löwy e Robert Sayre,

> esse fascínio de Marx e Engels pelas comunidades rurais primitivas – da *gens* grega à velha *Mark* germânica e a *obschtchina* russa – decorre da convicção de que essas formações antigas incorporavam qualidades sociais que estavam perdidas para as civilizações modernas, qualidades que prefiguram certos aspectos de uma futura sociedade comunista.⁵⁹

O passado apresenta-se, então, como contraste, como alternativa a partir da qual se pode sublinhar o caráter desumano do presente, ou seja, da civilização moderna.

A própria concepção de Marx do socialismo vincula-se estreitamente a esta crítica radical da civilização burguesa moderna. Nos termos de Marx, o socialismo implica uma transformação qualitativa que, mais do que um novo modo de produção (baseado na propriedade coletiva e na economia planejada), deve manifestar a emergência de um novo modo de vida, de uma nova civilização, capaz

---

⁵⁶ Karl Marx, *Manuscritos econômico-filosóficos*, cit., p. 159.
⁵⁷ Michael Löwy e Robert Sayre, *Revolta e melancolia*, cit., p. 127.
⁵⁸ Michael Löwy, "A crítica romântica e a crítica marxista da civilização ocidental", cit., p. 45.
⁵⁹ Michael Löwy e Robert Sayre, *Revolta e melancolia*, cit., p. 123.

de restabelecer as "qualidades sociais e naturais" na vida humana e o predomínio do valor de uso no processo de produção[60]. Nesse sentido específico, como bem observa Terry Eagleton, "Para Marx, assim como para outros romântico-radicais, não existe nem deveria existir uma razão última para a existência humana, além de seu desenvolvimento por si só prazeroso"[61].

Essa dimensão romântica se torna mais central e decisiva sobretudo em alguns autores que se reivindicam marxistas, cujas "heresias" os mantiveram sempre marginais em relação às ortodoxias instituídas. Após Marx e Engels, a primeira tentativa importante de reinterpretação romântica do marxismo deve-se ao poeta e ensaísta inglês William Morris, no fim do século XIX, autor que se situa, na realidade, nos limites entre o marxismo e o anarquismo. Além do escritor britânico, desenvolveu-se mais tarde uma verdadeira corrente "marxista romântica", dentro da qual poderiam ser incluídas figuras bastante importantes do marxismo dialético, do jovem Lukács a Walter Benjamin, passando por Ernst Bloch[62], Henri Lefebvre, André Breton e Herbert Marcuse até os mais contemporâneos E. P. Thompson[63] e Raymond Williams, entre muitos outros, além, é claro, do próprio Michael Löwy. Nas palavras deste último,

> esse tipo de "marxismo romântico" insiste na descontinuidade e na ruptura essencial entre a utopia socialista – como uma forma qualitativamente diferente de vida e de trabalho – e a presente sociedade industrial, e olha com nostalgia para certas formas sociais ou culturais pré-capitalistas.[64]

---

[60] Michael Löwy, "A crítica romântica e a crítica marxista da civilização ocidental", cit., p. 46.

[61] Terry Eagleton, *Marx e a liberdade* (trad. Marcos B. de Oliveira, São Paulo, Editora Unesp, 1999), p. 22.

[62] De todos os pensadores marxistas, Ernst Bloch é o mais influenciado pela filosofia romântica da natureza, o que lhe dá uma sensibilidade "pré-ecológica". Não aleatoriamente, Habermas qualificou Bloch como um "Schelling marxista". Cf. Michael Löwy, "Utopía y romanticismo revolucionario en Ernst Bloch", em Miguel Vedda (org.), *Ernst Bloch: tendencias y latencias de un pensamiento* (Buenos Aires, Herramienta, 2007), p. 20. Conferir também, no mesmo volume, o artigo de Oskar Negt, "Andar erguido y la coproductividad de la naturaleza" (p. 47-54). Além disso, ver Jürgen Habermas, "Un schelling marxiste", em *Profils philosophiques et politiques* (Paris, Gallimard, 1974), p. 193-216.

[63] "A originalidade, a novidade, a força subversiva e a coerência de seus trabalhos históricos [de E. P. Thompson] estão intimamente ligadas à sua capacidade de redescobrir, restituir e reformular em termos marxistas (heterodoxos) a tradição romântica de crítica da civilização capitalista/industrial". Michael Löwy e Robert Sayre, "A corrente romântica nas ciências sociais da Inglaterra: Edward P. Thompson e Raymond Williams", *Crítica Marxista*, São Paulo, Xamã, v. 1, n. 8, 1999, p. 47.

[64] Michael Löwy, "A crítica romântica e a crítica marxista da civilização ocidental", cit., p. 48.

Pode-se perceber, assim, que a visão social de mundo romântica, longe de ter se esgotado – como se pensa habitualmente –, continuou a percorrer muitas das manifestações vitais da cultura no século XX. Afinal, se a visão de mundo romântica é definida essencialmente por sua oposição à civilização capitalista moderna, e se essa civilização ainda é hegemônica, o romantismo segue desempenhando, para os autores, um papel-chave na cultura moderna do século XX[65]. O romantismo corresponderia a aspirações e necessidades humanas que a sociedade capitalista moderna não pode aniquilar por inteiro. Ao contrário: o avanço do "capitalismo tardio" e da mercantilização de todas as dimensões da vida social, especialmente a partir da segunda metade do século XX, teria "potencializado", por assim dizer, a importância e a vitalidade da crítica romântica da modernidade[66].

Ora, se essa abordagem elástica da modernidade (assim como a de seu inimigo íntimo permanente, o romantismo) ganha em amplitude e flexibilidade, ela perde em concreticidade, o que acaba impedindo um enfoque mais matizado historicamente das formas e etapas do desenvolvimento capitalista. Se o mundo capitalista moderno segue, mais do que nunca, ainda vigente, como insiste Löwy, ele passou por transformações substanciais ao longo do tempo, algumas das quais ocasionaram mutações históricas irreversíveis, que chegaram até mesmo a abalar alguns dos pilares "clássicos" da modernidade. O próprio debate sobre a "crise" da modernidade, ou sobre a emergência de um capitalismo "pós-moderno", como sustentam de formas distintas autores marxistas como Fredric Jameson ou Terry Eagleton[67], constitui um sintoma dessas transformações histórico-culturais. Numa época marcada pela proclamação do "fim das grandes narrativas" iluministas-modernas, o capitalismo contemporâneo logrou incorporar para o seu próprio proveito alguns aspectos que outrora faziam parte do repertório das críticas anticapitalistas, especialmente aqueles vinculados à crítica cultural (ou "crítica artística", tal qual diriam Luc Boltanski e Eve Chiapello) como o romantismo, colocando-os a serviço de um sistema renovado em busca de novas instâncias de legitimação[68].

Nesse cenário, traços do romantismo, ao menos na descrição dos autores, talvez não tenham mais, e nem poderiam ter, a mesma disposição *essencialmente* anticapitalista: há quem diga que o capitalismo pós-moderno é, ele próprio, em alguma medida, "romântico", mobilizando a crítica da modernidade a fim de contribuir para um novo modo de sociabilidade capitalista, mais hedonista e maravilhado

---

[65] Michael Löwy e Robert Sayre, *Revolta e melancolia*, cit., p. 189.
[66] Ibidem, p. 190.
[67] Cf. Fredric Jameson, *Pós-modernismo*, cit., e "Cinco teses sobre o marxismo realmente existente", em Ellen Wood e John Bellamy Foster (orgs.), *Em defesa da história*, cit. Também, Terry Eagleton, *As ilusões do pós-modernismo* (trad. Elisabeth Barbosa, Rio de Janeiro, Jorge Zahar, 1998).
[68] Cf. Luc Boltanski e Eve Chiapello, *Le Nouvel esprit du capitalisme* (Paris, Gallimard, 2000).

com o encantamento consumista, menos racional/instrumental. É claro que, nessa perspectiva, o romantismo deixa de ser "por essência" anticapitalista, como defendem Löwy e Sayre, revelando-se uma visão de mundo que, "desconstruída", pode ser mobilizada até mesmo para a composição e legitimação do capitalismo. Mas exatamente aí se encontra um dos problemas relacionados à amplitude da noção de romantismo elaborada pelos autores: dado que é possível encontrar uma "dimensão" romântica em boa parcela da crítica cultural moderna, pode-se vê-la, portanto, também em formas específicas do próprio capitalismo.

Ao que tudo indica, o avanço brutal da mercantilização nas sociedades contemporâneas significou ao mesmo tempo a mercantilização de muitos aspectos que outrora eram identificados com o que Löwy e Sayre definem por romantismo. Se assim for, e se as transformações históricas vividas desde meados da década de 1970 (momento em que os próprios autores dizem ser aquele da "ofensiva antirromântica" na França) podem ser equiparadas a uma nova "grande transformação", talvez fosse necessária uma reformulação da projeção em torno da vigência temporal do romantismo, em particular do romantismo revolucionário. Definindo o fenômeno por sua "coextensividade" à modernidade (entendida em sua formulação webero-marxista), sem dar o devido peso às transformações históricas ocorridas no interior ou contra essa modernidade "clássica", por assim dizer, arrisca-se a reproduzir, hoje, um "romantismo revolucionário imaginário", algo anacrônico, *hors du temps*, no qual se toma como modelo o que valia até meados do século XX, mas que, atualmente, assume um outro papel histórico-político-cultural, muitas vezes diverso ou até mesmo antagônico em face daquele que vigorava.

5.2. Espectros do romantismo revolucionário no século XX

Para Michael Löwy e Robert Sayre, a compreensão da visão de mundo romântica, em particular de suas vertentes revolucionárias, constitui, a bem dizer, pressuposto necessário para a análise de muitas das lutas sociais e culturais do século passado. Nas palavras dos autores,

> Certos fenômenos culturais dos mais recentes – notadamente as revoltas político-culturais dos jovens dos países industrializados avançados, nos anos 1960 e 1970, como também o movimento ecológico que delas resultou – são dificilmente explicáveis sem referência à visão de mundo romântica anticapitalista.[69]

---

[69] Michael Löwy e Robert Sayre, *Romantismo e política*, cit., p. 20. Aliás, os românticos foram, de fato, os primeiros "ecologistas" ainda no século XIX. Para Löwy, tal como o socialismo, a ecologia do século XX é herdeira da crítica romântica da civilização capitalista moderna. Cf. Michael Löwy, *Ecologia e socialismo*, cit.

É possível perceber uma feição romântica, segundo os autores, na maior parte dos chamados "novos movimentos sociais", como a ecologia, o pacifismo e o feminismo, assim como em movimentos como a teologia da libertação, cuja articulação da tradição anticapitalista/romântica do catolicismo com a crítica marxista da exploração possibilitou a constituição de uma das mais interessantes expressões do romantismo revolucionário.

Além disso, pode-se encontrar uma significativa dimensão romântica em movimentos culturais de vanguarda como o surrealismo e o expressionismo, ou ainda no "espírito de 1968" que se manifestou na França e em vários países da Europa, sem falar nos Estados Unidos e em alguns países do chamado terceiro mundo. Para Löwy e Sayre, o surrealismo é uma das mais brilhantes manifestações do romantismo revolucionário:

> Entre todos os movimentos de vanguarda do século XX, o *surrealismo* é sem dúvida o que levou a sua mais alta expressão a aspiração romântica de reencantamento do mundo. É também o que incorporou da maneira mais radical a dimensão revolucionária do romantismo.[70]

Em livro inteiramente dedicado ao fenômeno (intitulado *A estrela da manhã: surrealismo e marxismo*[71]), Michael Löwy afirma que o surrealismo, "esta bem pequena passarela acima do abismo"[72], é uma luta pelo restabelecimento, na existência social moderna, dos "momentos 'encantados' apagados pela civilização burguesa: a poesia, a paixão, o amor louco, a imaginação, a magia, o mito, o maravilhoso, o sonho, a revolta, a utopia"[73].

No *Segundo manifesto do surrealismo*, André Breton considera os surrealistas herdeiros do romantismo, "a cauda do cometa romântico", enxergando na concepção romântica de mundo aspectos imprescindíveis para a subversão da racionalidade instrumental e do espírito mercantilista que reinam na civilização moderna[74]. A bem dizer, para Michael Löwy, o surrealismo "atualiza", no sentido benjaminiano, alguns aspectos da revolta romântica, integrando-os no âmbito da

---

[70] Michael Löwy e Robert Sayre, *Revolta e melancolia*, cit., p. 198; grifos do original.

[71] Além deste, Michael Löwy publicou, em parceria com o pintor, poeta e jornalista Gérald Bloncourt, um livro sobre a relação de André Breton com a revolta popular e anticolonial que ocorreu no Haiti em 1946, intitulado *Messagers de la tempête, André Breton et la Révolution de janvier 1946 en Haïti* (Montreuil, Le Temps des Cerises, 2007).

[72] André Breton, *Manifestos do surrealismo* (trad. Luiz Forbes, São Paulo, Brasiliense, 1985), p. 121.

[73] Michael Löwy, *A estrela da manhã: surrealismo e marxismo* (trad. Eliana Aguiar, Rio de Janeiro, Civilização Brasileira, 2002), p. 9.

[74] André Breton, *Manifestos do surrealismo*, cit., p. 128.

recusa absolutamente *moderna* (do ponto de vista formal e estético) da civilização capitalista moderna. Afinal, "se tantos pensadores marxistas – como Pierre Naville, José Carlos Mariátegui, Walter Benjamin e Guy Debord – ficaram fascinados pelo surrealismo, foi porque compreenderam que ele representava a mais alta expressão do romantismo revolucionário no século XX"[75].

Para Michael Löwy, o surrealismo é uma radicalização das tendências críticas da modernidade, razão pela qual ele se aproximou tanto do marxismo dialético quanto do legado romântico. Em um de seus primeiros documentos, *La Révolution d'abord et toujours*, de 1925, Breton afirmou:

> Em qualquer lugar onde reine a civilização ocidental, cessaram todos os laços humanos, exceto os que tinham por razão de ser o interesse, o "duro pagamento à vista". Há mais de um século, a dignidade humana é aviltada à condição de valor de troca [...] Nós não aceitamos as leis da Economia e da Troca, não aceitamos a escravidão do Trabalho [...].[76]

A oposição radical à civilização capitalista moderna é o eixo sob o qual o surrealismo – como o próprio romantismo – estabeleceu seus alicerces e suas perspectivas concretas. Por isso, muito mais do que uma corrente artística de vanguarda, ele constitui um "estado de espírito": "o surrealismo não é, nunca foi e nunca será uma escola literária ou um grupo de artistas, mas propriamente um movimento de revolta do espírito e uma tentativa eminentemente subversiva de *reencantamento do mundo*"[77]. Como o romantismo do qual é herdeiro, o surrealismo acompanha de maneira crítica o desenvolvimento da modernidade capitalista, opondo-se a ela tanto em sua dimensão propriamente material quanto em suas expressões no plano do pensamento e da linguagem. E, tal como o romantismo, essa oposição ainda mantém sua atualidade, na medida em que a luta contra a civilização capitalista permanece como um dos objetivos dos enfrentamentos contemporâneos por *outro mundo* possível e, sobretudo, necessário.

Não é difícil ver também uma dimensão romântica nos movimentos e nas revoltas juvenis e operárias que, ao longo da década de 1960, sacudiram diversos países do mundo, com destaque para o mitificado "maio de 1968" na França.

---

[75] Michael Löwy, *A estrela da manhã*, cit., p. 115.

[76] André Breton citado em Michael Löwy e Robert Sayre, *Revolta e melancolia*, cit., p. 198.

[77] Michael Löwy, *A estrela da manhã*, cit., p. 9; grifos do original. "Contrariamente ao que se acredita tantas vezes, a temporalidade do surrealismo não é da mesma natureza que aquela das ditas 'vanguardas artísticas' [...]. Ela se assemelha antes àquela, mais profunda e durável, dos grandes movimentos culturais – ao mesmo tempo artísticos, filosóficos e políticos –, como o barroco ou o romantismo" (ibidem, p. 104).

Na perspectiva de Löwy e Sayre, essa dimensão romântica está presente tanto nas críticas desses movimentos à civilização industrial-moderna como nas aspirações utópicas que os inspiravam[78]. A década de 1960 caracteriza-se pelo grande florescimento de manifestações socioculturais romântico-revolucionárias: a ânsia de viver o momento, a liberação sexual, a aposta na ação em detrimento da teoria, a relativa pobreza de jovens artistas e intelectuais – tragados pelos avanços da mercantilização da cultura –, a fruição da vida boêmia, entre outros.

É nesse clima sociocultural que se forma a maior parte desses novos movimentos, cuja crítica radical da civilização moderna articula-se com a aspiração utópica por um futuro diferente – aspiração que se alimenta, muitas vezes, da rememoração simbólica de um passado definido pela ausência das reificações modernas: "A Idade de Ouro era a idade em que o ouro não reinava", dizia uma frase escrita nas paredes da Sorbonne em 1968. Nas revoltas estudantis e operárias de 1968, manifestou-se uma "fusão única entre as críticas romântica e marxista da ordem capitalista", fusão que retornou com força renovada no chamado "movimento altermundialista" que, desde 1994 (com o *¡ya basta!* dos zapatistas) e principalmente a partir de 1999 (com a mobilização das massas contra a globalização neoliberal em Seattle), vem revitalizando sob novas bases a resistência antissistêmica no século XXI[79].

Entre os que conjugaram este "espírito de 1968", Michael Löwy destaca as figuras de Herbert Marcuse[80], Guy Debord e Henri Lefebvre, autores cujas obras influenciaram direta ou indiretamente os movimentos do período. Herdeiro parcial do surrealismo, Guy Debord filia-se igualmente à tradição utópica e subversiva do romantismo. Em sua crítica do *espetáculo*, Debord define a vida moderna como "uma sociedade sem comunidade", marcada pelo domínio do valor de troca sobre os indivíduos, que são transformados em meros *espectadores* do movimento autônomo das mercadorias[81]. Para o ativista francês,

> a origem do espetáculo é a perda da unidade do mundo, e a expansão gigantesca do espetáculo moderno revela a totalidade dessa perda: a abstração de todo trabalho

---

[78] Michael Löwy e Robert Sayre, *Revolta e melancolia*, cit., p. 203.

[79] Michael Löwy, "O romantismo revolucionário dos movimentos de maio de 1968", *Margem Esquerda*, São Paulo, Boitempo, n. 11, 2008, p. 37.

[80] Exatamente em 1968, Michael Löwy publicou um artigo sobre Marcuse em Israel: "Herbert Marcuse, le philosophe de la négativité dialectique", *Bashaar*, Tel Aviv, n. 85, jul. 1968.

[81] Guy Debord, *A sociedade do espetáculo: comentários sobre a sociedade do espetáculo* (trad. Estela dos Santos Abreu, Rio de Janeiro, Contraponto, 1997), p. 46. Para Löwy, esse é o último grande clássico marxista do século XX. Ver José Corrêa Leite, "Um marxismo para nosso tempo", em Michael Löwy e Daniel Bensaïd, *Marxismo, modernidade e utopia*, cit., p. 13.

particular e a abstração geral da produção como um todo se traduzem perfeitamente no espetáculo, cujo *modo de ser concreto* é justamente a abstração.[82]

Inspirando-se na teoria da reificação, de *HCC* – influência fundamental de sua teoria do espetáculo –, Debord denunciou e ridicularizou as ideologias do progresso e da modernização, sem se intimidar com as eventuais acusações de "passadismo". Em seu *Panegírico*, ele afirma: "Quando 'ser totalmente moderno' se tornou uma lei especial proclamada pelo tirano, o que o escravo teme, acima de tudo, é que ele possa ser suspeito de saudosismo"[83]. É por isso que, do ponto de vista de Löwy, "poucos autores do século XX conseguiram tanto quanto Guy Debord transformar a nostalgia em uma força explosiva, em uma arma envenenada contra a ordem de coisas existente, em um rompimento revolucionário em direção ao futuro"[84].

Em um interessante artigo de 1957, redigido antes de sua exclusão do Partido Comunista Francês, que aconteceu no ano seguinte, Henri Lefebvre lançou mão do conceito de "romantismo revolucionário" para designar a necessidade de renovação da perspectiva anticapitalista diante da crise do ideal "socialista" de tipo stalinista e do esgotamento estético e político da arte moderna, cuja exaltação do *novo pelo novo* se mostrou incapaz de afrontar o caráter "problemático" do mundo moderno. Para Lefebvre, este *novo* romantismo revolucionário define-se por oposição ao *antigo* romantismo, ao mesmo tempo que radicaliza suas tendências mais fecundas. Em comum, ambos constituem expressões do dilaceramento entre homem e mundo, entre vida subjetiva e vida objetiva, expressando, por isso, um desespero face ao existente. O romantismo, em geral, é uma resposta, explosiva e apaixonada, à contradição vital entre o ideal de razão universal apregoado pela modernidade burguesa e a realidade econômica e social *realmente existente*. Em suas palavras, "no emaranhado das contradições vividas pelos românticos, uma delas pode passar por fundamental: a contradição entre a ideologia da burguesia e sua realidade prática"[85].

No entanto, segundo Lefebvre, enquanto o antigo romantismo denuncia o presente em nome de um passado idealizado, de uma *origem* purificada, de onde sobressai seu conteúdo reacionário, o romantismo revolucionário, ao se orientar para o futuro, constitui uma "oposição radical ao existente em nome do possível", ou seja, em nome da possibilidade de um futuro diferente. O romantismo revolucionário coloca em novos termos a velha questão, romântica *por excelência*, da

---

[82] Guy Debord, *A sociedade do espetáculo*, cit., p. 23; grifos do original.

[83] Idem, *Panegírico* (trad. Edison Cardoni, São Paulo, Conrad, 2002), p. 75.

[84] Michael Löwy, "O romantismo *noir* de Guy Debord", em *A estrela da manhã*, cit., p. 86.

[85] Henri Lefebvre, "Vers un nouveau romantisme?", em *Introduction à la modernité: préludes* (Paris, Éditions de Minuit, 1962), p. 340. Aqui em tradução livre.

ligação entre homem e natureza, questionando a exploração capitalista da natureza como uma das faces da dominação do homem sobre o homem. Daí a possibilidade de uma crítica radical da propriedade privada, que atesta o caráter revolucionário desse *novo* romantismo. O romantismo revolucionário constitui, portanto, na perspectiva de Henri Lefebvre, a expressão da renovação da utopia anticapitalista, capaz de resistir à desagregação do ideal "socialista" de tipo stalinista e à "morte" da arte, que deve agora ser reconduzida à política. Não por acaso, Lefebvre refere-se justamente a Guy Debord e aos situacionistas como manifestações expressivas desse romantismo revolucionário.

Em 1958, após a leitura do texto de Lefebvre, Guy Debord redigiu um artigo publicado no primeiro número da revista *Internationale Situationniste*, intitulado *Thèses sur la révolution culturelle*, no qual debateu algumas das afirmações de Lefebvre. Embora partilhasse da tese do completo esgotamento da arte moderna, que reflete a impossibilidade de representação estética do desacordo real entre homem e mundo[86], Debord acredita que a "insuficiência da concepção de Lefebvre é a de fazer da simples expressão do desacordo o critério suficiente de uma ação revolucionária na cultura"[87]. Consequentemente, ao propor a noção de "romantismo revolucionário", o próprio Lefebvre ainda permanece – na opinião de Debord – circunscrito às antigas categorias estéticas de *obra* e de *gênero*, contrapondo-se, assim, à sua própria defesa da necessidade de superação da arte em direção à práxis revolucionária na vida cotidiana.

Do ponto de vista dos situacionistas, conforme comenta Patrick Marcolini, "o limite da concepção de Lefebvre é o de não ter visto que este desacordo entre o homem e o mundo se tornou tão violento que suprimiu de maneira irreversível as possibilidades formais de sua própria representação artística"[88]. Um dos objetivos centrais da Internacional Situacionista era a superação dessa dissolução das formas artísticas, liberando seu conteúdo emocional e expressivo na vida cotidiana. Com efeito, para Debord, "a tarefa prática de superar nosso desacordo com o mundo

---

[86] Para Debord, "o dadaísmo e o surrealismo são as duas correntes que marcam o fim da arte moderna", desde pelo menos o fim da Segunda Guerra. Guy Debord, *A sociedade do espetáculo*, cit., p. 125. Desde então, os situacionistas apostavam que "a arte integral, de que tanto se falou, só se poderá realizar no âmbito do urbanismo. Mas já não corresponderá a nenhuma das tradicionais definições da estética". Cf. Guy Debord, "Relatório sobre a construção de situações e sobre as condições de organização e de ação da tendência situacionista internacional", em Paola Berenstein Jacques (org.), *Apologia da deriva: escritos situacionistas sobre a cidade* (Rio de Janeiro, Casa da Palavra, 2003), p. 55.

[87] Em Patrick Marcolini, "L'Internationale Situationniste et la querelle du romantisme révolutionnaire", *Noesis*, Paris, n. 11, 2007. Disponível em: <http://noesis.revues.org/index723.html>. Aqui em tradução livre.

[88] Idem.

[...] não é romântica. Nós seremos 'romântico-revolucionários', no sentido de Lefebvre, exatamente na medida de nosso fracasso"[89].

No âmbito deste debate, produziu-se a "querela do romantismo revolucionário" entre Lefebvre e Debord, que exprimiu de forma bastante interessante muitas das questões que envolvem a relação do anticapitalismo romântico com a perspectiva marxista revolucionária[90]. Em janeiro de 1960, Lefebvre tentou estabelecer um diálogo crítico com os situacionistas, o que incentiva Debord a refletir sobre as relações da Internacional Situacionista com o romantismo revolucionário. Por algum tempo, os dois mantiveram relações de amizade, que contribuíram para a intensificação de suas intuições sobre o romantismo revolucionário. O próprio Debord chegou a admitir que, em alguma medida, a Internacional Situacionista podia ser considerada romântico-revolucionária "inconscientemente", na medida em que ela partilha aquele "desacordo com o mundo" que caracteriza a recusa romântica da modernidade burguesa. Mas ele continuava apostando que a emancipação social implica a superação de todo romantismo e, nesse sentido, a superação deste dilaceramento entre homem e mundo que percorre a vida social moderna.

Em 1962, Lefebvre publica *Introdução à modernidade*, cujo último capítulo é intitulado "Ao encontro de um novo romantismo?", e desenvolve a perspectiva geral de seu artigo de 1957 sobre o tema. Porém, nesse texto, além de chamar novamente os situacionistas de "românticos", Lefebvre aproxima-os da juventude rebelde, comparando-os – o que era mais grave para Debord – a um grupo da juventude oposicionista do Partido Comunista Francês, denominado "La Ligne Générale". Ainda que veja com certo entusiasmo a "utopia vivida" dos situacionistas pela construção de *situações* desalienantes na vida cotidiana das cidades – em oposição à concepção do "mundo da expressão" como um "mundo separado" –, o filósofo francês entrevê no grupo uma manifestação dos "comportamentos extremos da juventude ou dos artistas"[91]. Em fevereiro de 1963, quando a relação entre Lefebvre e os situacionistas já havia se deteriorado significativamente, estes últimos redigem o panfleto "Aux poubelles de l'histoire!", tornando pública a ruptura definitiva entre eles.

A despeito dessa ruptura final, o debate entre os situacionistas e Henri Lefebvre forneceu elementos de vital importância para a reflexão marxista sobre o anticapi-

---

[89] Idem.

[90] A propósito dos debates entre Lefebvre e os situacionistas, ver o citado texto de Patrick Marcolini. Em nossa exposição dessa "querela", apoiamo-nos amplamente nas indicações desse artigo de Marcolini, que é também autor de uma interessante tese sobre os situacionistas, intitulada *Esthétique et politique du mouvement situationniste: pour une généalogie de ses pratiques et de ses théories (1952-1972)* (Nice, Université de Nice, 2009; tese de doutorado em filosofia).

[91] Henri Lefebvre, "Vers un nouveau romantisme?", cit., p. 335-6. Aqui em tradução livre.

talismo. Como bem afirma Patrick Marcolini, o grande valor desse debate, ainda hoje, diz respeito ao fato de que tanto Lefebvre quanto os situacionistas afirmaram e demonstraram "claramente [...] que o romantismo é a expressão teórica e prática de um protesto contra a civilização capitalista e industrial"[92]. Com isso, consolidou-se a ideia de que o romantismo é, em sua *essência*, anticapitalista – o que não significa que ele é por via de regra revolucionário e tampouco que todo anticapitalismo é romântico. E se o romantismo é intrinsecamente anticapitalista, pressupõe-se que sua existência é coextensiva à do capitalismo, ao ponto de se tornar impossível compreender a história do movimento operário ou das vanguardas artísticas sem a utilização do conceito de romantismo[93].

Ora, estas são, fundamentalmente, algumas das principais teses defendidas por Michael Löwy e Robert Sayre em sua análise da "visão social de mundo" romântica, como pudemos ver páginas atrás. Mas, ao contrário do que postula o conceito de romantismo formulado por Löwy e Sayre, nem Lefebvre nem Debord admitiram que o romantismo revolucionário por eles apregoado (ou parcialmente negado, no caso do último) tinha como fonte de inspiração valores e ideais do passado pré-capitalista. Diferente do *antigo* romantismo, cuja crítica do presente não pôde transcender a idealização do passado, o romantismo revolucionário constitui, para Lefebvre, uma esperança no futuro, e, para Debord, uma "impaciência do devir".

Contudo, na contramão do que eles próprios estavam dispostos a reconhecer, a crítica anticapitalista de Henri Lefebvre e dos situacionistas extrai muitos de seus argumentos teóricos e políticos de uma compreensão ao mesmo tempo sensível, intuitiva e racional do passado da humanidade, destacando sua importância como ponto de apoio para uma política revolucionária no presente. Em Lefebvre, por exemplo, o passado aparece como um contraponto ao dilaceramento da vida moderna:

> O romantismo abriu o pensamento e a sensibilidade sobre o mundo, até o fim, sobre o possível [...]. Houve no passado períodos relativamente felizes, no século XIII, talvez, depois na primeira metade do século XVI. E é verdade, eu sou em certa medida um homem do século XVI.[94]

Ou ainda:

> No que me concerne, jamais lamentarei ter conhecido, na periferia da província francesa, formas de vida arcaicas, ou seus últimos traços. Aprendi muito. Compreendi o

---

[92] Patrick Marcolini, "L'Internationale Situationniste et la querelle du romantisme révolutionnaire", cit.

[93] Idem.

[94] Henri Lefebvre, "Vers un nouveau romantisme ?", cit., p. 360.

que poderia ser uma ordem humana, na qual o homem não se separa do mundo, nem a consciência do ser, unidade fecunda.⁹⁵

Guy Debord e os situacionistas, por sua vez, manifestaram grande interesse pelas sociedades primitivas, pois elas forneciam exemplos expressivos de formas de vida não alienadas, sendo uma inspiração para as lutas pela emancipação futura. O ativista francês "jamais escondeu uma fascinação por certas formas pré-capitalistas da *comunidade*"⁹⁶.

Assim, paradoxalmente, como nota Patrick Marcolini, o único ponto sobre o qual Lefebvre e Debord estavam de acordo – isto é, o de que a oposição consequente ao capitalismo, romântica ou não, não pode ser realizada inspirando-se no passado – é desmentido por seus próprios escritos e por suas próprias práticas. Os debates entre Lefebvre e Debord parecem comprovar, portanto, a hipótese de Michael Löwy e de Robert Sayre de que a rememoração romântico-revolucionária do passado (que eles veem tanto em Lefebvre como em Debord), muito além de uma fuga reacionária da história, ou de uma compensação ilusória de um presente alienado, pode constituir um ponto de apoio para a crítica social do presente e, tão importante quanto, para a busca por novas formas de existência no futuro.

Esta é a conclusão implícita do artigo de Marcolini, que se utiliza do trabalho de Löwy e Sayre, *Revolta e melancolia*, para questionar a recusa de Debord e de Lefebvre em reconhecer a dimensão dialeticamente construtiva do passado para a projeção de outro futuro. Para ele, como para Löwy, a "síntese dialética" entre passado e futuro, característica do romantismo revolucionário, condicionou grande parte das críticas de Lefebvre e Debord (ambas com forte influência de *HCC*, aliás) à modernidade capitalista.

5.3. O marxismo e as ambivalências do anticapitalismo

É tão absurdo aspirar ao retorno de uma plenitude original quanto crer que a história imobiliza-se para sempre no vácuo do presente. O ponto de vista burguês nunca avançou além dessa antítese entre ele mesmo e o ponto de vista romântico, e assim esse último acompanhá-lo-á, como sua antítese legítima, até seu final feliz.⁹⁷

Na obra de Michael Löwy, especificamente, a revalorização do romantismo pode ser compreendida como parte de uma tentativa mais ampla de responder,

---

⁹⁵ Ibidem, p. 361-2.

⁹⁶ Michael Löwy, "O romantismo *noir* de Guy Debord", cit., p. 83; grifos do original.

⁹⁷ Karl Marx, *Grundrisse: manuscritos econômicos de 1857-1858 – esboços da crítica da economia política* (trad. Mario Duayer, São Paulo/Rio de Janeiro, Boitempo/UFRJ, 2011, Coleção Marx-Engels).

de um ponto de vista marxista, aos novos desafios colocados para a teoria crítica no fim do século XX e início do XXI. Em um artigo originalmente publicado no início da década de 1980, o próprio Löwy afirma:

> Nesse momento, não apenas a humanidade se encontra, graças ao "progresso técnico", sob a ameaça permanente de um holocausto atômico, mas também nos aproximamos, a passos de gigante, de uma ruptura catastrófica do equilíbrio ecológico do planeta [...]. Daí a importância, a nosso ver, de reencontrar a dimensão romântico-revolucionária do marxismo e enriquecer a perspectiva socialista do futuro com a herança perdida do passado pré-capitalista, com o tesouro precioso dos valores qualitativos comunitários, culturais, éticos e sociais afogados pelo capital nas "águas glaciais do cálculo egoísta".[98]

É com essa perspectiva que Löwy reinterpreta a história do marxismo, retomando seletivamente aqueles elementos que, ainda hoje, podem contribuir para a reformulação da crítica marxista do capitalismo moderno. Em sua opinião, desde o final do século XIX é possível verificar a emergência de duas correntes divergentes dentro do marxismo: "uma, positivista e evolucionista, para a qual o socialismo não é nada mais do que a continuação e culminação da civilização industrial burguesa (Plekhanov, Kautsky e seus discípulos na Segunda e Terceira Internacionais)". A outra, por sua vez,

> Poderia ser chamada de "romântica" na medida em que critica as ilusões do progresso e traça uma dialética utópico-revolucionária entre o passado pré-capitalista e o futuro socialista (por exemplo, desde William Morris até os marxistas britânicos contemporâneos E. P. Thompson e Raymond Williams, e desde Lukács e Bloch até Herbert Marcuse).[99]

A despeito dos perigos de simplificação excessiva, principalmente quando se trata de uma tradição teórica e política tão heterogênea como o marxismo, essa diferenciação promovida por Löwy entre os dois polos opostos do pensamento marxista permite ver de forma clara a sua tentativa de retomar certa tradição subterrânea do marxismo. Marginalizados em seu tempo, muitos destes "marxistas românticos" podem servir nos tempos contemporâneos – principalmente pela capacidade de diálogo e de oxigenação mútua com outras tradições anticapitalistas – como pontos de partida para a renovação crítica e radical do marxismo. Tais tradições anticapitalistas, entre as quais se encontra o romantismo, não são mais

---

[98] Michael Löwy, "A crítica romântica e a crítica marxista da civilização ocidental", cit., p. 33.
[99] Idem, "Marxismo y romanticismo en la obra de José Carlos Mariátegui", *Herramienta*, Buenos Aires, n. 8, 1998, p. 125.

avaliadas a partir das deficiências e dos obstáculos que lhes bloqueiam a verdadeira compreensão *científica* do real. Ao contrário, o que interessa agora é o diálogo crítico com elas, buscando incorporar aspectos capazes de fortalecer o projeto socialista contemporâneo.

Em uma estimulante resenha crítica do livro de Michael Löwy sobre o jovem Lukács (cujo título da tradução inglesa era *György Lukács: do romantismo ao bolchevismo*), Raymond Williams sustenta a hipótese de que uma das principais lacunas das tradições marxistas do passado foi a rejeição sumária de muitas questões e problemas comumente associados ao romantismo, os quais eram taxados como meros resíduos idealistas superados pelo materialismo histórico. Partindo dessa perspectiva, Williams discorda – após reafirmar a "extraordinária" importância e "originalidade" do livro – da tendência de Löwy (implícita já no título da edição inglesa) de tomar a passagem de Lukács do romantismo ao bolchevismo como uma "passagem do erro à verdade"[100]. Para Williams, ao descrever a obra pré-marxista do jovem Lukács como "anticapitalista romântica", condição que teria sido superada com sua adesão subsequente ao bolchevismo, Löwy acabaria por contribuir, contra o seu próprio texto[101], para a "confusão, às vezes deliberada, entre a referência histórica ('romântico') e o sentido depreciativo de 'irrealista', 'nebuloso', 'não prático'"[102]. Entre as consequências dessa postura, talvez a mais importante, e deletéria, seja a exclusão de algumas questões tipicamente "românticas" – como a crítica da ideia de "dominação" da natureza e dos efeitos da produção industrial moderna – do horizonte do pensamento socialista, como se elas não tivessem nada a dizer à crítica marxista do capitalismo.

Curiosamente, a crítica de Raymond Williams exemplifica com precisão as principais razões da valorização posterior de Michael Löwy do anticapitalismo romântico, valorização que ainda não havia florescido totalmente na obra sobre Lukács resenhada pelo crítico britânico. Em outras palavras, ao criticar esse aspecto específico da análise löwyana, Raymond Williams acabou contribuindo para a compreensão das motivações subjacentes à retomada do romantismo levada a cabo, mais tarde, pelo próprio Löwy. Para Williams, se o "anticapitalismo difuso" (termo que se pretende mais ameno que "romântico") dos tempos do jovem Lukács

> Gastou tanto tempo analisando os problemas da burocracia estatal, das relações entre um sistema industrial moderno e os tipos quantitativos de pensamento e de adminis-

---

[100] Raymond Williams, "O que é anticapitalismo?", cit., p. 53.

[101] Na opinião de Williams, "o estudo detalhado, inteligente e essencialmente aberto de Löwy é inestimável, entre outras razões, pelo fato de que pode ser lido contra algumas de suas formulações imediatas" (ibidem, p. 55).

[102] Idem.

tração, das diferenças entre as comunidades reais e a ordem social monetária centralizada, dificilmente podemos, desde o final dos anos 1970, supor que estava perdendo seu tempo ou deixando escapar alguma verdade central simples.[103]

Conforme parece sugerir Williams, um dos grandes méritos de *História e consciência de classe* é justamente a capacidade demonstrada por György Lukács de incorporar alguns destes temas "românticos" ao arcabouço marxista. Nas palavras de Raymond Williams, "em especial na análise da 'reificação', ele [Lukács] encontrou maneiras de restabelecer a crítica da consciência quantitativa e instrumental e das relações sociais em termos que genuinamente se vinculavam à luta em prol do socialismo"[104].

Como se pode ver, as palavras de Williams convergem amplamente para a tentativa de Michael Löwy de reler e revalorizar a partir do presente algumas das críticas românticas à civilização moderna. Mais ainda, elas permitem reafirmar a importância de *HCC* na explicação até mesmo dessa predisposição de Michael Löwy – que só se manifestou por completo a partir da década de 1980 – de congregar ao marxismo elementos teóricos e práticos oriundos de tradições originalmente estranhas a ele. A obra máxima do jovem Lukács constitui, para Löwy, exemplo das potencialidades críticas do diálogo entre marxismo e romantismo, diálogo que se manifestou de modo pleno com a formulação da teoria da reificação. É por isso que, no livro comentado por Williams, embora ainda não houvesse revelado todo seu encantamento pelas tradições românticas, Löwy já sustentava – rebatendo as críticas de Lucio Colletti a *HCC* – a necessidade de reavaliação do romantismo (exatamente o que leva Williams a criticar o próprio livro de Löwy!). Para o autor,

> Lukács não é um seguidor de Tönnies ou Simmel, mas realiza uma *Aufhebung* de suas concepções no seio de uma problemática que é essencialmente *marxista*. Por outro lado, como o sugerem alguns "lukacsianos", a associação com Rickert, Simmel etc., antes de ser um argumento para diminuir Lukács, não poderia estimular um reexame das relações entre o marxismo e o romantismo e uma reavaliação da tradição romântica?[105]

Mais tarde, como vimos, essa intuição geral desdobra-se em uma análise detalhada da visão social de mundo romântica (em companhia de Robert Sayre), ao longo da qual Löwy pôde exprimir com maior clareza os motivos pelos quais o romantismo, especialmente em suas versões revolucionárias, pode contribuir de

---

[103] Ibidem, p. 54.
[104] Ibidem, p. 56.
[105] Michael Löwy, *A evolução política de Lukács*, cit., p. 217; grifos do original.

forma decisiva para a renovação do anticapitalismo contemporâneo. Na entrevista concedida à revista *Margem Esquerda* em outubro de 2004, Löwy afirma que a crítica de Williams ao seu tratamento insuficiente do romantismo o levou a rever sua antiga posição. Segundo ele, Williams

> tinha toda a razão! Minhas pesquisas sobre o romantismo, desenvolvidas nos últimos dez anos, em colaboração com meu amigo Robert Sayre, me convenceram de que a crítica romântica da civilização capitalista é um componente importante do pensamento de Marx e Engels e o ponto de partida de uma corrente de pensamento "marxista-romântica".[106]

Assim, como bem assinala Maria Elisa Cevasco, a crítica de Raymond Williams "acabou se transformando em uma enorme dica, como costuma acontecer nas interlocuções entre intelectuais cujo interesse maior não é ganhar ou perder uma polêmica, mas avançar o conhecimento"[107].

É evidente, por outro lado, que o reconhecimento e a valorização teórica da tradição romântica não anulam a necessidade de compreensão das contradições e dos eventuais limites associados a essa visão de mundo. De imediato, como afirma o próprio Löwy em sua tese sobre Lukács, uma das principais limitações do romantismo (ao menos de um ponto de vista marxista) é a ausência de uma compreensão global do capitalismo, cuja consequência é a impossibilidade de enxergar outro mundo *objetivamente* possível. Melhor dizendo, o romantismo, por si só, seria incapaz de ter acesso ao conhecimento da totalidade, conhecimento que constitui, no limite, um dos pressupostos para a crítica da ordem existente, em todas as suas dimensões. A essa limitação teórica, acrescenta-se uma espécie de "hermafroditismo ideológico"[108], que reflete as ambivalências do fenômeno e de sua base social. Geralmente oriundos dos grupos sociais e das frações de classe direta ou indiretamente afetados pela emergência e pelo desenvolvimento do capitalismo moderno – como a *intelligentsia tradicional* –, os românticos podem oscilar da esquerda para a direita do espectro político, do socialismo revolucionário ao fascismo, e muitas vezes essas posturas antagônicas manifestam-se na obra de um mesmo expoente, como foram os casos de Paul Ernst e Robert Michels[109].

---

[106] Ivana Jinkings e Emir Sader, "Entrevista com Michael Löwy", cit., p. 14.

[107] Maria Elisa Cevasco, "Intelectuais e engajamento", em Ivana Jinkings e João Alexandre Peschanski (orgs.), *As utopias de Michael Löwy*, cit., p. 49.

[108] Michael Löwy, *A evolução política de Lukács*, cit., p. 61; ver também Michael Löwy, *Romantismo e messianismo*, cit., p. 14.

[109] Idem, *A evolução política de Lukács*, cit., p. 60-1.

Essas ambivalências foram esteticamente traduzidas por Thomas Mann através do personagem Leo Naphta, em *A montanha mágica*. "Ao mesmo tempo judeu e católico, jesuíta e comunista, revolucionário e reacionário"[110], o personagem de Mann constitui uma expressão das ambiguidades da visão de mundo romântica. Conforme a descrição feita no romance, "como muitos judeus espirituais, Naphta era, por instinto, ao mesmo tempo revolucionário e aristocrata". Desse modo, para Michael Löwy,

> A tese sobre o hermafroditismo ideológico do anticapitalismo romântico é magnificamente ilustrada pelo personagem do jesuíta comunista, que contém em si, justapostas, combinadas, misturadas às vezes, as tendências extremas que se podem desenvolver a partir da raiz comum.[111]

Não é por acaso que, para muitos, o jovem Lukács foi – ao lado de Ernst Bloch – uma das inspirações do personagem criado por Thomas Mann, inspiração que, após algumas rejeições iniciais, chegou a ser admitida pelo próprio Lukács: "Eu não tenho dúvida, e nunca tive, de que a figura de Naphta tenha recebido alguns traços meus"[112].

Naphta é expressão certeira do que o próprio filósofo húngaro chamou em sua obra de maturidade de "anticapitalismo romântico". Ocorre que, diferente do que é para Michael Löwy – que almeja captar as potencialidades revolucionárias do romantismo –, o "anticapitalismo romântico" constitui, para o "velho" Lukács, manifestação da "decadência ideológica" do pensamento burguês, cuja recusa "demagógica" do capitalismo contribuiu para a preparação ideológica do fascismo. Da perspectiva do "velho" Lukács, o personagem Naphta é uma espécie de representante literário das "ideias reacionárias e fascistas", antidemocráticas, que se traduzem através de um "envenenamento ideológico"[113]. Para ele, agora, as batalhas psíquicas travadas entre Naphta e seu "oponente" Settembrini podem ser compreendidas como a luta entre as ideologias fascista e democrática. O

---

[110] Idem, "Lukács e 'Leon Naphta': o enigma do *Zauberberg*", em *Romantismo e messianismo*, cit., p. 87.

[111] Michael Löwy, *A evolução política de Lukács*, cit., p. 81. Outro autor que reflete, "sob uma forma exacerbada", as ambivalências, ambiguidades e contradições do fenômeno romântico, assim como das utopias religiosas de forma geral, é Charles Péguy, ao mesmo tempo conservador e revolucionário, autoritário e libertário, nacionalista e internacionalista, católico e anticlerical, ou seja, "rigorosamente inclassificável". Cf. Michael Löwy e Robert Sayre, "Romantismo e religião: o socialismo místico de Charles Péguy", em *Revolta e melancolia*, cit., p. 219.

[112] Citado em Michael Löwy, "Lukács e 'Leon Naphta': o enigma do *Zauberberg*", cit., p. 95-6.

[113] György Lukács, "Thomas Mann e a tragédia da arte moderna", em *Ensaios sobre literatura* (trad. Carlos Nelson Coutinho, Rio de Janeiro, Civilização Brasileira, 1965), p. 227.

racionalismo de Settembrini seria, em *A montanha mágica*, a antítese do protofascismo de Naphta, cuja construção confirma o caráter profético de Thomas Mann, que previu – segundo Lukács –, dez anos antes da ascensão de Mussolini na Itália, que "a demagogia anticapitalista é a maior força de propaganda do fascismo"[114].

---

[114] Idem, *Thomas Mann* (Paris, Maspero, 1967), p. 224.

MARXISMO, POLÍTICA E TEOLOGIA: A REVALORIZAÇÃO DAS UTOPIAS

A todo momento, vocês supõem um outro momento seguinte que não aquele que aconteceu: a todo presente imaginário em que se colocam, imaginam um outro futuro que não aquele que se realizou.[1]

Aspectos centrais do mesmo debate (entre marxismo e romantismo) se manifestam, guardadas as devidas proporções, nas reflexões de Michael Löwy sobre a relação do marxismo com as utopias, em especial as religiosas. Aqui também, a retomada do diálogo do marxismo com as múltiplas expressões da utopia anticapitalista implica, acima de tudo, a reinterpretação da crítica marxista às utopias, por fora dos cânones dogmáticos que perpetram a arrogância dos defensores do *socialismo científico*. Como se sabe, marxistas de diferentes tendências coincidiram na suposição de que a emergência do marxismo – já com a produção capitalista desenvolvida – significa a superação definitiva das utopias, relegadas à condição de desvio infantil do socialismo, espécie de manifestação distorcida das ideologias.

Na opinião de Michael Löwy, porém, em um contexto marcado pela desagregação das "grandes narrativas" emancipadoras, inclusive do ímpeto "científico" do marxismo vulgar, a renovação crítica da perspectiva anticapitalista impõe a necessidade de revalorização das utopias revolucionárias. "Em tempos de indigência não só para o marxismo e para o socialismo, como para todo projeto que paire sobre o cinismo, o conformismo e a passividade"[2], como bem constatou Adolfo Sánchez Vásquez, o resgate da tradição utópica, de Thomas Münzer aos socialistas utópicos, transforma-se em uma dimensão importante da renovação da práxis

---

[1] Paul Valéry, "Discurso sobre a história", em João Alexandre Barbosa (org.), *Variedades* (trad. Maiza Martins de Siqueira, 3. reimp., São Paulo, Iluminuras, 2007), p. 114.

[2] Adolfo Sánchez Vásquez, *Filosofia da práxis* (trad. María Encarnación Moya, Buenos Aires/São Paulo, Clacso/Expressão Popular, 2007, Coleção Pensamento Social Latino-Americano), p. 433.

anticapitalista que hoje ameaça perecer diante da aparente ausência de alternativas à ordem estabelecida. Nas palavras de Löwy,

> Marx deliberadamente estabelecia limites severos sobre si mesmo quando se tratava de uma visão utópica. Ele estava convencido de que a preocupação com os problemas relacionados com a realização do socialismo deveria ser deixada para as gerações futuras. Mas nossa geração não pode adotar essa postura. Nós estamos confrontados com sociedades burocráticas pós-capitalistas que se reivindicam como a concretização do "socialismo" e até mesmo do "comunismo". Temos uma necessidade imperativa de modelos alternativos, de uma verdadeira *livre associação de produtores* (Marx).[3]

Essa perspectiva também é compartilhada por Alex Callinicos, autor que busca resgatar a dimensão ética e normativa do marxismo:

> Sem importar quão inteligível tenha sido a negação de Marx a considerar alternativas detalhadas ao capitalismo no contexto do socialismo do século XIX, esta postura não é mais defensável hoje depois do colapso do stalinismo em face de uma hegemonia neoliberal que permanentemente reitera o *slogan* de Margaret Thatcher: "não há alternativa" ao capitalismo de mercado.[4]

Diante do declínio das esperanças na possibilidade de constituição de outra sociedade para além do capitalismo, a renovação da perspectiva anticapitalista supõe a *reinvenção* do socialismo, que passa pela recuperação dos sonhos e das aspirações dos oprimidos e explorados, dos "párias" (Hannah Arendt) e dos "vencidos da história" (Walter Benjamin). Afinal, segundo Löwy: "O socialismo não existe na realidade atual; precisa ser reinventado como o resultado final da luta pelo futuro"[5]. Mais do que nunca, portanto, "precisamos começar a elaborar [...] especulações, reflexões, projetos, sonhos acordados, como diz Bloch, do que poderia ser um futuro socialista"[6].

No âmbito específico do marxismo, a recuperação dessa dimensão explosiva da utopia socialista sugere a necessidade de revitalização da "dimensão utópico-revolucionária" tanto da obra de Marx[7] quanto da "tradição herética e subversiva escondida

---

[3] Michael Löwy, "Marxismo e utopia", em Michael Löwy e Daniel Bensaïd, *Marxismo, modernidade e utopia*, cit., p. 127; grifos do original.

[4] Alex Callinicos, "Igualdade e capitalismo", em Atilio Boron, Javier Amadeo e Sabrina González (orgs.), *A teoria marxista hoje: problemas e perspectivas* (Buenos Aires/São Paulo, Clacso/Expressão Popular, 2007), p. 267.

[5] Michael Löwy, "Marxismo e utopia", cit., p. 127.

[6] Idem, "Marxismo: resistência e utopia", cit., p. 247.

[7] A despeito de suas polêmicas com os socialistas utópicos da época, assim como de sua resistência diante das projeções utópicas para o futuro, "os trabalhos de Marx contêm, mesmo que de modo

ou renegada pela burocracia: Rosa Luxemburgo, Trotski, Lenin de *O Estado e a revolução* e os *Cadernos filosóficos*, o jovem Lukács, Gramsci, Walter Benjamin", entre muitos outros[8]. O tempo presente impõe a necessidade de reativação do *excedente utópico* instalado no coração da concepção marxiana do comunismo.

Em Michael Löwy, a recorrência às utopias, como no caso do romantismo, expressa uma tentativa de acentuar a importância da ação e da imaginação humanas na construção de uma alternativa radical ao capitalismo moderno. Rompidas as cadeias do cientificismo fatalista, reabrem-se as portas para as utopias, para as projeções humanas concretas de outro mundo possível. Vinculando-se à práxis social transformadora, as utopias contribuem para a "reabertura da história", recolocando os homens e a subjetividade revolucionária no centro de qualquer perspectiva social anticapitalista. Elas contribuem, assim, para a elaboração de outra política, que busca mobilizar os anseios concretos e simbólicos das classes oprimidas e que, por isso, opera um deslocamento da razão política moderna[9], algo que se pode observar empiricamente na "nova" cultura política do neozapatismo de Chiapas, pelo Exército Zapatista de Libertação Nacional (EZLN), no México contemporâneo.

A temática das utopias está presente na obra de Michael Löwy desde pelo menos seus escritos sobre a sociologia do conhecimento – redigidos a partir de meados da década de 1970 –, nos quais ele buscou sustentar, sob ângulos diferentes, as potencialidades críticas e subversivas do pensamento utópico. Em *As aventuras de Karl Marx contra o Barão de Münchhausen*, por exemplo, ele recupera a distinção entre ideologia e utopia proposta por Karl Mannheim. Enquanto a ideologia pode ser definida como "uma forma de pensamento orientada para a reprodução da ordem estabelecida", a utopia projeta-se, como ele diz em termos explicitamente "mannheinianos", como "as representações, aspirações e imagens-de-desejo (*Wunschbilder*) que se orientam na direção da ruptura da ordem estabelecida e que exercem uma *função subversiva*"[10]. Para Michael Löwy, uma "visão social de mundo" pode ser tanto uma ideologia (um exemplo clássico: o liberalismo burguês no século XIX) quanto uma utopia (o quiliasmo de Thomas Münzer), ou, além disso, "pode combinar elementos ideológicos e utópicos" (por exemplo, a filosofia do Iluminismo), dependendo do quadro sócio-histórico em que estiver inserida[11].

---

fragmentado, uma dimensão utópico-revolucionária pela qual ele tem sido sempre denunciado pelos seus críticos acadêmicos e reformistas, em nome do 'realismo'". Cf. Michael Löwy, "Marxismo e utopia", cit., p. 129.

[8] Idem.

[9] Cf. Miguel Abensour, "A utopia socialista: uma nova aliança entre política e religião", em *O novo espírito utópico*, cit., p. 191.

[10] Michael Löwy, *As aventuras de Karl Marx contra o Barão de Münchhausen*, cit., p. 11; grifos do original.

[11] Ibidem, p. 13; grifos do original.

Em grande medida, tal perspectiva teórica e política condicionou toda a obra posterior de Michael Löwy, estimulando-o a refletir concretamente sobre as múltiplas faces das utopias. Em especial a partir do fim da década de 1970, Löwy despertou profícuo interesse pelas vertentes e pelas interpretações messiânicas do judaísmo, o que significava, naquele momento, "um reencontro com suas próprias raízes culturais e históricas", conforme afirma o autor na introdução de seu livro sobre o tema[12]. Desde então, começa a florescer em sua obra uma reinterpretação das relações entre religião, utopia e revolução, reinterpretação esta que será um dos eixos de seu interesse posterior pelo cristianismo de libertação na América Latina.

6.1. Utopias libertárias e messianismo judaico

Em *Redenção e utopia*, principal expressão de seus estudos sobre o judaísmo libertário na Europa central[13], Michael Löwy retomou em termos empíricos suas ideias sobre a necessidade de se reabrir o debate marxista sobre as utopias. Nesse trabalho, sustentou a hipótese da ocorrência de uma *attractio electiva* entre o messianismo judaico e as utopias literárias libertárias, na passagem do século XIX para o século XX. A fim de compreender as complexidades desse processo de atração mútua entre dois fenômenos socioculturais originalmente distintos, Löwy toma como ponto de partida o conceito de afinidades eletivas utilizado nas obras de Goethe (na literatura) e de Max Weber (na sociologia), conferindo-lhe novo alcance.

Para Goethe, que transplantou o conceito da química para a cultura, as afinidades eletivas constituem uma forma específica de vínculo entre as almas. Em Weber, por sua vez, o conceito é utilizado para analisar a relação entre doutrinas religiosas e formas de *éthos* econômico. É o que se pode ver, por exemplo, no clássico *A ética protestante e o espírito do capitalismo*, no qual o sociólogo alemão se propõe a investigar a ligação entre o espírito da vida econômica capitalista moderna e a ética racional do protestantismo ascético. De acordo com Max Weber:

> Em face da enorme barafunda de influxos recíprocos entre as bases materiais, as formas de organização social e política e o conteúdo espiritual das épocas culturais da Reforma, procederemos tão só de modo a examinar de perto se, e em quais pontos,

---

[12] Michael Löwy, *Redenção e utopia*, cit., p. 11.

[13] A primeira versão em forma de artigo dessas pesquisas foi publicada em 1981 nos *Archives de Sciences Sociales des Religions*, v. 51, n. 1, com o título "Messianisme juif et utopies libertaires en Europe centrale (1905-1923)". Essa versão contou com a contribuição de Gershom Scholem – teólogo judeu amigo de Walter Benjamin –, a quem Löwy havia submetido um plano de pesquisa sobre o tema.

podemos reconhecer determinadas "afinidades eletivas" entre certas formas de fé religiosa e certas formas da ética profissional. Por esse meio e de uma vez só serão elucidados, na medida do possível, o modo e a *direção* geral do efeito que, em virtude de tais afinidades eletivas, o movimento religioso exerceu sobre o desenvolvimento da cultura material.[14]

Todavia, indo além de Max Weber – que em nenhum momento examina as implicações metodológicas do conceito –, Michael Löwy amplia o campo de aplicação da noção de "afinidade eletiva", acrescentando-lhe também a possibilidade de análise de casos em que as afinidades entre duas figuras socioculturais originalmente distintas contribuem para a criação de uma *figura nova*, "a partir da fusão dos elementos constitutivos". Segundo Löwy, essa possibilidade, sugerida pelo sentido goethiano do termo, está ausente das análises weberianas. Em sua perspectiva, o conceito de afinidades eletivas compreende um "tipo muito particular" de relação dialética que se estabelece entre duas configurações sociais ou culturais, "não redutível à determinação causal direta ou à 'influência' no sentido tradicional. Trata-se, a partir de certa analogia estrutural, de um movimento de convergência, de atração recíproca, de confluência ativa, de combinação capaz de chegar até a fusão"[15].

Assim sendo, o conceito de afinidades eletivas possibilita a compreensão da "conjunção entre fenômenos aparentemente díspares, dentro do mesmo campo cultural (religião, filosofia, literatura) ou entre esferas sociais distintas: religião e economia, mística e política etc."[16]. Mediante esse conceito, poder-se-ia estudar, por exemplo, as relações entre moral kantiana e epistemologia positivista das ciências sociais na virada do século, ou ainda, no século XX, as relações entre psicanálise e marxismo, surrealismo e anarquismo etc. Michael Löwy atribui, portanto, um verdadeiro *estatuto metodológico* ao conceito de afinidades eletivas, que é integrado ao método da *sociologia da cultura*, "como instrumento de pesquisa interdisciplinar que permita enriquecer, nuançar e tornar mais dinâmica a análise das relações entre fenômenos econômicos, políticos, religiosos e culturais"[17]. Com a utilização dialética do conceito, evitar-se-ia a tendência, predominante entre parcelas importantes do marxismo, "de reduzir os

---

[14] Max Weber, *A ética protestante e o espírito do capitalismo* (trad. José Marcos Mariani de Macedo, São Paulo, Companhia das Letras, 2004), p. 83; grifos do original.

[15] Michael Löwy, *Redenção e utopia*, cit., p. 13.

[16] Ibidem, p. 16.

[17] Ibidem, p. 13.

processos (por exemplo) religiosos à 'expressão' de um conteúdo social ou político, do qual seriam apenas a manifestação exterior, a aparência formal"[18].

A afinidade eletiva significa muito mais do que a mera afinidade ideológica entre variantes de uma mesma corrente social e cultural, ou do que uma simples "correlação" entre dois fenômenos distintos. Na verdade, ela indica um tipo preciso de relação significativa que remete à reciprocidade ativa entre duas figuras socioculturais distintas, reciprocidade que pode levar à fusão. Por isso, "é um conceito que nos permite justificar processos de interação que não dependem nem da causalidade direta, nem da relação 'expressiva' entre forma e conteúdo (por exemplo, a forma religiosa como 'expressão' de um conteúdo político ou social)"[19].

Partindo dessa perspectiva, Löwy buscou compreender as múltiplas afinidades eletivas entre o messianismo judaico e as utopias libertárias, afinidades que se realizaram concretamente – em níveis e graus variados – na obra de alguns autores, sob um contexto histórico e cultural determinado, qual seja, as primeiras décadas do século XX, no ambiente intelectual "germânico" da Europa central. Como observa o autor:

> É somente numa época histórica determinada – a primeira metade do século XX – e numa área social e cultural precisa – a intelectualidade judaica da Europa central – que essa homologia ou correspondência torna-se *dinâmica* e adquire a forma, na obra de certos pensadores, de uma verdadeira *afinidade eletiva* entre messianismo e utopia libertária.[20]

As afinidades eletivas são favorecidas (ou desfavorecidas) por condições históricas e sociais concretas. A interação ativa entre duas figuras socioculturais diferentes depende de circunstâncias econômicas, políticas e culturais precisas.

No estudo de Löwy, o fundo cultural comum das afinidades eletivas entre messianismo judaico e utopia libertária é composto pelo "novo surto de romantismo (na Alemanha), desde o final do século XIX até o início dos anos 1930"[21]. Esse *novo*

---

[18] Idem, "Messianismo judeu e utopias libertárias na Europa central (1905-1923)", em *Romantismo e messianismo*, cit., p. 186.

[19] Idem, *Redenção e utopia*, cit., p. 18.

[20] Ibidem, p. 25; grifo do original.

[21] Entre os vários intelectuais de origem judia que exprimem estas afinidades entre o messianismo judaico e as utopias libertárias, Michael Löwy destaca as figuras de Martin Buber, Franz Rosenzweig, Gershom Scholem, Leo Löwenthal, Franz Kafka, Walter Benjamin, Gustav Landauer, Ernst Bloch, György Lukács e Erich Fromm, além de outros nomes. Segundo Löwy, o que define esses intelectuais como um grupo "é o fato de que suas obras contêm, sobre um fundo cultural neorromântico e em uma relação de afinidade eletiva, uma dimensão messiânica judia e uma

romantismo, preponderante nos meios intelectuais, expressava uma reação de diversas camadas sociais diante do vertiginoso desenvolvimento do capitalismo na Alemanha e na Áustria-Hungria a partir do último quarto do século XIX. De 1870 a 1914, a Alemanha transformara-se de país semifeudal e retardatário em uma das maiores potências industriais do mundo. E, como não poderia deixar de ser, "a rapidez, a brutalidade, a intensidade e o poder esmagador dessa industrialização subvertem as sociedades da Europa central, sua estrutura de classes (ascensão da burguesia, formação do proletariado), seu sistema político e sua hierarquia de valores"[22].

Com efeito, a base social da nova sensibilidade romântica é composta pelos grupos sociais diretamente afetados por esse desenvolvimento arrasador do capitalismo, como o mandarinato universitário, categoria social tradicionalmente influente e privilegiada que, em face do novo sistema que tende a reduzi-la a uma situação marginal e impotente, "reage manifestando seu horror ante o que considera uma sociedade sem alma, padronizada, superficial e materialista"[23].

Com a ascensão brutal do capitalismo, a burguesia judaica encontrou espaço favorável para seu florescimento, o que estimulava a chamada classe média judaica a aspirar à assimilação e integração na nação germânica. Entretanto, na prática, essa tendência à assimilação era apenas parcial, pois se chocava com a manutenção da "exclusão" dos judeus da possibilidade de participação nos altos domínios da vida institucional, como a administração, o Exército, a magistratura, o magistério etc. Por esses motivos, "as comunidades judaicas da Europa central não são realmente integradas pela sociedade que as cerca"[24]. Um dos poucos caminhos que restava como forma de ascensão social e conquista de status "superior" era, na Alemanha e na Europa central, a universidade. "A lógica da assimilação cultural e o desejo de ascensão na escala de prestígio levam a burguesia judaica a enviar seus filhos à universidade, sobretudo a partir do final do século XIX."[25] Em 1895, os judeus ocupavam 10% dos quadros universitários, uma porcentagem dez vezes maior do que a de seus habitantes na população total (1,05%).

Em decorrência, tem-se a partir daquele momento a formação de uma nova categoria social: a intelectualidade judaica, cujos "membros" partilham uma condição significativamente contraditória, que os deixam em um estado de

---

dimensão utópico-libertária". Cf. Michael Löwy, "Messianismo judeu e utopias libertárias na Europa central", cit., p. 142.

[22] Michael Löwy, Redenção e utopia, cit., p. 31.

[23] Ibidem, p. 32. A propósito, vale mencionar o excelente estudo de Fritz Ringer, *O declínio dos mandarins alemães: a comunidade acadêmica alemã, 1890-1933* (trad. Dinah de Abreu Azevedo, São Paulo, Edusp, 2000).

[24] Michael Löwy, *Redenção e utopia*, cit., p. 34.

[25] Idem.

disponibilidade ideológica. Quer dizer, ao mesmo tempo "assimilados", mantinham-se em uma posição social de certa forma ainda marginalizada, posição que era intensificada sobremaneira pelas ameaças impostas pelo novo sistema aos intelectuais "tradicionais", sugados pela industrialização virulenta por que passava a Alemanha e a Europa central na época. Não por acaso, ainda que alguns destes jovens intelectuais judeus tenham aderido diretamente ao racionalismo e ao evolucionismo progressista das Luzes (como o social-democrata Eduard Bernstein, por exemplo), a tendência predominante dessa categoria social é a aproximação com o romantismo anticapitalista, que poderia constituir a mediação tanto para um retorno às fontes da cultura judaica – dando origem a uma "religiosidade nova", bem diferente do tradicionalismo conservado nos meios judaicos ortodoxos não assimilados –, quanto para a adesão às utopias libertárias internacionalistas, em oposição ao "romantismo nacional/cultural judeu" representado pelo sionismo, cuja ambição por uma nação judaica abstrata esbarrava no processo de assimilação parcial ocorrido na Europa central.

É precisamente através da mediação do neorromantismo alemão que estes jovens intelectuais descobrem a sua própria religião, privilegiando, por isso, a dimensão não racional e não institucional do judaísmo, isto é, "seus aspectos místicos, explosivos, apocalípticos, 'antiburgueses'"[26]. Essa dimensão nostálgica combinava-se, na obra de significativos autores do período, com a adesão às utopias apontadas para o futuro. A condição relativamente marginal e "pária" vivida por estes intelectuais judeus os estimulava a um questionamento radical dos valores de uma sociedade que desvalorizou sua alteridade. Daí certa predisposição entre eles para a adesão às utopias anticapitalistas, especialmente as utopias libertárias, que, de todas as concepções do socialismo, são as mais impregnadas de aspectos românticos anticapitalistas[27].

A presença dessas utopias libertárias potencializava a dimensão utópica do messianismo judaico, possibilitando a articulação, sob uma só perspectiva romântico-revolucionária, de elementos nostálgicos e restauradores – voltados para o restabelecimento de uma idade de ouro perdida – e de aspectos utópicos, aspirando a um futuro radicalmente novo, a um estado de coisas ainda não existente[28]. À

---

[26] Ibidem, p. 37-8.

[27] Como diz Michael Löwy, "o anarquismo é, sem dúvida, de todas as correntes revolucionárias modernas, aquela cuja utopia contém a carga romântica e restauradora mais potente: a obra de Gustav Landauer é, nesse sentido, a expressão suprema do espírito romântico da utopia libertária". Enquanto no marxismo "essa dimensão é relativizada por sua admiração pela indústria e o progresso econômico trazido pelo capital, nos anarquistas (que não partilham de modo algum desse industrialismo) ela se manifesta com uma intensidade e um brilho particular, únicos mesmo". Cf. Michael Löwy, "Messianismo judeu e utopias libertárias na Europa central", cit., p. 134.

[28] Ibidem, p. 133.

diferença do messianismo cristão, para o messianismo judaico, a redenção – como interrupção radical do fluxo progressivo do *continuum* – é um acontecimento que se produz na história concreta: "ela não é concebível como processo puramente espiritual, situada na alma de cada indivíduo, e resultado de uma transformação essencialmente interna"[29]. Não deve surpreender, então, o fato de que, em uma conjuntura política concreta – caracterizada pelo surto revolucionário sem precedentes na história moderna da Europa, inaugurado em 1905, com a primeira revolução russa, e finalizado com a derrota da revolução alemã em 1923 –, essa homologia tenha se tornado dinâmica e assumido a forma de uma verdadeira "afinidade eletiva" entre messianismo e utopia, na qual se realiza um processo de "simbiose cultural", de alimentação recíproca e até, em alguns casos, de fusão entre essas duas correntes, mobilizadas em torno de uma perspectiva anticapitalista romântica.

As formas concretas com que essas afinidades se manifestam na obra de cada autor são variadas, "indo da simples *correspondência* entre elementos díspares até a fusão harmoniosa e 'orgânica' entre messianismo e utopia romântica"[30]. Para Löwy, o papel predominante de uma ou outra dimensão – messiânica e/ou utópica – torna possível a divisão do grupo em três conjuntos essenciais, que não anulam as particularidades de cada autor. São eles: 1) os judeus religiosos anarquizantes, como Franz Rosenzweig, Martin Buber e Gershom Scholem. Como diz Löwy, "apesar de sua recusa à assimilação e seu retorno ao judaísmo, preocupações políticas e espirituais (utópicas e libertárias) de caráter universal estão presentes em suas obras e os distanciam de um nacionalismo estreito ou chauvinista"[31]. 2) Os anarquistas religiosos judaizantes, como Gustav Landauer, Franz Kafka e Walter Benjamin, cujas trajetórias revelam uma atitude contraditória diante do judaísmo e do sionismo. Ainda assim, suas utopias libertárias carregam forte tonalidade religiosa, inspiradas em fontes messiânicas (cristãs ou, sobretudo, judaicas). E, por fim, 3) os judeus assimilados, ateu-religiosos, anarco-bolchevistas, como o escritor expressionista Ernst Toller, Ernst Bloch e György Lukács. Contrariamente aos precedentes, "eles tendem a abandonar sua identidade judaica, embora mantenham uma ligação obscura com o judaísmo". Conforme mostra Löwy,

> Seu ateísmo religioso (o termo é de Lukács) nutre-se de referências tanto judaicas quanto cristãs, e sua evolução política os conduz de uma problemática utópico-libertária para o marxismo e o bolchevismo, ou a uma tentativa de síntese entre os dois (isso vale também para Walter Benjamin).[32]

---

[29] Ibidem, p. 134.
[30] Idem, *Redenção e utopia*, cit., p. 169; grifos do original
[31] Idem, "Messianismo judeu e utopias libertárias na Europa central", cit., p. 142.
[32] Ibidem, p. 143.

As diferenças entre estes três conjuntos permitem observar que "a afinidade eletiva entre o messianismo judeu e a utopia anarquista contém também uma tensão, se não uma contradição, entre o *particularismo* (nacional-cultural) judeu do messianismo e o caráter *universal* (humanista-internacionalista) da utopia emancipadora"[33]. Enquanto no primeiro conjunto (os judeus religiosos anarquizantes), o predomínio da particularidade judia relativiza o elemento revolucionário universal da utopia, sem, no entanto, fazê-lo desaparecer, "no terceiro, ao contrário, a universalidade da utopia é a dimensão preponderante, e o messianismo tende a ser despojado de sua especificidade judia – a qual não é, apesar de tudo, inteiramente apagada". O conjunto intermediário, por sua vez, "se caracteriza por um equilíbrio frágil e instável entre particularismo e universalismo, judaísmo e internacionalismo, sionismo e anarquismo"[34].

Em suas formas mais radicais, ou seja, quando as afinidades dão origem a uma expressão sociocultural nova, a figura inédita que se esboça é a de uma nova concepção da história e da temporalidade, qual seja, uma concepção romântico-messiânica da história, construída em oposição às "filosofias do progresso" – as quais, desde o Iluminismo, constituíram-se no fundo comum das mais variadas tendências sociais e políticas, do conservadorismo ao liberalismo, da social-democracia ao stalinismo. Insurgindo-se contra essa "concepção estritamente *quantitativa* da temporalidade", a nova percepção da história, assumida sob diferentes sentidos e medidas concretas pelos vários autores aludidos, "propõe uma percepção *qualitativa*, não *evolucionista*, do tempo histórico, na qual a *volta ao passado* representa o ponto de partida necessário [...] *em direção ao futuro*"[35]. Vislumbra-se, assim, "um mundo utópico qualitativamente distinto, o *desvio absoluto* em relação ao estado de coisas existente"[36]. A expressão "mais ousada e radical" dessa articulação utópica entre universos religiosos e políticos, dessa "filosofia romântico-revolucionária", é a obra de Walter Benjamin. Mais do que qualquer outro autor, como se viu, Benjamin "concentra em si as contradições (ou tensões) entre teologia judaica e materialismo marxista, assimilação e sionismo, comunismo e anarquismo, romantismo conservador e revolução niilista, messianismo místico e utopia profana"[37].

6.2. Teologia e libertação na América Latina

Orientando-se dessa maneira, a busca pelas afinidades entre certas leituras religiosas e movimentos utópico-revolucionários suscitou em Michael Löwy

---

[33] Idem; grifo do original.

[34] Idem.

[35] Ibidem, p. 172; grifo do original.

[36] Idem.

[37] Ibidem, p. 163.

grande interesse pelo cristianismo de libertação que, desde o fim dos anos 1950 e o começo dos 1960 – com a eleição do papa João XXIII e a Revolução Cubana –, emergiu no cenário sociopolítico e cultural da América Latina. Esse fenômeno, conhecido como teologia da libertação, "é muito mais profundo e amplo que uma mera corrente teológica: na verdade, ele é um vasto movimento social – que propomos chamar de 'cristianismo de libertação' – com consequências políticas de grande alcance"[38], afirma Löwy no já citado *A guerra dos deuses: religião e política na América Latina*, seu principal trabalho sobre o assunto, redigido na década de 1990[39]. Em sua trajetória, é exatamente nesse momento – que coincide com a intensificação de suas visitas ao Brasil – que se ampliam suas pesquisas em torno das culturas religiosas e do cristianismo anticapitalista na América Latina, abordando "pela primeira vez", segundo ele, "temas brasileiros: a questão da religião e política no Brasil e na América Latina, em torno da teologia da libertação"[40].

Em geral, costuma-se conceber a teologia da libertação como um conjunto de textos produzidos a partir dos anos 1970 por figuras latino-americanas como Gustavo Gutiérrez (Peru), Hugo Asmann, Leonardo e Clodovis Boff, Frei Betto (Brasil), Ignacio Ellacuría (El Salvador), Ronaldo Muñoz (Chile), Pablo Richard (Chile-Costa Rica), José Míguez Bonino, Juan Carlos Scannone, Ruben Dri (Argentina), Enrique Dussel (Argentina-México), Juan Luis Segundo (Uruguai) e Samuel Silva Gotay (Porto Rico), entre os mais conhecidos[41]. Porém, como reflexo de uma práxis anterior e como reflexão sobre essa práxis,

---

[38] Michael Löwy, *A guerra dos deuses*, cit., p. 8.

[39] O primeiro livro de Michael Löwy dedicado ao tema foi publicado em 1988 na França sob o título *Marxisme et théologie de la libération*, e em 1991 no Brasil, pela Cortez. Em outubro de 1988, segundo conta Alfredo Bosi em "Da esquerda cristã à teologia da libertação", em Ivana Jinkings e João Alexandre Peschanski (orgs.), *As utopias de Michael Löwy*, cit., p. 87, Löwy o procurou para uma "conversa" sobre a história do socialismo cristão no Brasil. Bosi participou ativamente do movimento da Juventude Universitária Católica (JUC) – um dos pilares da ascensão do cristianismo de libertação no país –, no fim dos anos 1950.

[40] Em Ângela de Castro Gomes e Daniel Aarão Reis, "Um intelectual marxista", cit., p. 177. No entanto, ao contrário do que afirma o próprio Michael Löwy, esta não era, na verdade, a primeira vez que ele trabalhava com temas brasileiros e/ou latino-americanos. Ainda em 1980, Löwy publicou na França uma antologia de textos representativos do marxismo latino-americano, aos quais acrescentou uma longa introdução de sua autoria, em que expõe sua leitura trotskista heterodoxa do desenvolvimento do marxismo na região. Cf. Michael Löwy (org.), *Le Marxisme en Amérique Latine: anthologie* (Paris, Maspero, 1980). No Brasil, a antologia foi publicada pela primeira vez em 1999, com algumas modificações, pela Fundação Perseu Abramo, e reeditada em 2006, com o título *O marxismo na América Latina: uma antologia de 1909 aos dias atuais*.

[41] Michael Löwy, *A guerra dos deuses*, cit., p. 56.

a teologia da libertação não é senão a ponta visível de um *iceberg*, isto é, de um imenso movimento social composto por comunidades de base, pastorais populares – da terra, operária, indígena, da juventude –, por redes do clero progressista (especialmente nas ordens religiosas), associações de bairros pobres, movimentos de camponeses sem-terra etc. Este movimento, que poderíamos chamar de cristianismo da libertação, nasceu no curso dos anos 1960, com a primeira esquerda cristã brasileira (1960-1962) e com o sacrifício de Camilo Torres, o padre guerrilheiro morto em combate em 1966. Encontrou sua expressão religiosa mais avançada na teologia da libertação, a partir de 1971, ano da publicação das obras pioneiras de Gustavo Gutiérrez e Hugo Asmann. Enfim, forneceu boa parte dos militantes e simpatizantes da Frente Sandinista, da FMLN salvadorenha e do Partido dos Trabalhadores brasileiro.[42]

Daí que, em alguma medida, o cristianismo de libertação ainda permanece vivo, embora com modificações em seus temas e preocupações, como a ampliação do conceito de "pobre" visando incluir os índios, negros e mulheres, camadas atingidas por formas específicas de opressão. Para Löwy, o cristianismo de libertação é ainda uma fonte de inspiração e muitas vezes uma presença ativa em movimentos sociais contemporâneos, como o neozapatismo do EZLN, no México, e o Movimento dos Trabalhadores Sem Terra (MST), no Brasil. Ao relacionar a emergência de um cristianismo de libertação com as condições concretas dos conflitos de classe e da pobreza em massa na América Latina – razão pela qual o fenômeno é considerado um "vasto movimento social" –, Löwy dá mais um exemplo de sociologia da cultura não dogmática, capaz de reconhecer a reciprocidade dialética e as afinidades eletivas entre certas concepções das lutas sociais das classes subalternas contra o capitalismo dependente e determinadas manifestações radicais do pensamento religioso. Mais uma vez, a tentativa de enlaçar os vínculos das produções espirituais com as condições materiais concretas de dada sociedade não impede a afirmação do caráter ativo da esfera das ideias na conformação da realidade social.

Por isso mesmo, a emergência de um cristianismo de libertação na América Latina comprovava, para Michael Löwy, a necessidade de redefinição da crítica marxista da religião. Em suas palavras, "a emergência do cristianismo revolucionário e da teologia da libertação na América Latina (e em outras regiões) abre um novo capítulo histórico e levanta questões também novas que não podem ser respondidas sem uma renovação da análise marxista da religião"[43].

Tradicionalmente, seja pela maioria dos seus defensores, seja por seus detratores mais encarniçados, a crítica da religião, em Marx, é concebida como uma faceta

---

[42] Michael Löwy, "A Teologia da Libertação acabou?", *Teoria e Debate*, São Paulo, Fundação Perseu Abramo, n. 31, 1996.

[43] Michael Löwy, *A guerra dos deuses*, cit., p. 11.

da crítica das ideologias em geral. Em outras palavras, a concepção marxista do fenômeno religioso articula-se, para muitos, à crítica radical das ideologias, na medida em que estas legitimam as sociedades de classes, contribuindo, assim, para a reprodução de uma realidade social e espiritual alienada. Desvendar o caráter ideológico das religiões significaria, então, revelar as reais determinações históricas que elas, em virtude de suas projeções transcendentais, não podem senão ocultar, oferecendo soluções ilusórias a problemas concretos. É nesse sentido, por exemplo, que se tornou conhecida a célebre assertiva do jovem Marx de que a religião "é o ópio do povo". Como todas as outras formas de ideologia (esta entendida em sua dimensão "negativa", alienada), a religião contribuiria, segundo essa leitura, para a legitimação alienada de um estado de coisas alienado.

Ora, é bem verdade que, tanto em Marx quanto em Engels, a análise do fenômeno religioso está estreitamente ligada à tentativa de desobstruir o caminho para a compreensão das múltiplas determinações da vida social sob o capitalismo, o que implica a necessidade de crítica radical de todas as formas de objetivações espirituais que tendem a confirmar a "racionalidade" e o caráter insuperável da realidade vigente. É bem verdade também que, nessa medida, a crítica das religiões é um momento fundamental da crítica das produções e representações espirituais, as quais, a despeito de suas motivações subjetivas imediatas, concorrem para a justificação psíquica de uma ordem social estruturalmente desigual.

No entanto, como insiste Michael Löwy, isso não significa que Marx e Engels concebam a religião como simples ideologia que encobre um interesse de classe ou, ainda, como alienação, sem mais, da essência humana, para utilizar uma noção mais próxima à atmosfera intelectual do jovem Marx. Aliás, uma simples leitura do parágrafo no qual Marx afirma, em sua introdução de 1844 à *Crítica da filosofia do direito de Hegel*, que a religião "é o ópio do povo" revela que, longe de considerá-la apenas como forma de alienação que obscurece a compreensão lúcida e racional da causalidade histórica, o filósofo alemão apresenta a religião também como forma de "protesto" contra o mundo. Diz Marx, em uma passagem que muitas vezes não é explorada em sua qualidade dialética:

> A miséria *religiosa* constitui ao mesmo tempo a *expressão* da miséria real e o *protesto* contra a miséria real. A religião é o suspiro da criatura oprimida, o ânimo de um mundo sem coração, assim como o espírito de estados de coisas embrutecidos. Ela é o *ópio* do povo.[44]

---

[44] Karl Marx, "Crítica da filosofia do direito de Hegel – introdução", em *Crítica da filosofia do direito de Hegel* (trad. Rubens Enderle e Leonardo de Deus, São Paulo, Boitempo, 2005, Coleção Marx-Engels), p. 145; grifos do original.

Expressão da miséria do mundo real, a religião não deixa de ser, ao mesmo tempo, um protesto contra essa situação[45]. Segundo Löwy, "quando Marx escreveu o texto acima, ainda era discípulo de Feuerbach e um neo-hegeliano. Sua análise da religião é, portanto, pré-marxista, sem qualquer referência às classes sociais e bastante a-histórica"[46]. Mas, ainda assim, a análise "tinha, sim, uma qualidade dialética, captando a natureza contraditória da 'angústia' religiosa: tanto a legitimação das condições existentes como um protesto contra elas"[47]. Além disso, o estatuto neo-hegeliano do jovem Marx o imunizava do materialismo mecanicista do Iluminismo, que denunciava a religião como mera conspiração do clero.

Para Michael Löwy, em total coerência com seu estudo sobre a evolução política do jovem Marx, é somente em *A ideologia alemã* que, de fato, teve início a verdadeira concepção marxista da religião como uma realidade social e histórica. Nessa obra, a gênese e o desenvolvimento "do conjunto das diferentes criações teóricas e formas de consciência – religião, filosofia, moral etc." são compreendidos a partir das relações sociais concretas que se estabelecem no seio da "sociedade civil", tornando-se possível, então, que estas "sejam apresentadas em sua *totalidade* (assim como a ação recíproca entre esses diferentes aspectos)"[48]. Em explícita polêmica com o idealismo dos neo-hegelianos – que conferiam ao espírito e à autoconsciência a primazia na explicação histórica e política –, Marx e Engels sustentam que, no limite, "não é a crítica, mas a revolução a força motriz da história e também da religião, da filosofia e de toda forma de teoria"[49]. As relações sociais práticas entre os homens constituem o eixo sob o qual se pode explicar o surgimento e a evolução das múltiplas dimensões "espirituais" da vida social, inclusive a religião, motivo pelo qual a revolução prática é a condição para a superação real deste estado de coisas material e espiritual[50].

Além de Marx e, também, de Engels – que mostrou grande interesse pelas formas rebeldes da religião, como o cristianismo primitivo –, Michael Löwy retoma diversas outras contribuições esparsas de autores marxistas sobre a religião.

---

[45] Cf. Michael Löwy, "Marxismo e religião: ópio do povo?", em Atilio Boron, Javier Amadeo e Sabrina González (orgs.). *A teoria marxista hoje*, cit., p. 271-86.

[46] Michael Löwy, *A guerra dos deuses*, cit., p. 14.

[47] Idem.

[48] Ibidem, p.15.

[49] Karl Marx e Friedrich Engels, *A ideologia alemã*, cit., p. 43; grifos meus.

[50] É por isso que, em perfeita coerência com sua filosofia da práxis, Marx e Engels afirmam que a revolução "é necessária não apenas porque a classe dominante não pode ser derrubada de nenhuma outra forma, mas também porque somente com uma revolução a classe *que derruba* detém o poder de desembaraçar-se de toda a antiga imundície e de se tornar capaz de uma nova fundação da sociedade" (ibidem, p. 42); grifo do original.

A fim de sustentar a necessidade de uma análise dialética da religião, capaz de apreender não só o seu caráter alienado, mas também a sua dimensão subversiva e potencialmente utópica, Löwy apropria-se de variados intelectuais que, no âmbito do marxismo, teceram interessantes reflexões sobre o fenômeno religioso. É essa tradição "subterrânea" do marxismo que, mais uma vez, fornece as bases para as proposições de Michael Löwy em defesa da revitalização crítica e radical da teoria revolucionária à luz dos desdobramentos do capitalismo contemporâneo. Como em outras dimensões de sua obra, aqui também Löwy não pretende fundar nada novo, nenhum paradigma teórico e/ou político precedido de um "pós" qualquer coisa. Antes de tudo, se o marxismo ainda é a filosofia insuperável de nosso tempo, trata-se de recuperar aquela tradição marxista que, na contramão das ortodoxias "oficiais", lançou problemas e reflexões ainda atuais, que podem auxiliar na compreensão crítica dos desafios impostos pelo sistema e pela luta antissistêmica contemporânea.

Desde Rosa Luxemburgo, que em *O socialismo e as igrejas* (1905) afirmou que os socialistas modernos são mais fiéis aos princípios originais do cristianismo do que o clero conservador moderno, até Antonio Gramsci, que tomou a Reforma Protestante como paradigma de uma "reforma intelectual e moral nacional-popular"[51], passando por Bloch, Mariátegui e, com ênfase especial, Lucien Goldmann, cuja análise da visão trágica de mundo em *Le Dieu caché* tentou salvar os valores morais e humanos da tradição religiosa[52], são vários os autores mediante os quais Löwy busca estabelecer as bases para a redefinição da análise marxista da religião. Entre eles, Goldmann adquire novamente um lugar de destaque. Para Michael Löwy,

> A parte mais interessante e original da obra de Goldmann é a tentativa de comparar – sem assimilar um ao outro – a fé religiosa e a fé marxista: ambas têm em comum a recusa do individualismo puro (racionalista ou empirista) e a crença nos valores transindividuais – Deus pela religião, a comunidade humana pelo socialismo.[53]

O socialismo e a religião partilham uma aposta que não pode ser "cientificamente" comprovada: a aposta marxista na libertação da humanidade e a aposta religiosa na existência de Deus. Porém, enquanto as crenças religiosas assentam-se numa fé transcendental e supra-histórica em um *Deus escondido* (que não fala mais diretamente ao homem), a fé marxista na emancipação humana é imanente e histórica,

---

[51] Cf. Erwan Dianteill e Michael Löwy, "Marxismo y religión: Antonio Gramsci (1891-1937)", em *Sociologías y religión: aproximaciones disidentes* (Buenos Aires, Manantial, 2009), p. 78.

[52] Lucien Goldmann, *Le Dieu caché*, cit.

[53] Michael Löwy, *A guerra dos deuses*, cit., p. 32.

vinculando-se à práxis concreta dos sujeitos revolucionários[54]. Goldmann descobre, assim, a afinidade oculta que liga o socialismo moderno às visões trágicas (religiosas) de mundo. Nas palavras de Löwy e Erwan Dianteill, "Enquanto Mannheim, Bloch e muitos outros se interessem pelas relações entre marxismo e milenarismo, socialismo e messianismo, revolução e quiliasmo, Goldmann se distingue por uma abordagem original, que intenta circunscrever as afinidades entre Pascal e Marx"[55].

Como em seus estudos sobre o judaísmo libertário, as reflexões de Löwy sobre o cristianismo de libertação são motivadas pela tentativa de enxergar o excedente cultural utópico que atravessa algumas concepções e leituras religiosas. A emergência de um cristianismo de libertação na América Latina, ao comprovar a possibilidade de uma leitura anticapitalista do catolicismo, impôs a necessidade de uma compreensão dialética das potencialidades críticas e utópicas da religiosidade cristã. Da óptica de Michael Löwy, tais potencialidades estão nas próprias raízes do catolicismo, que dão margem para a afirmação de uma ética incompatível com os valores, ou com o *éthos*, capitalistas. Ao contrário do protestantismo, cujos valores contribuíram para a ascensão histórica do capitalismo, o catolicismo configura um ambiente muito menos favorável – quando não hostil – ao desenvolvimento da sociedade capitalista.

A fim de fundamentar seu argumento, Michael Löwy recorre à análise de Max Weber das afinidades eletivas entre a ética protestante e o espírito do capitalismo. Além da tentativa de definir as afinidades entre o protestantismo (especialmente as seitas calvinistas e metodistas) e o capitalismo, Löwy acredita na possibilidade de extrair da obra de Weber um "subtexto evidente, um contra-argumento não escrito construído na própria estrutura de *A ética protestante*", qual seja, o de que "haveria, [...] entre a ética católica (algumas formas dela) e o espírito do capitalismo, uma espécie de afinidade negativa – usando este termo como Weber o faz quando fala dos 'privilégios negativos' das comunidades párias"[56]. Este seria, afinal, "o capítulo da sociologia da religião de Max Weber que não foi escrito"[57].

A ética católica, baseada na pessoalidade fraternal, é contraditória de maneira perceptível com a natureza fria e impessoal (e fundamentalmente "não ética", como disse Weber) das relações capitalista modernas e do espírito racional econômico. Por isso há uma espécie de "*antipatia* cultural", de aversão moral entre a ética católica e

---

[54] Idem.

[55] Erwan Dianteill e Michael Löwy, "Lucien Goldmann (1913-1970): sociologia del Dios escondido", em *Sociologías y religión*, cit., p. 169.

[56] Michael Löwy, *A guerra dos deuses*, cit., p. 35.

[57] Ver, Michael Löwy, "Ética católica e o espírito do capitalismo: o capítulo da sociologia da religião de Max Weber que não foi escrito", *Cultura Vozes*, Petrópolis, Vozes, v. 92, n. 1, 1998, p. 86-100.

a impessoalidade racionalista e abstrata do capitalismo[58]. Ainda que isso não tenha impedido a acomodação e a adaptação das instituições católicas ao capitalismo (que muitas vezes transformou a Igreja num dos pilares das formas mais reacionárias do sistema), e tampouco a proliferação de tendências nostálgicas, conservadoras e algumas vezes antissemitas, a cultura católica permite vislumbrar elementos de crítica e aversão ao capitalismo moderno, razão pela qual foi uma das bases de sustentação ideológica de importantes movimentos socioculturais anticapitalistas, como a teologia da libertação, que levou às últimas consequências a identificação ética e religiosa de Cristo com os pobres, elevando-os à condição de sujeito da história.

Tal como o romantismo, o "anticapitalismo católico" pode ser tanto conservador quanto utópico-revolucionário, como se comprovou pelo exemplo daquilo que Marx chamou de "socialismo feudal ou cristão" no *Manifesto Comunista*, cujas estranhas combinações de passadismo e de aposta no futuro revelam algumas das ambivalências do catolicismo anticapitalista. Partindo das sugestões de Max Weber sobre a afinidade negativa entre ética católica e capitalismo, Michael Löwy almeja compreender em especial a dimensão utópica que sobressai nessa cultura religiosa, cujo anticapitalismo "instintivo", por assim dizer, inspirou o envolvimento ativo dos católicos com a emancipação social dos pobres. "Embora Weber estivesse interessado principalmente nas consequências (sobretudo negativas) da ética católica para a ascensão e o crescimento da economia industrial moderna", como admite Löwy, é possível demonstrar que, dessa afinidade negativa, puderam surgir formas radicais de engajamento de setores católicos nas lutas sociais populares, na contramão da modernidade capitalista, compreendida como a *negação absoluta* do livre desenvolvimento dos homens[59].

Essa tradição religiosa anticapitalista, a um só tempo teórica e política, encontrou sua primeira expressão significativa na cultura católica francesa, especialmente através da figura de Charles Péguy,

> Fundador de uma tradição especificamente francesa do anticapitalismo cristão progressista (sobretudo católico, mas às vezes ecumênico) que se desenvolveu no decorrer do século XX, incluindo figuras tão diferentes como: Emmanuel Mounier e seu grupo (o jornal *Esprit*), o (pequeno) movimento dos Cristãos Revolucionários à época da Frente Popular, a rede de Resistência antifascista *Témoignage Chrétien* durante a Segunda Guerra Mundial, movimentos e redes cristãs que tomaram parte na fundação, nos últimos anos da década de 1950, do partido de esquerda socialista PSU (Partido Socialista Unificado), a corrente majoritária da Confederação Cristã do Trabalho [...],

---

[58] Ibidem, p. 40.
[59] Ibidem, p. 47.

bem como uma grande parte da Juventude Católica que era simpatizante ativa, nos anos 1960 e 1970, de vários movimentos socialistas, comunistas ou revolucionários.[60]

O desenvolvimento de uma cultura católica anticapitalista na América Latina associa-se diretamente a essa tradição religiosa francesa: "A 'Igreja dos Pobres' da América Latina é herdeira da rejeição ética do capitalismo pelo catolicismo e especialmente dessa tradição francesa e europeia do socialismo cristão"[61]. Ao mesmo tempo, tal desenvolvimento constitui uma "nova cultura religiosa", cuja crítica radical da modernidade exprime as condições específicas da América Latina: capitalismo dependente, pobreza em massa, violência institucionalizada, religiosidade popular, entre outras "singularidades" da região[62].

É nesse contexto que se pode compreender integralmente a aproximação dos teólogos da libertação ao marxismo, que era encarado como elemento fundamental para a constituição de uma crítica radical da modernidade capitalista, crítica que retém, dialeticamente, alguns aspectos "progressistas" imanentes ao mundo moderno, como a busca pela liberdade, fraternidade e igualdade, valores inaugurados pela Revolução Francesa. A própria aproximação do marxismo – particularmente das suas versões menos afeitas às ortodoxias estabelecidas – manifesta essa defesa da preservação de algumas dimensões libertárias da modernidade, dotando-as, contudo, de uma radicalidade que transcende a ordem vigente e que, por isso mesmo, recolhe também algumas contribuições comumente associadas à tradição, como a defesa das comunidades tradicionais na América Latina (de camponeses pobres ou de tribos indígenas ameaçadas). Daí, igualmente, a constituição, pelos setores da Igreja identificados com o cristianismo de libertação, das Comunidades Eclesiais de Base (as CEBs) e das pastorais populares.

A recuperação moderna de elementos oriundos da tradição pelos teólogos da libertação apresenta-se, então, como uma inspiração para um questionamento da modernidade "realmente existente" na região latino-americana, "tanto em nome de valores pré-modernos como de uma modernidade utópica (a sociedade sem classes), através da mediação socioanalítica da teoria marxista, que une a crítica dos primeiros e a promessa da segunda"[63]. Mesmo porque, na opinião de Löwy, "as *posições* modernas da teologia são inseparáveis de suas *pressuposições* tradicionais – e vice-versa"[64]. Em se tratando de uma

---

[60] Ibidem, p. 52.
[61] Ibidem, p. 53-4.
[62] Ibidem, p. 55.
[63] Ibidem, p.109.
[64] Idem.

Reapropriação moderna da tradição, essa configuração cultural tanto preserva como nega a tradição e a modernidade, em um processo de síntese "dialética". Sua opção preferencial pelos pobres é o critério segundo o qual julga e avalia a doutrina tradicional da Igreja e também a sociedade ocidental moderna.[65]

Como consequência, diferentemente das teologias europeias que defendem o progresso econômico, social e político, a teologia da libertação concebe a história do ponto de vista dos vencidos e dos dominados, isto é, dos *pobres* – que seriam os verdadeiros portadores da universalidade e da salvação[66]. Mais do que na cultura iluminista ocidental, cujas premissas básicas constituem momento fundamental da aposta na emancipação substantiva dos homens, a teologia da libertação deita suas raízes na crítica romântica da civilização capitalista moderna[67].

O fascínio dos teólogos da libertação pelo marxismo ultrapassa a simples apropriação conceitual, realizada sob uma perspectiva estritamente científica, na medida em que ele "envolve também valores do marxismo, suas escolhas éticas/políticas e sua visão de um futuro utópico"[68]. É bem verdade que o marxismo que inspirou os teólogos da libertação é bem diferente daquele propagado pelos manuais soviéticos e pelos partidos comunistas, sem falar no cientificismo althusseriano, que tendem a menosprezar a dimensão ética inerente à teoria social marxiana. Pelo contrário: interessando-se sobretudo pela dimensão ética e política da teoria social inaugurada por Marx e Engels, estes teólogos recorrem a diversos autores do que se convencionou chamar de marxismo ocidental, como Ernst Bloch (o autor mais citado na obra seminal do principal teórico do cristianismo de libertação, Gustavo Gutiérrez), Lukács, Gramsci, Henri Lefebvre, Lucien Goldmann, Ernest Mandel, entre outros, além, é claro, de referências latino-americanas como José Carlos Mariátegui e os autores vinculados à "teoria da dependência", particularmente Fernando Henrique Cardoso, André Gunder Frank, Theotonio dos Santos e Aníbal Quijano.

---

[65] Idem.

[66] Ibidem, p. 110.

[67] Para Roberto Romano, a natureza romântica da "Igreja dos Pobres" e de sua utopia comunitária constitui uma demonstração inequívoca do conteúdo retrógrado desse "populismo católico". Do ponto de vista de Löwy, ao contrário, é precisamente a apropriação crítica (e "dialética") desse "romantismo" que garantiu à teologia da libertação a possibilidade de potencializar a sua crítica radical do capitalismo moderno. Cf. Roberto Romano, *Brasil, Igreja contra Estado* (São Paulo, Kairós, 1979), p. 173.

[68] Michael Löwy, *A guerra dos deuses*, cit., p. 121.

6.3. As utopias do marxismo de Michael Löwy

Em suas mais diferentes expressões, a revalorização da utopia na obra de Michael Löwy apresenta-se como inspiração para a fundamentação teórica e política de uma alternativa radical à ordem estabelecida. A perspectiva utópica configura-se como um momento necessário para se pensar "outro mundo possível", para além dos limites da reificação moderna. A utopia apresenta-se, portanto, como antecipação revolucionária de um futuro possível, embora aparentemente impossível no presente. "Utopia realista" para a qual "o impossível hoje é justamente o objetivo de hoje e o possível de amanhã", como disse Lefebvre[69].

Projetando-se no próprio método de análise, a utopia invoca a necessidade de tomada de consciência do "não ainda-existente", na qual a abertura da temporalidade histórica completa-se com a *aposta* nas potencialidades de um futuro ainda incerto e quase inteiramente imprevisível. De onde sobressai a necessidade de uma "hermenêutica utópica", a todo momento reivindicada por Fredric Jameson, cujo objetivo é a tentativa de entrever as possibilidades da utopia nas manifestações aparentemente mais sórdidas da reificação. "Hermenêutica utópico-marxista" ao cabo da qual o conteúdo e o impulso formal de uma manifestação sociocultural são compreendidos como momentos de um desejo revolucionário irreprimível – tal como fez Ernst Bloch em *O princípio esperança*, em que levou adiante, segundo Jameson, uma vasta e desordenada exploração das manifestações da esperança em todos os níveis da realidade[70].

Da obra de Bloch, particularmente, Michael Löwy aprendeu um princípio metodológico fundamental, que incorporou ao centro de sua trajetória teórica: a obsessão dialética em resgatar os elementos utópicos e subversivos que, no passado e no presente, permanecem ocultos pela "realidade" da reificação. Poder-se-ia dizer, talvez com certo exagero, que, como Bloch, Löwy confere um alcance "ontológico" à utopia, entrevendo em suas manifestações uma dimensão essencial das lutas concretas contra a realidade (material e espiritual) estabelecida. A utopia apresenta-se, então, não somente como imperativo ético e político, mas incide sobre o próprio método através do qual o autor se propõe a compreender tanto os fenômenos do passado quanto as manifestações socioculturais do presente.

E, sobretudo, "a grandeza de Löwy é que ele conduz esse debate não para o terreno do devaneio, da fuga da realidade; pelo contrário, ele restitui a realidade da utopia que deve significar *enfrentamento*"[71]. Enfrentamento contra a ordem

---

[69] Henri Lefebvre, *Introdução à modernidade* (Rio de Janeiro, Paz e Terra, 1969), p. 148.

[70] Fredric Jameson, "Ernst Bloch e o futuro", em *Marxismo e forma*, cit., p. 94-126.

[71] Maria Orlanda Pinassi, "Na contramão da nanossociologia", em Ivana Jinkings e João Alexandre Peschanski (orgs.), *As utopias de Michael Löwy*, cit., p. 29; grifo do original.

estabelecida, cuja tarefa última é a recuperação da capacidade humana de vislumbrar o "reino da liberdade". Desse ponto de vista, "refundar o debate sobre a utopia significa refundar o debate sobre a liberdade do homem de voltar a sonhar com um mundo radicalmente diferente"[72]. A luta pela "utopia do futuro", pela "nova comunidade" de que falava o jovem Lukács em *A teoria do romance*, deve servir para revitalizar, ainda hoje, a ideia de uma utopia socialista, que pode se inspirar na memória simbólica de um passado perdido, mas que deve, a partir do presente, orientar-se para a constituição concreta de outro futuro. Conforme diz o próprio Michael Löwy, "A utopia é indispensável à mudança social, com a condição de que seja fundada nas contradições da realidade e nos movimentos sociais reais"[73]. Com a condição, poderíamos acrescentar, de que seja uma utopia "aberta", "experimental", que em vez de ditar uma verdade *fechada* à práxis, constitua um momento dessa práxis, um momento de estímulo à imaginação imprescindível a toda política radical.

A revitalização criativa do marxismo e a superação de sua "crise" exigem, para Löwy, entre outros pressupostos já discutidos, o restabelecimento de sua dimensão utópica. A crítica radical das formas atuais do capitalismo tardio e das sociedades burocráticas pós-capitalistas, embora necessária, não basta: "a credibilidade de um projeto de transformação revolucionária do mundo requer a existência de modelos de uma sociedade alternativa, visões de um futuro radicalmente diferente e a perspectiva de uma humanidade verdadeiramente livre"[74]. E uma das implicações dessa postura é a "abertura" do marxismo para as mais diversas "intuições sobre o futuro, desde os socialistas utópicos de ontem até os críticos românticos da civilização industrial, desde os sonhos de Fourier até os ideais libertários do anarquismo"[75]. Löwy sustenta a necessidade de uma *utopia marxista*, ou seja, de uma "utopia concreta e realista" contemporânea, capaz de reativar a "corrente quente" (Ernst Bloch) do marxismo e, assim, resgatar a sua capacidade de projetar na história imanente imagens de outro mundo possível. Diz ele:

> Sem abandonarmos por um instante a preocupação realista com a estratégia revolucionária e a tática e com os problemas materiais mesmo da transição ao socialismo, devemos dar ao mesmo tempo rédea livre à imaginação criativa, aos devaneios, à esperança ativa e ao espírito visionário vermelho.[76]

---

[72] Idem.

[73] Michael Löwy, *Ecologia e socialismo*, cit., p. 53.

[74] Idem, "Marxismo e utopia", cit., p. 127.

[75] Idem.

[76] Idem.

Löwy concebe o marxismo como uma forma de "utopia concreta" – em oposição às "utopias abstratas" –, pois o ponto de partida de suas projeções antecipatórias está nas tendências e nas possibilidades objetivas inscritas na própria realidade[77]. O marxismo seria o herdeiro moderno das tradições utópicas do passado, de todas as "imagens-de-desejo" que se articulavam com as esperanças pretéritas. Nessa medida, Michael Löwy situa-se no espectro das tentativas contemporâneas de reler Marx sob nova perspectiva, mais atenta à dimensão utópica e antecipatória de seu pensamento. Exemplo desse tipo de leitura são os importantes livros de Henri Maler, que correspondem às duas partes de sua tese de doutorado: *Congédier l'utopie? L'Utopie selon Karl Marx* e *Convoiter l'impossible: l'utopie avec Marx, malgré Marx*, de 1994 e 1995, respectivamente. Na opinião de Löwy, as obras de Maler, como outras do marxismo contemporâneo (por exemplo, as de Daniel Bensaïd), são características de uma

> releitura de Marx fora do materialismo histórico dos manuais ortodoxos, stalinistas ou não, uma leitura bastante heterodoxa, herética e crítica de elementos deterministas ou produtivistas que estão presentes em Marx. São obras que mostram que existe em Marx outra visão dialética, uma visão aberta da história, uma visão da revolução e do socialismo como possibilidade e não como inevitabilidade.[78]

Na contramão do "culto sonolento do progresso", as utopias sinalizam uma descontinuidade histórica, uma interrupção da catástrofe iminente, como dizia Benjamin, ou Blanqui. A utopia revolucionária deve projetar outro mundo qualitativamente diferente, outra civilização em ruptura com a civilização capitalista.

É nesse sentido que se pode entender o destaque dado por Michael Löwy às utopias religiosas, o que lhe permitiu reunir evidências empíricas que sugerem a necessidade de reavaliação da crítica marxista da religião[79]. Seja o judaísmo libertário da Europa central da passagem do século ou o cristianismo de libertação na América

---

[77] Em *O princípio esperança*, obra monumental em que debate uma infinidade de assuntos, Bloch distingue a "utopia concreta" da "utopia abstrata". Enquanto a primeira articula-se como um projeto político concreto de emancipação social, baseado em uma razão revolucionária, a "utopia abstrata" não ultrapassa os limites da pura imaginação que, por sua ausência de vínculos com movimentos políticos efetivamente revolucionários, tão somente confirma pela negativa e sob novas bases a realidade vigente – é o caso, por exemplo, de fenômenos como o fascismo. Ver Ernst Bloch, *O princípio esperança*, v. 1 (trad. Nélio Schneider, Rio de Janeiro, Contraponto/Eduerj, 2005).

[78] Michael Löwy, "Luta anticapitalista e renovação do marxismo: entrevista com Michael Löwy" (1998), cit., p. 253.

[79] As utopias são um terreno fértil para a análise sobre a presença do religioso no político, segundo Miguel Abensour em "A utopia socialista", cit., p. 177.

Latina nas últimas décadas, Löwy reafirmou a necessidade de um diálogo crítico, porém generoso, com as leituras utópicas da religião, assim como com as inúmeras formas possíveis de manifestação do pensamento e da práxis anticapitalista. Seja na análise do passado ou nos acontecimentos do presente, a tentativa de enxergar o excedente utópico das manifestações socioculturais constitui, no limite, o momento de uma tentativa mais ampla de reativar o marxismo a partir dos pensamentos e das práticas anticapitalistas do passado e do presente, tomando-o como teoria *da práxis revolucionária*.

Com a revalorização das utopias anticapitalistas, Michael Löwy reata os vínculos sempre tensos entre, de um lado, a crítica negativa impiedosa do existente, e, de outro, a busca pela visualização de outro mundo possível. A restauração do negativo, como espaço de resistência da liberdade, constitui por si só uma revivificação do impulso utópico, como observou Herbert Marcuse. A ideia utópica, diz Fredric Jameson "mantém viva a possibilidade de um mundo qualitativamente distinto deste nosso mundo, tomando a forma de uma inflexível *negação* de tudo o que existe"[80]. As utopias desautorizam toda forma de reconciliação com o mundo que se pretende negar, mantendo acesa a aspiração pela superação efetiva da sociedade estabelecida. A "dialética negativa", por sua vez, evita a hipóstase da teoria e da imaginação subjetiva do novo mundo, vinculando a crítica teórica à imanência concreta da realidade estabelecida. Nesse processo, o *pessimismo da razão crítica* se transforma em um *pessimismo revolucionário* (como disse Pierre Naville), combinando-se, a partir de então, com o *otimismo antecipatório* de que falava André Breton, tão necessário à práxis revolucionária – mediação imprescindível capaz de dar concretude a estes vínculos dialéticos. Aqui, uma vez mais, o surrealismo, inspiração decisiva desde os tempos de juventude de Löwy, retorna para reatar a tensão dialética entre a crítica da ordem estabelecida e a construção da utopia do futuro.

---

[80] Fredric Jameson, "Marcuse e Schiller", em *Marxismo e forma*, cit., p. 90; grifo do original.

CONSIDERAÇÕES FINAIS
No cruzamento dos caminhos: o "marxismo libertário" de Michael Löwy[1]

Já que vê caminhos por toda parte, está sempre na encruzilhada. Nenhum momento é capaz de saber o que o próximo traz. O que existe ele converte em ruínas, não por causa das ruínas, mas por causa do caminho que passa através delas.[2]

Tão abrangente quanto complexa, conforme acompanhamos ao longo deste livro, coerente, porém indisciplinada, generosa e, no entanto, inflexível em seus princípios básicos, a obra de Michael Löwy resiste às classificações habituais no âmbito do marxismo e do pensamento crítico. A bem dizer, Löwy destaca-se exatamente pela capacidade pouco comum de recolher diversas influências, cuja oxigenação mútua desestimula todo tipo de paralisia dogmática. Seu pensamento é irredutível às diversas tradições com as quais dialoga, tais como o marxismo ocidental (europeu e latino-americano), a sociologia histórica de Max Weber e Karl Mannheim e o messianismo judaico de G. Scholem, Buber, Rosenzweig, Bloch e Kafka, entre muitos outros, além do próprio Benjamin. Sua obra foi se constituindo por meio da confrontação crítica com essas correntes de pensamento, tendo como cenário

---

[1] Daniel Bensaïd denominou Michael Löwy de um "marxista libertário", termo, aliás, também utilizado pelo próprio Löwy para designar a figura de Walter Benjamin. Ver Daniel Bensaïd, "La Revolution sans prendre le pouvoir?", *Contretemps*, n. 6, fev. 2003; e Michael Löwy, "Walter Benjamin, marxiste-libertaire", *Contretemps*, n. 6, 2003. Mais recentemente, Enzo Traverso também se referiu ao "marxismo libertário" de Michael Löwy; em sua opinião, o marxismo de Löwy contém um forte componente antiautoritário, não exatamente anarquista, mas sim libertário. Cf. Enzo Traverso, "Le Marxisme libertaire de Michael Löwy", cit., p. 33-4. Ver também Fabio Mascaro Querido, "Marxismo libertário e a imaginação revolucionária em Michael Löwy", *Estudos Avançados*, v. 28, n. 82, 2014.

[2] Walter Benjamin, "O caráter destrutivo", em *Rua de mão única*, cit., p. 237.

histórico, no contexto francês e europeu, a baixa progressiva do marxismo e, mais amplamente, dos vários "discursos filosóficos da modernidade".

Embora jamais tenha se proposto a anunciar qualquer espécie de novidade teórica absoluta, daquelas que rondam os espectros dos "novos" paradigmas, Löwy inova ao compor novas perspectivas para uma leitura criativa dos autores e correntes de pensamento do passado, marxistas ou não. A "novidade" que confere a importância que lhe é reputada vem da tendência a reler os autores do passado a partir das possibilidades do presente, quer dizer, a partir da crítica contemporânea ao caráter destrutivo do "progresso" da civilização moderna. É na própria forma através da qual Löwy articula sua leitura das mais diferentes manifestações do pensamento e da práxis anticapitalista que se pode encontrar a elaboração (fragmentada, descontínua) de um marxismo renovado, cuja densidade teórica é constituída em articulação com as novas condições histórico-concretas do capitalismo e das lutas sociais contemporâneas.

Como aconselhava Walter Benjamin em seu artigo sobre os surrealistas, Löwy "troca o olhar histórico sobre o passado por um olhar político"[3], um olhar que desnuda seu próprio posicionamento social e político não só na definição dos temas e objetos de análise (como queria Weber), mas também nas formas de compreensão do fenômeno estudado, que não são, e nem poderiam ser, neutras. De acordo com Leonardo Boff, "sua abordagem [de Löwy], por mais fundada nos textos críticos e seus contextos, nunca é positivista, mas hermenêutica. Sabe que ler é sempre reler; e entender implica também, e sempre, interpretar"[4]. Não por acaso, mais do que a reconstrução do marxismo como um *sistema teórico*, como um edifício monumental e sem qualquer rasura interna, Michael Löwy concebe-o como teoria *aberta*, crítica e autocrítica, que permite novas sínteses e ressignificações teóricas à luz da experiência prática das lutas populares e das estruturas e dos processos sociais que ocorrem no contexto do capitalismo contemporâneo.

Radicalizando o "impulso antissistemático" que caracteriza o pensamento dialético[5], Löwy reata os vínculos entre, de um lado, a necessidade de revitalização do marxismo, e, de outro, a sua abertura teórica para o diálogo com as múltiplas formas de crítica e de práxis anticapitalista. Filosofia *da* (e não *para* a) práxis, o

---

[3] Walter Benjamin, "O surrealismo: o último instantâneo da inteligência europeia", em *Obras escolhidas*, v. 1: *Magia e técnica, arte e política*, cit., p. 26.

[4] Leonardo Boff, "Prefácio", em Ivana Jinkings e João Alexandre Peschanski (orgs.), *As utopias de Michael Löwy*, cit., p. 16.

[5] "Se o marxismo como uma operação mental deve ser caracterizado como uma espécie de 'revolução permanente' interior, então é claro que toda apresentação sistemática acaba por falsificá-lo no momento em que o congela em um sistema". Fredric Jameson, *Marxismo e forma*, cit., p. 275-6. Nesse sentido, "a única maneira de ser fiel ao espírito hegeliano de sistematização num universo fragmentado é ser resolutamente não sistemático" (ibidem, p. 45).

marxismo deve se enriquecer com a subsunção dialética tanto das várias expressões das tendências revolucionárias (libertárias, utópicas, românticas e messiânicas) quanto dos mais diversos "campos" habituais do universo acadêmico – pelos quais Löwy vagueia como um "errante" consciente de que o caminho da revolução social implica a necessidade de investigação das múltiplas esferas que compõem a totalidade.

Dentro e fora da tradição intelectual marxista, Michael Löwy toma para si a máxima de Molière, "*Je prends mon bien où je le trouve*", revelando um talento para, digamos, incorporar e transcender os opostos. Tudo se passa como se, para ele, em especial após seu *tournant* benjaminiano, a "dialética [fosse] uma esponja capaz de tudo absorver, de superar as contradições", conforme afirma muito bem Enzo Traverso, "na linha de uma de suas palavras de ordem preferidas, emprestada do humor judaico, na qual um rabino compartilha opiniões contraditórias a fim de satisfazer a todos"[6]. Não imune a uma certa "tentação escolástica", como diz o mesmo Traverso, Löwy busca abarcar, incorporar e resgatar visões diferentes da crítica ao capitalismo, como se quase tudo fosse passível de ser ressignificado a partir do presente e, em particular, a partir de um ponto de vista determinado: aquele de um marxismo à procura de *oxigênio* crítico capaz de instigá-lo a repensar sua forma de reflexão e percepção sobre o capitalismo, à luz dos desafios atuais impostos à esquerda política e intelectual.

Em larga medida, essa "tentação escolástica" decorre da fidelidade à ideia benjaminiana da possibilidade (e da necessidade, especialmente) de uma rearticulação da temporalidade histórica, no âmbito da qual o passado é "reelaborado" em função das interpelações do presente. Ao reler, reinterpretar e incorporar, de uma perspectiva marxista heterodoxa, autores e/ou correntes de pensamento do passado, Löwy *reabre* o passado, resgatando-o em função das possibilidades e necessidades (política e ideologicamente orientadas) do presente. Reativado, por assim dizer, esse passado aparece para interpelar o presente, instando-o a se nutrir "da visão dos ancestrais escravizados"[7]. É com essa estratégia, por assim dizer, que ele reúne condições para a revitalização do marxismo em face dos desafios do cenário histórico contemporâneo. A incorporação crítica de tradições anticapitalistas dissidentes, mais do que revelar a desagregação do marxismo, torna-se ponto de apoio para

---

[6] Enzo Traverso, "Le Marxisme libertaire de Michael Löwy", cit., p. 37. "Não seria difícil qualificar o marxismo de Michael [Löwy] com a ajuda de inúmeros adjetivos atribuídos aos seus escritos – humanismo, historicismo, dialética, antipositivista, revolucionária, internacionalismo –, mas, na realidade, ele é irredutível às várias escolas que emergiram na cena intelectual no curso do século XX. Ele foi marcado pela Revolução Cubana e por Rosa Luxemburgo, por Lukács e pela teoria da revolução permanente, mas nunca foi uma variante do guevarismo, do luxemburguismo, do webero-marxismo ou do trotskismo" (ibidem, p. 33).

[7] Walter Benjamin, citado em Michael Löwy, *Walter Benjamin: aviso de incêndio*, cit., p. 108.

sua renovação crítica, por fora das ortodoxias oficiais. "É como marxistas críticos que relemos os 'socialistas dissidentes', convencidos de que eles podem contribuir para enriquecer o marxismo e para desembaraçá-lo de certo número de escórias", diz ele, em texto escrito junto com Daniel Bensaïd[8].

Com isso, graças à inventividade de Michael Löwy, seguramente o mais *herético* entre os marxistas contemporâneos, mais ainda que seu amigo Daniel Bensaïd (seu "velho cúmplice em heresias messiânicas"[9]), pudemos tomar conhecimento – por elas se interessando – de críticas iconoclastas do capitalismo cujas afinidades com o marxismo, vistas de hoje, podem se revelar bem maiores do que se pensava, tanto porque este último não constitui, nem no passado e tampouco no presente, *a* ciência infalível dos explorados e oprimidos, quanto porque aquelas não são, afinal de contas, tão *irracionais* como se supunha. Como diz André Tosel,

> A contribuição mais importante de Michael Löwy é sua busca pelas potencialidades de significação, pelas reservas de sentido inscritas nos pensamentos não modernos, nas tradições religiosas igualitárias, marcadas pela relação com um messianismo profano sem messias, que constituem um fermento para os movimentos sociais da América Latina. Ele procura repensar uma relação não produtivista e consumista com a natureza, compreendendo-a como algo mais além de uma mera matéria-prima disponível. Löwy é um dos raros autores a propor uma leitura revolucionária da sociologia da religiãode Max Weber, e a articular a racionalidade do valor com as potências emocionais que resgatam uma autotranscedência não espiritualista.[10]

O diálogo crítico com outras vertentes teóricas e políticas aparece como uma forma de dotar o marxismo de condições para enfrentar os desafios intelectuais impostos por um cenário histórico pretensamente livre de todas as "grandes narrativas". Como observa com muita perspicácia Paulo Arantes, a ideia geral do declínio das "grandes narrativas" e da "mudança de paradigma" manifesta, na verdade, uma espécie de estilização teórica do esgotamento histórico real das ideologias evolucionistas do progresso e da modernização (nos países da periferia). Para ele, contudo, "seria interessante deixar um pouco de lado" os debates sobre

---

[8] Michael Löwy e Daniel Bensaïd, "Auguste Blanqui, comunista herege", cit., p. 129-30. Esse foi o único texto redigido em companhia de Daniel Bensaïd. Fato surpreendente, quando se trata de dois intelectuais com profundas afinidades – a despeito de algumas divergências tópicas. A esse respeito, ver Fabio Mascaro Querido, "Michael Löwy e Daniel Bensaïd: o marxismo e a crítica da modernidade", *Aurora*, Marília, Unesp, n. 3, 2008, p. 99-109.

[9] É Daniel Bensaïd que, em sua "autobiografia", se refere a Löwy desse modo. Cf. Daniel Bensaïd, *Une lente impatience*, cit., p. 403.

[10] Fabio Mascaro Querido, "Para uma história marxista do marxismo: passado e presente" (entrevista com André Tosel), *Crítica Marxista*, São Paulo, Editora Unesp, n. 40, 2015, p. 149.

as mudanças de paradigma "e procurar entender o esgotamento histórico real" da qual elas são "apenas a sintomática desconversa"[11].

Ao incorporar autores e visões de mundo exteriores à tradição marxista, Löwy busca exatamente potencializar a crítica deste esgotamento histórico que constitui, no limite, o esgotamento do padrão civilizatório existente. Este seria um dos pressupostos necessários para a manutenção da capacidade crítica do marxismo no mundo contemporâneo. Em texto recente, Edgardo Lander propõe uma questão interessante e, no caso aqui em debate, decisiva. Em suas palavras, "os saberes modernos hegemônicos no Ocidente foram submetidos a uma ampla crítica nas últimas décadas denunciando seu caráter eurocêntrico e colonial"[12]. Partindo desse suposto básico, pode-se perguntar: "Até que ponto estas críticas são igualmente válidas para uma perspectiva teórica e política que teve como eixo medular precisamente a crítica/superação da sociedade capitalista?"[13].

Ora, um dos traços marcantes da trajetória de Michael Löwy, especialmente de sua obra produzida a partir da década de 1980, é a tentativa de fundamentar a possibilidade de um marxismo não eurocêntrico, elaborado em ruptura com os sistemas metafísicos e com o culto do progresso, que agora estão em descrédito. "Se estivéssemos convencidos de que a teoria de Marx se fundamenta numa espécie de evolucionismo e de determinismo econômicos que conduzem, inevitavelmente, a uma visão de mundo eurocêntrica, nós seríamos, com certeza, antimarxistas"[14]. Desse ponto de vista, a crise do pensamento "moderno" não significa o esgotamento da perspectiva anticapitalista. Ao contrário: é possível ver em Marx, e também em variados autores marxistas, a constituição de um pensamento que, muito antes do pensamento pós-moderno, submetera o paradigma científico moderno a uma crítica radical, sem abandonar, por isso, a perspectiva revolucionária. Este é, em linhas gerais, o eixo medular do trajeto intelectual de Michael Löwy. Sua obra, como a de outros intelectuais marxistas contemporâneos, articula-se sobre essa tentativa de demonstrar a possibilidade de atualização do marxismo e da teoria crítica.

Michael Löwy sabe bem, como diz seu interlocutor Daniel Bensaïd, que "o reencantamento pós-moderno e sua mitologia não constituem [...] um antídoto para as desrazões modernas"; sabe que "a recusa à argumentação racional, a disso-

---

[11] Paulo Arantes, "Entrevista", em Marcos Nobre e José Márcio Rego (orgs.), *Conversas com filósofos brasileiros* (São Paulo, Editora 34, 2000), p. 367.

[12] Edgardo Lander, "Marxismo, eurocentrismo e colonialismo", em Atilio Boron, Javier Amadeo e Sabrina González (orgs.), *A teoria marxista hoje*, cit., p. 201.

[13] Idem.

[14] Michael Löwy, "Marx e a questão nacional: debate", em *Nacionalismos e internacionalismos da época de Marx até nossos dias* (trad. Carmen Cacciacarro e Valéria Coelho da Paz, São Paulo, Xamã, 2000), p. 30.

lução da totalidade nas partes, o obscurecimento da universalidade em benefício das origens, das raízes e das propriedades, a estetização despolitizante da política presidem as novas núpcias bárbaras da arte e da técnica"[15]. Em outras palavras, Löwy não ignora a "destruição da razão" que está na raiz da recusa pós-moderna da totalidade e de qualquer perspectiva política e social de longo alcance[16]. E tampouco adere ao "irracionalismo *new age*" tão em voga em alguns campos do mundo acadêmico contemporâneo[17].

Mas ele também sabe, como Bensaïd, que, sob os escombros do discurso filosófico da modernidade, a reconstituição do pensamento anticapitalista não implica o simples retorno ao ideal racionalista-clássico do conhecimento, ou às consolações neodogmáticas que atravessam certas correntes marxistas. Implica, antes, o enriquecimento de uma visão de mundo a partir de práticas sociais renovadas. Implica, ademais, o reconhecimento de que a crítica contemporânea da modernidade capitalista passa pela recuperação da dimensão simbólica e imaginativa (as "imagens-de-desejo" de Bloch) das lutas sociais, e, nesse sentido, pelo resgate das múltiplas formas do reencantamento potencialmente revolucionário do mundo. Por isso Löwy inverte, por assim dizer, o sentido contrarrevolucionário do reencantamento pós-moderno, colocando-o a serviço da crítica revolucionária da civilização capitalista e de seu padrão de racionalidade subjacente – há de se lembrar, entre outros exemplos, da valorização crítica de Löwy do romantismo, tarefa para a qual ele recorre amplamente à obra de Walter Benjamin, autor que orienta sua tentativa de atualizar o marxismo como crítica moderna da modernidade.

A partir do "marxismo da adversidade" de Benjamin, torna-se possível refletir sobre um cenário de derrota sem sucumbir ao derrotismo pós-moderno, que tenta cancelar por meio de um ato linguístico os *antagonismos* concretos inerentes ao capitalismo. Com Benjamin, Löwy reafirma, por exemplo, a centralidade da luta de classes, na contramão da diluição pós-moderna dos antagonismos sociais e políticos imanentes ao capitalismo moderno. Em face da crise civilizatória que vivemos, que dá início a um *estado de exceção permanente* e universal (e não só na

---

[15] Daniel Bensaïd, *Os irredutíveis*, cit., p.23.

[16] "Em um mundo mercantil, onde tudo vale e se equivale, essa 'crise de veracidade' (até a renúncia à própria ideia de verdade) é propícia ao cinismo e à indiferença. As retóricas negacionistas constituem a manifestação extrema e escandalosa dessa 'perda do caráter real' da história e dessa 'destruição da razão'" (idem). Em Maria Orlanda Pinassi, *Da miséria ideológica à crise do capital: uma reconciliação histórica* (São Paulo, Boitempo, 2009, Coleção Mundo do Trabalho), encontra-se uma crítica perspicaz – especialmente na articulação dialética entre teoria e história – de algumas das principais manifestações ideológicas do capitalismo contemporâneo.

[17] Daniel Bensaïd, *Elogio de la política profana*, cit., p. 183.

periferia do sistema)¹⁸, ele sustenta a necessidade de retomada de uma perspectiva revolucionária fundada no protagonismo político e social das classes subalternas. Mas, para enfrentar as complexidades do contexto contemporâneo (em que a luta de classes apresenta-se sob novas formas) uma política radical dos oprimidos deve eliminar todo "obreirismo", tornando-se capaz de incorporar lutas e movimentos sociais não diretamente envolvidos no "núcleo duro" da contradição entre capital e trabalho, como as lutas das mulheres, dos negros, dos ecologistas, entre outras. Eis aí também mais um traço da atualidade deste "profeta desarmado" que foi Benjamin. Como diz Michael Löwy:

> Por "classes oprimidas", Benjamin se refere a todas as classes dominadas do passado, dos escravos antigos ao proletariado, passando pelos servos. Se Benjamin utiliza essa noção, é porque o proletariado não é a única categoria social oprimida. Os negros, os judeus, as mulheres, as minorias nacionais são também objeto de uma opressão. Essas categorias não sofrem apenas a exploração econômica. Elas sofrem de uma dominação específica [...]. Para Benjamin, o sujeito revolucionário não é, portanto, exclusivamente o proletariado, ainda que este permaneça o elemento central da luta de classes. Nesse ponto, sua análise está, aliás, carregada de atualidade. Hoje, não podemos mais falar de um único sujeito revolucionário. Existe uma pluralidade de grupos sociais em luta: as mulheres, os desempregados, os sem-terra, os indígenas.¹⁹

Com esse arcabouço teórico, Löwy encaminha suas proposições em torno da atualização contemporânea do marxismo. É bem verdade que tal postura, por sua amplitude e pelos desafios que acarreta, é polêmica, e não só pelos preceitos sociais e políticos envolvidos, mas também porque, em última análise, toda leitura "seletiva" provoca reações, na medida em que incomoda aqueles que prezam pela "objetividade" máxima do objeto. A tentativa de Löwy de aproximar as formulações de Marx e Weber, para citar apenas um exemplo, encontra resistências dos dois lados: tanto de weberianos que buscam no autor alemão subsídios para a defesa do padrão civilizatório vigente, quanto de alguns marxistas que resistem à possibilidade de uma leitura crítica do sociólogo de Heidelberg, tamanho teria sido o comprometimento de sua obra com as toadas reacionárias do nacionalismo alemão.

---

[18] Cf. Paulo Arantes, *Extinção* (São Paulo, Boitempo, 2007, Coleção Estado de Sítio). Sobre a ideia da "periferização do mundo", ver, do mesmo autor, "A fratura brasileira do mundo", em *Zero à esquerda* (São Paulo, Conrad, 2004). Ainda sobre o "estado de exceção permanente", ver o mais recente livro do autor, *O novo tempo do mundo e outros estudos sobre a era da emergência* (São Paulo, Boitempo, 2014, Coleção Estado de Sítio).

[19] Michael Löwy, "Walter Benjamin: messianisme et émancipation", *solidaritéS*, n. 1, 10 jan. 2002, p. 28.

Na mesma perspectiva problematizadora, se a generosidade teórica e intelectual de Michael Löwy é, para alguns, mais um argumento a seu favor, pois garante a abertura e a flexibilidade necessárias ao debate crítico, para outros, ao contrário, pode se transformar em excesso de indulgência teórica para com o objeto da "crítica". De fato, é possível encontrar na obra de Löwy aspectos que, à primeira vista, excedem os limites do que historicamente se conheceu como o pensamento e a práxis emancipatórios: a admiração pelo romantismo, assim como a valorização das manifestações utópicas da religiosidade, pode significar, com efeito, uma espécie de compensação meramente idealista diante do refluxo das condições de possibilidade da luta contra o capitalismo.

Ao quase inverter a tendência dos marxistas "modernistas" do passado, que ansiavam por distinguir a glorificação marxista do progresso – que caminharia, segundo a lógica da história, na direção do socialismo – da lamentação nostálgica e antimoderna dos românticos e congêneres, Michael Löwy arrisca-se a recair no perigo oposto, transformando a crítica anticapitalista aparentemente inconsistente e impotente (quando não reacionária de maneira escancarada) dos românticos e/ou congêneres em eixo de um marxismo "pós-progresso". Em ambos os casos, assiste-se a um certo déficit de dialética. No caso de Löwy, melhor dizendo, trata-se talvez, acima de tudo, de uma dialética deliberadamente *capenga*, no sentido que pende, por opção político-intelectual, repita-se, para o lado dos mais fracos, dos "vencidos", da "tradição dos oprimidos", mesmo que para isso tenha que desestabilizar o "equilíbrio" da dialética hegeliana.

Em Löwy, o impulso ético-político acaba sempre por prevalecer, o que o faz seguir à risca, nesse sentido, sua própria concepção dos intelectuais revolucionários[20]. Ocorre que, ao definir como romântico esse marxismo a um só tempo crítico do progresso capitalista real e refratário aos esquemas transcendentais do progresso – opondo-o ao marxismo evolucionista determinista, hoje produtivista –, Löwy acaba optando por um epíteto não muito consensual a fim de designar um conjunto mais amplo e heterogêneo, até porque nem todo marxismo antirromântico é forçosamente "tradicional" ou defensor do "culto sonolento do progresso". Há outras vias possíveis, como demonstrou Daniel Bensaïd, marxista benjaminiano

---

[20] Resumindo a concepção dos intelectuais como categoria social específica e cuja aproximação com a revolução se dá por mediações ético-morais e político-culturais – concepção defendida por Löwy sob a inspiração de Goldmann e Mannheim –, Bloch afirmou, em entrevista concedida em 1974, que "os proletários não precisam de 'moral' para revoltar-se contra a opressão e a exploração. Os intelectuais, no entanto, só podem ter motivos éticos, pois a revolução opõe-se a seus interesses pessoais; eles serram o galho em que estão sentados tornando-se revolucionários. Se Marx tivesse sido um bom burguês como os outros, não teria passado fome em Londres... Evidentemente que nesse caso também não teria escrito *O capital*". Cf. Michael Löwy, "Entrevista com Ernst Bloch", em *A evolução política de Lukács*, cit., p. 303.

heterodoxo, herético, messiânico e antideterminista como Löwy ou outros marxistas românticos, salvo que se trata, no caso do filósofo francês, de um marxismo deliberadamente antirromântico. Mera questão terminológica, uma vez que, na óptica de Löwy, mesmo um autor autoproclamado antirromântico como Bensaïd poderia ser designado como alguém cuja obra seria portadora de uma "dimensão" romântica? Talvez, se o termo não fosse já, em si, parte do problema, tendo em vista as ambiguidades e ambivalências que ele suscita.

Seja como for, é exatamente essa disposição para *baixar a guarda*, quer dizer, para atenuar algo do "fla-flu" doutrinário e/ou ideológico, que faz da obra de Michael Löwy uma das mais originais entre aquelas dos intelectuais críticos contemporâneos, ainda mais porque seus textos, nunca conclusivos, dão margem para leituras diferentes, seletivas, tanto quanto, aliás, suas próprias interpretações dos autores do passado. Pensador das encruzilhadas, como Benjamin, quase sempre no "cruzamento dos caminhos" (entre o marxismo e o anarquismo, entre a Europa e a América Latina, entre o passado e o futuro, o sagrado e o profano, o judaísmo e o catolicismo, a política e a cultura, a sociologia e a filosofia), Löwy revela novas pistas, novos atalhos, fomentando, assim, a curiosidade e o *espírito autocrítico* que está na origem da teoria crítica fundada por Marx – curiosidade pelas novas práticas sociais e políticas das classes subalternas, sem rejeitá-las por seus limites e insuficiências (que nunca estariam à altura dos esquemas ideais da reflexão teórica), e espírito autocrítico a fim de ser capaz de colocar seus pressupostos teóricos e políticos à prova por essas novas práticas, assim como pela situação atual do sistema capitalista.

Intelectual institucionalmente bem estabelecido, diretor emérito de pesquisa no prestigiado CNRS, além de professor aposentado na não menos conceituada École des Hautes Études en Sciences Sociales (EHESS), Michael Löwy é ao mesmo tempo, sem que isso represente um paradoxo em si, um *outsider* no campo acadêmico francês. Deliberadamente afastado das tradições dominantes na sociologia francesa – de Durkheim à Pierre Bourdieu – e muito mais afeito a autores das ciências sociais que encontraram inequívoca resistência nas universidades e nos círculos intelectuais franceses, como Weber ou Mannheim, Löwy ainda é, no fim das contas, um marxista, heterodoxo em sua visão geral, mas irredutível em sua radicalidade (que não se confunde com sectarismo) política.

Sua disposição para o diálogo crítico com outras tradições intelectuais pode, nesse contexto, ser compreendida como uma estratégia de inserção periférica – dado o seu marxismo – mas consistente no campo acadêmico francês: sua adesão ao grupo de sociologia da religião, grupo de histórica relevância nas ciências sociais francesas, seria assim o sinal mais eloquente dessa estratégia. Mas essa disposição intrínseca ao pensamento de Löwy, e um dos traços que melhor o define, pode igualmente ser entendida como um elemento de uma motivação mais ampla, transmutada na busca pela reativação do reservatório utópico-concreto do marxismo e do pensamento crítico, o que supõe, ou impõe, o diálogo e/ou a confrontação crítica com outras contribuições intelectuais e políticas. Mais do que um sinal de ecletismo ou de boa convivência acadêmica, a mobilização dos contrários não raro promovida por Löwy busca revitalizar, mesmo que à força, digamos assim, uma subjetividade anticapitalista capaz de a um só tempo responder às questões que se colocavam nos debates intelectuais da época e fazer frente aos déficits da evolução histórica no que diz respeito à atualidade da revolução.

As lacunas e os impasses que se interpõem nessa dialética instável (e inevitavelmente frágil) entre negatividade e utopia, se por um lado atestam a necessidade de um questionamento das opções intelectuais e políticas de Michael Löwy, por outro constituem um testemunho da relevância inestimável de sua obra. Ainda mais porque muitos desses limites remetem, em última instância, aos limites das condições de possibilidade políticas e intelectuais da época na qual sua obra está inserida. Assim, diante dos questionamentos e indagações dos eventuais "pontos falhos" de sua obra, e de sua reinterpretação do romantismo em particular, Michael Löwy poderia evocar as palavras de Walter Benjamin, que, em resposta a seu amigo G. Scholem, em 1938, afirmara que o "tomo filosófico" que faltaria em sua obra "será aportado efetivamente antes pela revolução do que por mim"[21]. Ontem como hoje, somente as lutas anticapitalistas do presente e do futuro poderão apontar as respostas, as soluções e os caminhos a serem trilhados pelo marxismo crítico contemporâneo – caminhos para os quais Löwy, de forma muito apropriada, esboçou alguns pontos de partida possíveis, o que, em um mundo como o atual, não é pouco coisa, ao contrário, servindo como mediação para avanços intelectuais e políticos no futuro.

O voluntarismo ético e político de Löwy – que deita raízes no impulso surrealista que lhe é caro desde sua juventude – só pode ser plenamente compreendido à luz dessa tentativa de reconstituição da subjetividade revolucionária, num momento em que a possibilidade concreta de transformação radical parece fora do horizonte do possível. Se a revolução socialista parece improvável, o momento é favorável para a renovação do pensamento emancipatório e, por conseguinte, para o despertar de afinidades utópicas adormecidas e ocultadas pela história oficial do progresso capitalista. Uma nova visão da história do passado ajuda a quebrar a reificação do presente.

O resgate das esperanças utópicas do passado apresenta-se, com efeito, como estímulo à reconstrução da dimensão criativa e imaginativa da teoria revolucionária no presente. Na batalha pela recomposição de uma subjetividade potencialmente revolucionária, passado e presente formam, em Löwy, uma "constelação" ou

---

[21] Walter Benjamim citado em Susan Buck-Morss, *Walter Benjamin, escritor revolucionário* (Buenos Aires, Interzona, 2005), p. 71.

"imagem dialética", como diria seu mestre Walter Benjamin, na qual os traços do ontem são revelados naquilo que ainda dizem à atualidade. É desse modo que podemos ver na obra de Michael Löwy, mais do que resoluções sistematizadas do *que fazer*, diversas "iluminações profanas", que contribuem para a releitura de autores e de acontecimentos do passado à luz daquilo que eles revelam de *atual ainda ativo* no presente.

Mesmo porque, como Benjamin, Löwy também acredita que "o passado leva consigo um índice secreto pelo qual ele é remetido à redenção", e, "se assim é, um encontro secreto está então marcado entre as gerações passadas e a nossa"[22]. É na projeção desse encontro que Michael Löwy constituiu sua trajetória e sua obra, esperando mobilizar as ideias na batalha contra este "inimigo [que] não tem cessado de vencer"[23].

---

[22] Walter Benjamin citado em Michael Löwy, *Walter Benjamin: aviso de incêndio*, cit., p. 48.
[23] Ibidem, p. 65.

BIBLIOGRAFIA COMPLETA DE MICHAEL LÖWY

Livros (edições originais)

La Théorie de la révolution chez le jeune Marx. Paris, Maspero, 1970. [Ed. bras.: *A teoria da revolução no jovem Marx.* São Paulo, Boitempo, 2012.]

La Pensée de "Che" Guevara. Paris, Maspero, 1970.

La Révolution permanente en Amérique latine. Paris, Maspero, 1972.

Lucien Goldmann ou la dialectique de la totalité (com Sami Naïr). Paris, Seghers, 1973. [Ed. bras.: *Lucien Goldmann ou a dialética da totalidade.* São Paulo, Boitempo, 2009.]

Dialectique et révolution. Essais de sociologie et d'histoire du marxisme. Paris, Anthropos, 1974.

Les Marxistes et la question nationale 1848-1914 (com G. Haupt e C. Weill). Paris, Maspero, 1974.

Portugal, la révolution en marche (com Daniel Bensaïd e Charles André-Udry). Paris, Bourgeois, 1975.

Método dialético e teoria política. São Paulo, Paz e Terra, 1978.

Pour une sociologie des intellectuels révolutionnaires. L'Évolution politique de György Lukács 1909-1929. Paris, PUF, 1976. [Ed. bras.: *Para uma sociologia dos intelectuais revolucion*ários. São Paulo, Lech, 1979.]

Marxisme et romantisme révolutionnaire. Essais sur Lukács et Rosa Luxemburg. Paris, Sycomore, 1979.

The Politics of Combined and Uneven Development. The Theory of Permanent Revolution. Londres, Verso, 1981. [Ed. bras.: *A política do desenvolvimento desigual e combinado.* A teoria da Revolução Permanente. São Paulo, Sundermann, 2015.]

Paysages de la verité. Introduction à une sociologie critique de la connaissance. Paris, Anthropos, 1985.

Ideologias e ciência social. Elementos para uma análise marxista. São Paulo, Cortez, 1985.

As aventuras de Karl Marx contra o Barão de Münchhausen. Marxismo e positivismo na sociologia do conhecimento. São Paulo, Busca Vida, 1987.

Rédemption et utopie. Le Judaïsme libertaire en Europe centrale. Une étude d'affinité élective. Paris, PUF, 1988. [Ed. bras.: *Redenção e utopia.* O judaismo libertário na Europa Central. Um estudo de afinidade eletiva. São Paulo, Companhia das Letras, 1989.]

Marxisme et téologie de la libération. Amsterdam, Institut International de Recherche et de Formation, 1989. [Ed. bras.: *Marxismo e teologia da libertação.* São Paulo, Cortez, 1991.]

Romantismo e messianismo. Ensaios sobre Lukács e Walter Benjamin. São Paulo, Edusp, 1990.

Révolte et mélancolie. Le Romantisme à contre-courant de la modernité (com Robert Sayre). Paris, Payot, 1992. [Ed. bras.: *Revolta e melancolia*. O romantismo na contracorrente da modernidade. São Paulo, Boitempo, 2015.]

L'Insurrection des "Misérables". Révolution et romantisme en juin 1832 (com Robert Sayre). Paris, Minard, 1992.

Romantismo e política (com Robert Sayre). São Paulo, Paz e Terra, 1993.

On Changing the World. Essays in Political Philosophy, from Karl Marx to Walter Benjamin. Nova Jersey/Londres, Humanities Press, 1993.

The War of Gods. Religion and Politics in Latin America. Londres, Verso, 1996. [Ed. bras.: *A guerra dos deuses*. Religião e política na América Latina. Petrópolis, Vozes, 2000.]

L'Étoile du matin. Surréalisme et marxisme. Paris, Syllepse, 2000.

Marxismo, modernidade e utopia (com Daniel Bensaïd). São Paulo, Xamã, 2000.

Patries ou planète? Nationalismes et internationalismes de Marx à nos jours. Lausanne, Éditions Page 2, 1997. [Ed. bras.: *Nacionalismos e internacionalismos*. Da época de Marx até nossos dias. São Paulo, Xamã, 2000.]

Ecologia e socialismo. São Paulo, Cortez, 2005.

Walter Benjamin, avertissement d'incendie. Une lecture des thèses "Sur le concept d'histoire". Paris, PUF, 2001. [Ed. bras.: *Walter Benjamin, aviso de incêndio*. Uma leitura das teses "Sobre o conceito de história". São Paulo, Boitempo, 2005.]

Franz Kafka, rêveur insoumis. Paris, Stock, 2004. [Ed. bras.: *Franz Kafka, sonhador insubmisso*. São Paulo, Azougue, 2005.]

Sociologie et religion II. Approches dissidentes (com Erwan Dianteill). Paris, PUF, 2006.

Messagers de la Tempête. André Breton et la Révolution de Janvier 1946 en Haiti (com Gerard Bloncourt). Paris, Le Temps des Cerises, 2007.

Che Guevara, une braise qui brûle encore (com Olivier Besancenot). Paris, Mille et une Nuits, 2007. [Ed. bras.: *Che Guevara, uma chama que continua ardendo*. São Paulo, Editora Unesp, 2009.]

Λούκατς και ο σταλινισμός [Lukács e o stalinismo]. Atenas, Erasmos, 2009.

Che Guevara, his Revolutionary Legacy (com Olivier Besancenot). Nova York, Monthly Review, 2009.

Sociologie et religion III. Approches insolites (com Erwan Dianteill). Paris, PUF, 2009.

Lire Marx (com G. Duménil e E. Renault). Paris, PUF, 2009. [Ed. bras.: *Ler Marx*. São Paulo, Editora Unesp, 2011.]

Les Cents mots du marxisme (com G. Duménil e E. Renault). Paris, PUF, 2009. [Ed. bras.: *100 palavras do marxismo*. São Paulo, Cortez, 2015.]

Esprit de feu. Figures du romantisme anticapitaliste (com Robert Sayre). Paris, Éditions du Sandre, 2010.

Juifs hétérodoxes. Messianisme, romantisme, utopie. Paris, Éditions de l'Éclat, 2010. [Ed. bras.: *Judeus heterodoxos*. Messianismo, romantismo, utopia. São Paulo, Perspectiva, 2012.]

Écosocialisme: l'alternative radicale à la catástrofe écologique capitaliste. Paris, Mille et une Nuits, 2011.

La Cage d'acier. Max Weber et le marxisme wébérien. Paris, Stock, 2013. [Ed. bras.: *A jaula de aço.* Max Weber e o marxismo weberiano. São Paulo, Boitempo, 2014.]

Affinités révolutionnaires: nos étoiles rouges et noires. Pour une solidarité entre marxistes et libertaires (com Olivier Besancenot). Paris, Mille et une Nuits, 2014.

Edição e organização de livros

G. Lukács, littérature, philosophie, marxisme 1922-1923. Paris, PUF, 1978.

Le Marxisme en Amérique latine de 1909 à nos jours. Paris, Maspero, 1980. [Ed. bras.: *O marxismo na América Latina: uma antologia de 1909 aos dias atuais.* São Paulo, Perseu Abrahmo, 1999.]

Z. Hourwitz, apologie des juifs (1789) (com Eleni Varikas). Paris, Syllepse, 2002.

Capital contre nature (com Jean-Marie Harribey). Paris, PUF, 2003.

J. C. Mariátegui, por un socialismo indoamericano. Rio de Janeiro, Editora UFRJ, 2005.

Ecologie critique de la pub (com Estienne Rodary). Paris, Syllepse, 2010.

Romantisme et critique de la civilisation (textos de Walter Benjamin). Paris, Payot, 2010. [Ed. bras.: *O capitalismo como religião.* São Paulo, Boitempo, 2013.]

Max Weber et les paradoxes de la modernité. Paris, PUF, 2012.

Globalisation et crise écologique. Une critique de l'économie politique par des écologistes allemands (com Ulrich Brand). Paris, L'Harmattan, 2012.

Capítulos de obras coletivas (edições originais)

Objetividad y punto de vista de clase en las ciencias sociales. In: Michael Löwy et al., *Sobre el metodo marxista.* Cidade do México, Grijalbo, 1974.

Lukács e Rosa Luxemburg: la teoria del partito. In: Michael Löwy et al., *Rosa Luxemburg e lo sviluppo del pensiero marxista.* Milão, Mazzotta, 1976.

Lukács and Stalinism. In: New Left Review (ed.), *Western Marxism, a Critical Reader.* Londres, New Left Books, 1977.

Goldmann et Lukács: la vision du monde tragique. In: Annie Goldmann, Michel Loury e Sami Naïr (orgs.), *Le Structuralisme génétique.* Paris, Denoel, 1978.

Marx et Engels cosmopolites (1844-48): l'avenir des nations dans le communisme. In: *L'Expérience sovietique et le problème national dans le monde 1920-39.* Colloque de l'Inalco. Paris, Publications Langues O, 1978.

La Dialectique revolutionnaire chez Lukács. In: *Actualité de la dialectique.* Colloque de Chantilly, Université de Picardie. Paris, Anthropos, 1980.

Kafka et l'anarchisme. In: Annie Goldmann e Sami Naïr (orgs.), *Essais sur les formes et leurs significations.* Paris, Denoel, 1981.

Les Intellectuels et le socialisme. Quelques thèses. In: *La Gauche, le pouvoir et le socialisme.* Colloque de l'Université de Paris 8. Paris, PUF, 1983.

Partisan Truth: Knowledge and Social Classes in Critical Theory. In: Judith Marcus e Zoltan Tarr (orgs.), *Foundations of the Frankfurt School of Social Research*. New Brunswick, Transaction Books, 1984.

Notes sur la réception du marxisme en Amérique Latine 1883-1983. In: *L'Œuvre de Marx un siècle après*. Paris, PUF, 1985.

Zsidó messianizmus és anarchista utópiák Közép-Európában (1905-1923) [Messianismo judaico e utopias anarquistas na Europa Central]. In: Michael Löwy et al., *Zsidókérdés Kelet-és Közép-Európában* [A questão judaica na Europa central e oriental]. Budapeste, Eötvös Lofánd Tudományegyetem, 1985.

George Orwell et Walter Benjamin critiques de la modernité technique. In: Jean-Louis Weissberg (org.), *"1984" et les présents de l'univers informationnel*. Paris, Centre Georges Pompidou, 1985.

Le Communisme primitif dans les écrits économiques de Rosa Luxemburg. In: C. Weill e G. Badia (orgs.). *Rosa Luxemburg aujourd'hui*. Paris, PUF, 1986.

Walter Benjamin critique du progrès: à la recherche de l'expérience perdue. In: Heinz Wisman (org.), *Walter Benjamin à Paris*. Colloque international à Paris. Paris, Cerf, 1986.

Le Romantisme révolutionnaire de Bloch et Lukács. In: P. Furlan, M. Löwy, A. Münster e N. Tertullian (orgs.), *Réification et utopie*. Ernst Bloch et György Lukacs un siècle après. Arles, Actes Sud, 1986.

Der junge Lukacs und Dostojewski. In: Rüdiger Dannemann (org.), *Georg Lukács*. Jenseits der Polemiken. Frankfurt, Sendler, 1986.

La Dimension utopique. Considérations inactuelles sur la crise du marxisme. In: *Marx... ou pas ?* Réflexions sur un centenaire. Paris, EDI, 1986.

Mass Organization, Party and State. In: R. Fagen, C. Deere e J. L. Coraggio (org.), *Transition and Development*. Problems in Third World Socialism. Nova York, MR Press, 1986.

Analyses de la religion: le marxisme. In: Michel Clévénot (org.), *L'État des religions dans le monde*. Paris, La Decouverte/Cerf, 1987.

Marxismus und Religion. Die Herausforderung der Theologie der Befreiung. In: Michael Löwy (org.), *Theologie der Befreiung und Sozialismus*. Frankfurt, ISP, 1988.

Fire Alarm. Walter Benjamin's Critique of Technology. In: Richard B. Day (org.), *Democratic Theory and Technological Society*. Nova York, Shape, 1988.

Utopie ou réconciliation avec la réalité. Les Écrits littéraires de Lukacs en 1922-23. In: Gerard Raulet e Josef Fürnkas (orgs.), *Weimar, le tournant esthétique*. Paris, Anthropos, 1988.

Lukacs e il romantismo anti-capitalista. In: Rosario Musilami (org.), *Filosofia e Prassi*. Milão, Difusion 84, 1989.

Der Urkommunismus in den ökonomischen Schriften von Rosa Luxemburg. In: *Die Linie Luxemburg–Gramsci*. Hamburgo, Argument, 1989.

La Poésie du passé: Marx et la Révolution Française. In: *Permanences de la Révolution*. Pour un autre Bicentenaire. Paris, La Brèche, 1989.

Le Romantisme comme révolte. In: *Revolte et société*. Actes du IV Colloque d'Histoire au Présent. Paris, Publications de la Sorbonne, 1989.

L'Anti-étatisme chez M. Buber, G. Scholem, W. Benjamin et E. Bloch. In: *La Question de l'Etat*. Actes du XXIX Colloque des Intellectuels Juifs de Langue Française. Paris, Denoel, 1989.

Naphta or Settembrini? Lukács and Romantic Anticapitalism. In: J. Marcus e Z. Tar (orgs.), *Georg Lukács. Theory, Culture and Politics*. New Brunswick, Transaction Publishers, 1989.

Libertarian Anarchism in Kafka's Amerika. In: Mark Anderson (org.), *Reading Kafka*. Prague, Politics and the "fin de siècle". Nova York, Schocken, 1990.

Gramsci e Lukács: verso un marxismo antipositivista. In: B. Muscatello (org.), *Gramsci e il marxismo contemporaneo*. Roma, Editore Riuniti, 1990.

Figures of Romantic Anticapitalism (com Robert Sayre). In: G. A. Rosso e D. P. Watkins (orgs.). *Spirits of Fire*. English Romantic Writers and Contemporary Historical Methods. Londres, Associated University Press, 1990.

La critica marxista de la modernidad. In: H. Urbano (org.), *Modernidad en los Andes*. Lima, Centro Bartolomé de las Casas, 1991.

La Culture juive en Europe Centrale: le courant libertaire du XXème siècle. In: *L'Europe centrale. Réalité, mythe, enjeu: XVIIIème-XXème siècles*. Varsóvia, Editions de l'Université de Varsovie, 1991.

Evaluation socio-politique d'un anniversaire (com Jesus Garcia Ruiz). In: I. Berten e R. Luneau (org.), *Les Rendez-vous de Saint-Domingue. Les Enjeux d'une anniversaire (1492-1992)*. Paris, Edition du Centurion, 1991.

Marxismo e cristianismo na América Latina: a Teologia da Libertação. In: *América Latina entre a realidade e a utopia*. Vigo, Edicions Xerais de Galicia, 1992.

L'Affinité éléctive entre social-darwinisme et libéralisme. L'Exemple des États-Unis à la fin du XIXème siècle. In: P. Tort (org.), *Darwinisme et société*. Paris, PUF, 1992.

Le Messianisme juif et les idéologies politiques modernes. In: Shmuel Trigano (org.), *La Société juive à travers l'histoire*. Paris, Fayard, 1993.

Messianisme et nature dans la culture juive romantique: Erich Fromm et Walter Benjamin. In: Danièle Hervieu-Leger (org.), *Religion et ecologie*. Paris, Cerf, 1993.

La Théologie de la libération et la modernité. In: *L'individu, le citoyen et le croyant*, Bruxelas, Publications des Facultés Universitaires Saint-Louis, 1993.

Marxisme et christianisme en Amérique Latine. In: G. Labica e J. Robelin (org.), *Politique et religion*. Paris, L'Harmattan, 1994.

L'Europe centrale: de la fin du XIXème siècle jusqu'à la Seconde Guerre Mondiale. In: J. Baumgarten, R. Ertel, I. Nieborski e A. Wieviorka (org.), *Mille ans de cultures ashkénazes*. Paris, Liana Levi, 1994.

Walter Benjamin et le romantisme. In: Jean-Marc Lachaud (org.), *Presence(s) de Walter Benjamin*. Bordeaux, Publications du Service Culturel de l'Université Michel de Montaigne, 1994.

Romantismo e marxismo. In: Osvaldo Coggiola (org.), *Marxismo hoje*. São Paulo, Universidade de São Paulo, 1994.

Humanisme juif et philosophie des Lumières en France: Zalkind Hourwitz. In: *L'Idée d'humanité*. XXXIV Colloque des Intellectuels Juifs de Langue Française. Paris, Albin Michel, 1994.

Franz Kafka: Messianismus und Utopie. In: Eva Malířová (org.), *Ve svetle tmy/Im Licht der Dunkelheit* [À luz da escuridão], Praga, Prago Media, 1995. [Ed. bilíngue em eslovaco e alemão.]

Les Sources juives bibliques de la théologie de la libération en Amérique Latine. In: Frank Alvarez--Péreyre (org.), *Le Politique et le religieux*. Cahiers du Centre de Recherche Français de Jerusalém. Jerusalém, Diffusion Peeters, 1995.

Trotski e o Brasil (com D. Karepovs e J. Castilho Marques Neto). In: João Quartim de Moraes (org.), *História do marxismo no Brasil*, v. 2: *Os influxos teóricos*. Campinas, Editora da Unicamp, 1995.

L'Eglise catholique et la transition vers la démocratie au Brésil. In: Laënnec Hurbon (org.), *Les Transitions démocratiques*. Paris, Syros, 1996.

Hannah Arendt et Walter Benjamin. In: Marina Cedronio (org.), *Modernité, democratie et totalitarisme*, Paris, Klincksieck, 1996.

Über Religion und Klassenkampf. In: Theodor Bergmann (org.), *Zwischen Utopie und Kritik*. Friedrich Engels: ein "Klassiker" nach 100 Jahren. Hamburgo, VSA, 1996.

Der Götze Markt. Die Kapitalismuskritik der Befreiungstheologie aus marxistischer Sicht. In: Franz Segbers (org.), *Die Religion des Kapitalismus*. Die gesellschaftlichen Auswirkungen des totalen Marktes. Luzern, Exodus, 1996.

"Against the Grain": The Dialectical Conception of Culture in Walter Benjamin's Theses of 1940. In: Michael Steinberg (org.), *Walter Benjamin and the Demands of History*. Ithaca, Cornell University Press, 1996.

Figuras do marxismo weberiano. In: Edmundo L. de Arruda (org.), *Max Weber, direito e modernidade*. Florianópolis, Letras Contemporâneas, 1996.

L'Humanisme romantique allemand et l'Europe. In: Michèle M. Desbazeille, *L'Europe, naissance d'une utopie?*. Paris, L'Harmattan, 1996.

Karl Mannheim und der Historismus. In: Wolfgang Bialas e Gerard Raulet (org.), *Die Historismusdebatte in der Weimarer Republik*. Frankfurt, Europäischer Verlag der Wissenschaften, 1996.

Les Intellectuels juifs en Europe centrale. In: *Histoire comparée des intellectuels*. Paris, IHTP, 1997.

L'Eglise en Amérique latine: le cas brésilien. In: Patrick Michel, *Religion et démocratie*. Paris, Albin Michel, 1997.

Christentum und Befreiung. In: Albert Sterr (org.), *Die Linke in Lateinamerika*. Analysen und Berichte. Köln, Neuer ISP Verlag, 1997.

Der Romantische Messianismus Gustav Landauers. In: Hanna Delf e Gert Mattenklott (org.), *Gustav Landauer im Gespräch*. Symposium zum 125 Geburtstag. Tübingen, Max Niemeyer, 1997.

1910: Ernst Bloch and Georg Lukács Meet in Heidelberg. In: Sander Gilman e Jack Zipes (orgs.), *Yale Companion to Jewish Writing and Thought in German Culture 1096-1996*. New Haven, Yale University Press, 1997.

Les Intellectuels juifs. In: Michel Trebitsch e Marie-Christine Granjon (org.), *Pour une histoire comparée des intellectuels: IHTP-CNRS*. Bruxelas, Editions Complexe, 1998.

La Philosophie de l'histoire de Walter Benjamin. In: Gerard Raulet e Uwe Steiner (org.), *Walter Benjamin*. Esthétique et philosophie de l'histoire. Berne, Peter Lang, 1998.

Mundialización e internacionalismo. In: Guillermo Almeyra (org.), *Etica y rebelión. A 150 años del Manifiesto Comunista*. Cidade do México, La Jornada, 1998.

O messianismo judeu e as ideologias políticas modernas. In: Abrão Slavutzky (org.), *A paixão de ser*. Depoimentos e ensaios sobre a identidade judaica. Porto Alegre, Artes e Ofícios, 1998.

Οι μαρξιστές και το εθνικό ζήτημα [Os marxistas e a questão nacional]. In: *Εθνικισμός, ο Σύγχρονος Ιανός* [Nacionalismo, o Jano moderno]. Atenas, Stochastis, 1998.

Globalisierung und Internationalismus. In: Eric Hobsbawm, *Das Manifest, heute*. Hamburgo, VSA, 1998.

Benjamin and Romanticism. In: Klaus Garber e Ludger Rehm (orgs.), *Global Benjamin*. Munique, Wilhelm Fink, 1999, v. 1.

Under the Star of Romanticism: Walter Benjamin and Herbert Marcuse. In: Max Blechman (org.), *Revolutionary Romanticism*. São Francisco, Citly Lights Books, 1999.

Marx et Weber critiques du capitalisme. In: E. Kouvelakis (org.), *Marx 2000*. Paris, PUF, 2000.

Le Messianisme hétérodoxe dans l'oeuvre de Gershom Scholem. In: Jean-Christophe Attias, Pierre Gisel e Lucie Kennel (orgs.), *Messianismes*. Variations sur une figure juive. Genebra, Labor et Fides, 2000.

Messianisme, romantisme et utopie dans l'oeuvre de Gershom Scholem. In: Enrico Rimbaldi (org.), *Millenarisme nelle cultura contemporânea*. Milão, Franco Angeli, 2000.

Figures du communisme latinoaméricain. In: Michel Dreyfus e Claude Pennetier (orgs.), *Le Siècle des communismes*. Paris, Editions de l'Atélier, 2000.

Mitteleuropa. In: Elie Barnavi e Saul Friedländer (orgs.), *Les Juifs et le XXème siècle*. Paris, Calmann--Lévy, 2000.

Victor Basch et Bernard Lazare: deux dreyfusards. In: Françoise Basch, Liliane Crips e Pascale Gruson (orgs.), *Victor Basch, 1863-1944:* un intellectuel cosmopolite. Paris, Berg International, 2000.

L'Utopie Benjamin. In: Michèle Riot-Sarcey (org.), *L'Utopie en questions*. Paris, Presses Universitaires de Vincennes, 2001.

L'Utopie communautaire de Martin Buber. In: *Comment vivre ensemble?* Colloque des Intellectuels Juifs. Paris, Albin Michel, 2001.

Anarchismo ed ebraismo nella Mitteleuropa: il caso Franz Kafka. In: Amedeo Bertolo (org.) *L'Anarchico e l'ebreo*. Storia di un incontro. Milão, Eleuthera, 2001.

La dialettica della civilta: figure della barbarie moderna nel XX secolo. In: Marcelo Flores (org.), *Storia, verita, giustizia*. I crimini del XX secolo. Milão, Bruno Mondadori, 2001.

Sentimento romântico e identidade republicana: insurreição parisiense de junho de 1832. In: Jacy Seixas, Maria Stella Bresciani e Marion Brepohl (orgs.). *Razão e paixão na política*. Brasília, Editora da UnB, 2002.

Le Principe Espérance d'Ernst Bloch. In: *La Responsabilité*. Utopie et réalités. Colloque des Intellectuels Juifs. Paris, Albin Michel, 2003.

Notas sobre a recepção crítica do althusserismo no Brasil (anos 1960 e 1970). In: Elide Rugai Bastos, Marcelo Ridenti e Denis Rolland (orgs.), *Intelectuais: sociedade e política*. São Paulo, Cortez, 2003.

Catholic Ethics and the Spirit of Capitalism. The Unwritten Chapter in Max Weber's Sociology of Religion. In: Hartmut Lehmann e Jean Martin Ouédraogo (orgs.), *Max Weber's Religionssoziologie in interkultureller Perspektive*. Göttingen, Vandenhoeck & Ruprecht, 2003.

Ernst Blochs, Prinzip Hoffnung, versus Hans Jonas, Prinzip Verantwortung. In: Christian Wiese e Eric Jacobsohn (orgs.), *Weiterwohlichkeit der Welt*. Zur Aktualität von Hans Jonas. Frankfurt, Philo, 2003

Le Christianisme de la libération en Amérique Latine. In: Thomas Ferenczi, *Religion et politique*. Une liaison dangereuse? Bruxelas, Editions Complexe, 2003.

Hannah Arendt und Walter Benjamin. In: Wolfriedrich Schmied-Kowarzik (org.), *Auseinandersetzungen mit dem zerstörten jüdischen Erbe*. Franz Rosenzweig Gastvorlesungen (1999-2005). Kassel, Kassel University Press, 2004.

Jewish Nationalism and Libertarian Socialism in the Writings of Bernard Lazare. In: Michael Berkowitz (org.), *Nationalism, Zionism and Ethnic Mobilization of the Jews in 1900 and Beyond*. Leiden/Boston, Brill, 2004.

La Ville, lieu stratégique de l'affrontement des classes. Insurrections, barricades et haussmanisation de Paris dans le *Passagenwerk* de Walter Benjamin. In: Philippe Simay (org.), *Capitales de la modernité*. Walter Benjamin et la ville. Paris, Editions de l'Eclat, 2005.

The World Spirit on the Fins of a Rocket: Adorno's Critique of Progress (com Eleni Varikas). In: Gerald Delanty (org.), *Theodor W. Adorno*, v. 3: *Social Theory and the Critique of Modernity*. Thousand Oaks, Sage, 2004.

Romanticism and Capitalism (com Robert Sayre). In: Michael Ferber (org.), *A Companion to European Romanticism*. Oxford, Blackwell, 2005.

Messianisme et révolution. In: Adauto Novaes (org.), *Les Aventures de la raison politique*. Paris, Metailié, 2006.

Claude Cahun, franc tireur surréaliste. In: Jean-Marc Lachaud (org.), *Art et politique*. Paris, L'Harmattan, 2006.

Marxismo e religião: ópio do povo?. In: Atilio Boron, Javier Amadeo e Sabrina González (orgs.), *A teoria marxista hoje: problemas e perspectivas*. Buenos Aires/São Paulo, Clacso/Expressão Popular, 2006

A natureza e o meio-ambiente: os limites do planeta. In: Marildo Menegat, Elaine Behring e Virgínia Fontes (orgs.), *Os dilemas da humanidade*: diálogos entre civilizações. Rio de Janeiro, Contraponto, 2007.

Η πόλη, στρατηγικός τόπος της ταξικής αντιπαράθεσης [A cidade, local estratégico do conflito de classes]. In: Αγγελική Σπυροπούλου [Angeliki Spiropoulou] (org.), *Βάλτερ Μπένγιαμιν*: εικόνες και μύθοι της νεωτερικότητας [Walter Benjamin: imagens e mitos da modernidade]. Atenas, Ekdosis Alexandria, 2007.

The Current of Critical Irrealism: "A moonlit enchanted night". In: Mathew Beaumont (org.), *Adventures in Realism*. Londres, Blackwell, 2007.

Utopia y romanticismo revolucionario en Ernst Bloch. Miguel Vedda (org). *Ernst Bloch*. Tendencias y latencias de un pensamiento. Buenos Aires, Herramienta, 2007.

A atualidade latino-americana de Rosa Luxemburgo. Entrevista concedida a Danilo César e Isabel Loureiro. In: Isabel Loureiro (org.). *Socialismo ou barbárie*. Rosa Luxemburgo no Brasil. São Paulo, Instituto Rosa Luxemburgo, 2008.

El concepto de afinidad electiva en Max Weber. In: P. Aronson e E. Weisz (orgs.), *La vigencia del pensamiento de Marx Weber a cien años de "La etica protestante y el espiritu del capitalismo"*. Buenos Aires, Gorla, 2008.

Ernst Bloch's Prinzip Hoffnung and Hans Jona's Prinzip Verantwortung. In: Hava Tirosh-Samuelson e Christian Wiese (orgs.), *The Legacy of Hans Jonas*. Judaism and the Phenomenology of Life. Leiden, Brill, 2008.

Messianismo, utopia e socialismo moderno. Giovanni Filoramo e David Bidussa (orgs.), *Le religioni e il mondo moderno*, v. 2: *Ebraismo*. Turim, Einaudi, 2008.

Die ökosozialistische Alternative. Zur Aktualität grüner Kapitalismuskritik. In: Urs Lindner, Jörg Nowak e Pia Paust-Larssen (orgs.), *Philosophieren unter anderen*. Beiträge zum Palaver der Menschheit, Münster, Verlag Westfälisches Dampfboot, 2008.

El punto de vista de los vencidos en la historia de América Latina. Reflexiones metodológicas a partir de Walter Benjamin. In: Miguel Vedda (org.), *Constelaciones dialécticas*. Tentativas sobre Walter Benjamin. Buenos Aires, Herramienta, 2008

Romantisme et révolte: Gustav Landauer. In: Gérard Raulet (org.), *Les Romantismes politiques en Europe*. Paris, Editions de la Maison de Sciences de l'Homme, 2009.

Scritura di luce. *Der Prozess/The Trial*. In: L. Cimmino, D. Dottorini e G. Pangaro (orgs.), *Franz Kafka/Orson Welles*: Il processo. Soveria Manelli, Rubbettino, 2010.

"Fascinating Delusive Light": Georg Lukács and Franz Kafka. In: Timothy Bewes e Timothy Hall (orgs.), *Georg Lukács*: The Fundamental Dissonance of Existence. Londres, Continuum, 2011.

Préface. In: Armand Ajzenberg, Léonore Bazinek e Hugues Lethierry (orgs.), *Maintenant Henri Lefebvre*. Renaissance de la pensée critique. Paris, L'Harmattan, 2011.

Un Communisme hérétique. In: François Sabado (org.), *Daniel Bensaïd, l'intempestif*. Paris, La Découverte, 2012.

Stahlhartes Gehäuse: l'allégorie de la "cage d'acier". In: Michael Löwy (org.), *Max Weber et les paradoxes de la modernité*. Paris, PUF, 2012.

Victor Brauner, *Portret de André Bretton*, 1934.

Publicado em fevereiro de 2016, 120 anos após o nascimento de André Breton, fundador do movimento surrealista e figura inspiradora para Michael Löwy, este livro foi composto em Adobe Garamond Pro 11/13 e impresso em papel Avena 80 g/m², pela gráfica Mundial para a Boitempo, com tiragem de 1.500 exemplares.